Los Lubavitch en la Argentina

¿Quiénes son los nuevos judíos ortodoxos? ¿Qué buscan? ¿Cómo lo están consiguiendo?

Alejandro Soifer, Ph.D.

Copyright © 2023 by Alejandro Soifer

© De esta edición: Undercover Books

Segunda edición: enero de 2023

Todos los derechos reservados.

Queda prohibida, salvo excepción prevista en la ley, cualquier forma de reproducción, distribución, comunicación pública y transformación de esta obra sin contar con autorización de los titulares de la propiedad intelectual.

Contenidos

Nota del autor	V
¿Quién quiere ser un Lubavitch?	1
1. El miedo a Jabad Lubavitch	18
2. Jabad Lubavitch en la Argentina	39
3. Vida y sobrevida de Menajem Mendel Schneerson, el Rebe de Jabad	57
4. "Evangelismo judío"	77
5. La conquista de la juventud	99
6. Vendedores de Dios	157
7. Renacidos de las cenizas: los templos revividos por Jabad Lubavitch	166
8. Educando en Torá	180
9. Multinacional Lubavitch	207
10. Que ningún judío se quede afuera: la asistencia social de Lubavitch	247
11. La mujer en Jabad Lubavitch: herederas de la Reina Esther	264
12. Jabad Lubavitch y sus relaciones públicas	276
13. Judío secular a judío ortodoxo: los que encontraron las respuestas	297
14. Judío ortodoxo a judío secular: el que volvió a las preguntas	323
15. Agradecimientos	341

16. Bibliografía   345

Nota del autor

Escribí este libro en el año 2009 y salió publicado por primera vez en el año 2010, hace ya más de diez años.

Esta nueva edición es prácticamente la misma que la primera. Sólo modifiqué algunos títulos, corregí algunos mínimos errores y quité los nombres propios de personas que prefieren no ser identificadas.

En el transcurso de estos años algunas de las personas que aparecen mencionadas en este libro, sus experiencias de vida y situaciones han cambiado; algunos incluso ya no están entre nosotros. De cualquier modo, lo que contaron en su momento y el análisis que hice sobre Jabad Lubavitch siguen siendo perfectamente válidos.

El tiempo pasa, Jabad Lubavitch persiste.

Por último, si bien como es claro este libro está escrito e investigado desde la experiencia de Jabad Lubavitch en la Argentina como caso testigo, la organización tiene un funcionamiento similar en todos los lugares del mundo donde se encuentra. Cualquier persona del público general o académico que esté interesado en conocer cómo funciona Jabad Lubavitch, cuáles son sus valores, sus creencias y los modos en los que ejecuta sus planes encontrará en este libro una profunda y completa aproximación.

Alejandro Soifer, Ph.D.
Toronto, Ontario
Canadá
19 de diciembre de 2022

—*¿Cómo definiría usted el objetivo de Jabad Lubavitch? ¿Cuál es la propuesta, o la razón de ser de Jabad?* —Tiene varias facetas. La primera es la de asegurar la continuidad del pueblo judío fortaleciendo la conexión con sus raíces: la observancia de las *mitzvot*. Y ayudar, motivar, no imponer, no predicar, sino estimular, entusiasmar a que el judío se conecte con su origen a través del cumplimiento de los preceptos en su vida cotidiana. Nosotros no creemos en el judío de una vez por año. No creemos en la "experiencia judía", no creemos en la "vivencia judía". Nosotros creemos que lo que define una cultura no es lo que se hace de una manera especial.

Lo que define la cultura viviente de un pueblo es la rutina cotidiana impensada: un McDonald's *kasher*, ir a jugar al fútbol con la *kipá* puesta, un asado *kasher*. Eso representa al pueblo judío vivo. Hacer un congreso de eruditos, intelectuales, sobre judaísmo, no representa al pueblo judío vivo. Nosotros buscamos que el pueblo judío VIVA, y eso se logra a través de la observancia cotidiana de las mitzvot; buscamos acercar, y entendemos que se necesita paciencia, ayuda, estímulo, apoyo. Y estamos para eso. Ése es el primer objetivo: fortalecer al pueblo judío a través de la observancia de los preceptos y del estudio de la Torá. La difusión del conocimiento de Dios, la difusión del conocimiento del alma, del alma de la Torá, ése es el segundo objetivo del movimiento Jabad. El lubavitcher es la persona que trabaja sobre su persona para fortalecer cada día su conexión con Dios, su relación con otros judíos, pero esto empieza desde el trabajo personal, a través del estudio y de la observancia personal. Que uno sea un verdadero servidor de Dios: eso se desarrolla a través de un trinomio integrado por Dios, la Torá y el pueblo de Israel. Después viene una parte del trabajo de Jabad que aspira a la unidad de todo el pueblo judío. Trabajar para que seamos uno y conectarnos con nuestra raíz, que es la Torá. No descartemos a un solo judío. No perdamos a un solo judío. Finalmente, otra arista del trabajo de Jabad, teniendo en cuenta que estamos muy cerca a la llegada del Mashíaj, es fomentar la fe y la espera ansiosa de su venida, y preparar al mundo para este momento, desde las fuentes judías serias; no desde palabras baratas, sino desde los textos.

Rabino Tzvi Grunblatt, director general de Jabad Lubavitch en la Argentina, en entrevista con el autor el día 8 de enero de 2010.

"It is strange what is happening", my father said. "And it is exciting. Jack is on the Building Committee of his synagogue. Yes, he joined a synagogue. Not for himself, he told me. For his grandchildren. He is helping them put up a new building so his grandchildren can go to a modern synagogue and have a good Jewish education. It is beginning to happen everywhere in America. A religious renaissence, some call it."

CHAIM POTOK, The Chosen

¿Quién quiere ser un Lubavitch?

Mi primer contacto con Jabad Lubavitch fue una tarde de abril o mayo de 2008 en la Biblioteca "Alberto Gerchunoff", de la Sociedad Hebraica Argentina, donde trabajé durante siete años. Hasta ese entonces, mis conocimientos sobre judaísmo eran entre básicos y nulos. Sabía que "era judío" sólo porque me lo habían dicho mis padres desde siempre, porque cuando llegaban los meses de abril y septiembre asistía a reuniones familiares para celebrar las fiestas de *Pésaj* y *Rosh HaShaná*, y porque teníamos que hacer malabares para ver qué día festejábamos con mi familia paterna y qué día nos tocaba con mi familia materna.

Más allá de comer el tradicional pescado relleno (*guefilte fish*) y el pan sin levadura, la *matzá* (mi abuela paterna, que solía amasar el pescado con sus propias manos durante horas, no temía cometer la herejía de poner en la misma mesa de *Pésaj* el pan trenzado, la *jalá*, al lado de la *matzá*, algo completamente prohibido según las costumbres judías), no cumplíamos con ninguna tradición.

La puerta de mi casa no tiene esa cajita con pergamino escrito con bendiciones bíblicas (la *mezuzá*), no recibí educación judía, apenas si había pisado un par de veces una sinagoga antes de empezar esta investigación (y siempre por motivos turísticos o por algún casamiento), no me circuncidaron, no tuve una celebración oficial de *bar mitzvá* y mi familia sostiene una tradición de ateísmo desde hace por lo menos dos o tres generaciones (excepto, quizás, por parte de mi abuela materna, que tenía sus propias ideas acerca de Dios, aunque claramente alejadas de los preceptos del judaísmo raigal).

ALEJANDRO SOIFER, PH.D.

Ser judío dentro de mi ámbito familiar siempre fue un conjunto amorfo de ideas vagas y origen de pertenencia, una anécdota del hambre que pasaba en Europa la abuela, algunos muy distantes familiares muertos durante el Holocausto y una cuestión de sangre. "Sos judío porque tu sangre es judía", me dijo mi mamá cuando le pregunté de chico.

Nunca se habló de judaísmo de forma explícita en mi casa y la noción que había estaba filtrada por el sionismo, donde el Estado de Israel aparecía en forma vaga y nebulosa como un segundo hogar, un lugar por el cual preocuparse y leer los diarios en busca de noticias que se refirieran a él.

Mi judaísmo era por oposición: crecí con la angustia de sentirme perseguido por un odio irracional, con vergüenza de decir que soy judío, porque tampoco entendía bien de qué se trataba más allá de que era una excusa para que la gente me despreciara.

A los quince años vi por la tele *La lista de Schindler*. Reafirmó mi miedo y ancló mi percepción de que ser judío era ser un perseguido.

Por lo demás, ser judío siempre significó para mí al mismo tiempo un ideal, pertenecer a una minoría iluminada, y, acaso por mi ingenuidad y desconocimiento, la idea de que "ser judío es sinónimo de ser buena persona" y que "no pueden existir judíos de mala fe".

Desde luego descarté esa ensoñación juvenil a medida que empecé a tener contacto real con mi colectividad, algo que no pasó hasta ese mismo 2008, que coincidió con mi viaje a Israel por BRIA, y que me puso en contacto por primera vez con otros judíos.

En realidad, empecé a trabajar en la Sociedad Hebraica Argentina en 2003, pero ni siquiera en la biblioteca, rodeado de grandes obras del pensamiento judío y en trato cotidiano con miembros de la colectividad había sentido un mínimo interés por algo que consideraba folclórico en mi vida.

El judaísmo ortodoxo ni siquiera me interesaba superficialmente; lo veía como cosa de unos locos extraños, gente que no me representaba, con la que sentía un lazo tan débil que se me aparecían como lejanísimos primos extraviados con los que uno no tiene relación.

Ese año 2008 viajé a Israel y conocí una versión nueva de mi propio judaísmo, al que empecé a entender como una pertenencia.

Un mediodía, reunido en lo de mi abuela paterna con la familia, a seis meses de empezar esta investigación, quise indagar acerca de mis orígenes. El rabino Tzvi Grunblatt, director general de Jabad Lubavitch en la Argentina, me había preguntado si tenía alguna relación con el sabio judío que vivió en los siglos XVIII y XIX, Jatam Sofer. Según me comentó, todos los Soifer seríamos descendientes de él. Desde ese momento, algo que en otro momento no me hubiese interesado demasiado me obsesionó al punto de que empecé a cotejar árboles genealógicos. Cuando encontré la foto de un retrato de Sofer en Wikipedia y vi que el eminente sabio y yo mismo guardamos un gran parecido en el perfil, mi interés se hizo todavía más intenso. Quería averiguar, entonces, de dónde venía mi familia, si algún antepasado pudo haber sido un judío observante y, por qué no, hasta lubavitch.

Mis tías Helena y Lila me contaron que el último religioso en la línea de la familia de mi abuelo había sido mi tatarabuelo. Era un estudioso de la *Torá* que dedicaba todo su tiempo a ello, sin preocuparse por los demás deberes y ocupaciones. Mi tatarabuela, entonces, se tenía que encargar de mantener a su numerosa familia y terminaba los días agotada.

Eran pobres, el matrimonio compartía la cama con sus hijos en una casa modestísima de un pueblo perdido de alguna zona entre Ucrania y Rusia.

Cuando mi tatarabuela llegaba demolida por el cansancio de trabajar todo el día, caía sobre la cama, aplastando así a varios de mis tíos tatarabuelos, que murieron asfixiados.

Según parece, esta especie de reedición del mito de Cronos, el Dios griego que se comía a sus hijos, llevó a mis antepasados a consultar al rabino de su comunidad para ver la forma de dejar de perder a sus hijos.

El rabino ordenó que ataran la cabra de la familia a la cama. Mi tatarabuela caía desmayada del cansancio luego de tener que hacer la labor del ordeñe. Atada la cabra a la cama, el trabajo sería menor, y así no se desmayaría sobre sus hijos. Y si llegaba a suceder de cualquier modo, sería alertada por las quejas del animal.

Le debo mi existencia a la cabra entonces.

Al animal y a una mesa hueca donde mi bisabuelo se escondió durante un *pogrom* que asesinó a toda su familia.

Tenía doce años cuando emprendió un viaje con otros huérfanos hasta embarcarse para la Argentina.

Todo eso, para mí, es mi judaísmo.

Pero esa tarde de 2008 en la que, estando en la biblioteca, vi entrar a una señora para pedirme unos diccionarios de hebreo-español y de español-hebreo, seguía desinteresado acerca de todo lo que tuviera que ver con mi judaísmo y con el judaísmo en general.

Conocía de oído algunas cosas que me habían comentado sobre Jabad Lubavitch: que te pagaban por ir a tomar clases de judaísmo con ellos, que eran fanáticos retrógrados, que te lavaban el cerebro y te convertían, de la nada, en ultra fanático como ellos.

No había visto nunca antes a la señora y tampoco supuse que fuese ortodoxa y, mucho menos, lubavitch.

Vino unos cuantos días seguidos; me pedía los diccionarios y se sentaba en una de las primeras mesas para lectores donde consultaba y tomaba notas. A la semana, ya se sentía en confianza y entraba directamente a buscar los pesados tomos del diccionario. Hasta ese momento no cambiamos más que algunas palabras de cortesía, hasta que una tarde, después de pasar cerca de una hora leyendo y tomando notas, se levantó, dejó los diccionarios apoyados en el estante alto y se me acercó.

—Disculpame, ¿puedo hablar con vos unos minutitos? —me preguntó.

Dejé el libro que estaba leyendo arriba de mi escritorio y le sonreí.

—Claro.

—¿Qué tal? ¿Cómo estás? Mucho gusto. Mi nombre es Rivke y antes que nada quiero aclararte que soy licenciada en ciencias políticas y que tengo un doctorado y... bueno... no quiero darte todas mis credenciales para que no creas que te estoy saturando de información, o que soy soberbia o no sé qué... —empezó a decirme—. Además fui *morá* (maestra), directora de un colegio y, en fin... Antes que nada te aclaro que yo hace diez años veía a todos estos hombres vestidos de negro con esos rulitos (e hizo un gesto como de rulo cayendo detrás de las orejas) y el sombrero, y pensaba: ¡Estos tipos están locos!, y un día me sorprendí con algo que no pensaba que iba a pasarme, y fue que empecé a escuchar otra voz, otra realidad, y empecé a ir a la sinagoga y a *shabat*, y entonces, mirá, ¡hoy mi hijo anda vestido de negro, con sombrero y con rulito! ¡Gracias a Dios! Y yo me visto con medias largas (hizo un gesto de levantar la pierna pero se quedó en eso) y uso peluca, ¿ves?

Hasta ese momento no había notado que tenía puesta una peluca y apenas si la distinguía como una persona más de las que diariamente se presentaban a buscar información o investigar en la biblioteca.

—Yo no quiero ser pesada ni molestarte, ni nada por el estilo —siguió—. Simplemente hay diversas formas de ver la realidad, y considero que para que uno pueda decidirse por una tiene que poder aceptar la idea de que existe la otra, y conocerla. Entonces, lo que yo te digo, así, sin compromiso ni nada, yo no quiero plata ni nada tuyo, a mí ningún rabí me puso una pistola en la cabeza y me dijo qué es lo que tenía que hacer, lo descubrí yo sola, y lo mismo te digo a vos, que si querés venir algún día y ver, no sé, por ejemplo en *shabat*, venís al templo, escuchás al rabino que es muy canchero, un tipo muy piola, y ves. Y después te quedás un rato, y si querés podés ir a cenar con él o con nosotros, y así conocés

un poco mejor una nueva forma de ver la realidad.
Asentí con la cabeza un poco confundido y sobrepasado por su discurso, que había sido muy rápido e inesperado. Era la primera vez que hablaba con una persona ortodoxa y nunca había cruzado una sola palabra con un rabino, por lo que lo que me decía me sonaba a algo extremo y extraño.
—¿Sabés que Dios —siguió— tiene todo programado? Que yo haya venido acá y que vos estés acá no es casualidad. No te estoy diciendo que soy una enviada de Dios ni nada por el estilo, simplemente que hay una razón por la cual nosotros confluimos en este espacio y yo te pude dar este mensaje. Ojalá puedas escucharlo. Yo te voy a traer ahora, cuando salga, la revista para la que estoy haciendo la traducción, te la voy a dar gratis, bah, ¡en realidad no se cobra!
—Está bien, lo voy a pensar, ¿sí?
—Sí, sí, no te preocupes, espero que lo pienses y bueno, yo voy a seguir viniendo acá, ya sabés, cuando quieras me decís y venís con nosotros a *shabat*.
Le dije que algún día, quizás, iría y me quedé pensando que no sé bien por qué, pero quizás la señora tenía razón con esa idea de que las cosas pasan por determinado motivo. Pero apenas se había ido ya me había olvidado de todo el asunto y desechado la idea de que exista un destino.

***

Pasó un tiempo durante el cuál Rivke no volvió a aparecer y me había olvidado del tema cuando me llamó por teléfono al trabajo.
—Hola, soy yo, la señora religiosa, quería preguntarte si ya decidiste venir a pasar *shabat* con el rabino.
Rechacé la propuesta con cortesía, inventando alguna excusa, y me volví a olvidar de todo el asunto. Volvió a venir a los pocos días. Entró, se llenó de aire el pecho como para hablar y me saludó. Antes de que pudiera decirme nada le comenté que ese viernes tampoco iba a poder ir a su cena de *shabat*. Le pedí disculpas y me respondió que no tenía que pedirle disculpas por nada, que no era problema.
—Cuando puedas venir vas a ver que la bendición que viene del cielo es increíble —me dijo.

Rebuscó en su cartera y sacó una bolsita de nylon.

—Ay, se me estropeó un poquito... espero que esté bien. Tomá, es un pequeño regalito que te traje porque pasaba por acá, y me extendió una golosina y una gaseosa.

Los recibí y le agradecí sin entender bien qué tenía que hacer.

—Te molesto con algo más —me dijo—, no sé si ya te lo pregunté... no sé cómo preguntártelo... bueno, tengo que hacerlo, ¿cuál es el apellido de tu mamá?

Hice una mueca. El judaísmo se "hereda" por línea materna, por lo que si mi mamá no era judía yo tampoco lo era.

—Samoilovich —le dije, pensando que de todos modos eso no probaba nada porque mi abuelo podía ser judío y mi abuela no, y así nos remontaríamos a una cadena de pureza de sangre incomprobable.

—Ah —dijo y largó un suspiro largo—. ¿Sabés por qué te lo pregunté?

—Es que por la ley de vientre, un judío es el hijo de madre judía.

—Exacto. ¿Te puedo contar algo?

—Sí.

—¿Vos qué edad tenés?

—Veinticuatro.

—Perfecto. ¿Sabés que hay chicos de tu edad que andan vestidos de negro y con sombrero y que se levantan todos los días a las seis de la mañana porque tienen que estar desde las siete en la sinagoga, y se pasan todo el día estudiando? Digo, ¿debe ser divertido, no? Porque si no, no lo harían, ¿no te parece? Yo no te estoy diciendo esto para convencerte de que te hagas judío ortodoxo, simplemente te lo comento. Bueno, Ale, me voy a ir a trabajar con mis traducciones un ratito nada más hoy.

Le alcancé el diccionario de hebreo y volví a lo mío. Estuvo un rato más y se despidió.

—¡*Shabat Shalom*!

Durante las siguientes semanas siguió insistiendo para invitarme a la cena de *shabat* con llamados que seguí rechazando.

Se lo comenté a quien era mi jefa, Débora, que me dijo que también a ella se había acercado y que habían ido con su familia a pasar la cena de *shabat* con Rivke, el rabino y su familia.

—Es una experiencia interesante. Mis hijos se divirtieron mucho con los hijos del rabino —me comentó.

Empecé a pensar que no me costaba nada aceptar la invitación a una cena y que, incluso, podía llegar a resultarme interesante para ver el judaísmo desde otra perspectiva, que no era la que había recibido toda la vida en mi casa.

***

—¡Genio, genio, genio! —gritó Rivke desde el otro lado de la línea. Acababa de aceptar su invitación para pasar con ella y un rabino la cena de *shabat* —. ¡Vas a ver que te va a encantar, *HaShem*, nuestro Señor, va a estar tan contento! ¿Te parece que nos veamos a las siete de la tarde en Agüero 1164? Después de ahí vamos a la casa del rabino.

Arreglamos, y ese viernes, cuando terminé de trabajar, me fui caminando hasta el templo de Agüero.

Recién en ese momento confirmé que estaba entrando en contacto con los Lubavitch, algo que ya sospechaba.

Superé un breve interrogatorio en la garita de seguridad y entré.

En un mostrador, frente a la puerta abierta, estaba parada Rivke rezando con los ojos cerrados. Me vio entrar y se me acercó con los brazos abiertos:

—¡Alejandro! ¡Viniste! —dijo y se paró a una distancia prudencial de no contacto, después hizo una pequeña reverencia con el cuerpo (dobló apenas las rodillas en posición vertical) y empezó a explicarme —No te saludo porque...

—Sí, sí —le dije—, entiendo.

—Perfecto. Qué alegría que hayas venido. ¿Tenés ganas de escuchar una clase con gente de tu edad? Después viene el rabino y empieza la celebración de *shabat*.

—Esteee... hago lo que a vos te parezca —dije.

—Perfecto, vení que te llevo —me condujo a un cuarto atravesando la recepción del primer piso, al lado de unos sillones donde un par de judíos ortodoxos conversaban—. ¿Tenés *kipá* o necesitás?

—Tengo —le dije, sacando de mi mochila una que me había prestado mi abuela para ir a la reunión de BRIA.

Entré en el aula y Rivke desapareció, dejándome en medio de un montón de caras jóvenes que giraron para verme.

En la cabecera de la mesa un rabino daba una clase sosteniendo en su falda a un nene de no más de cinco años.

Durante un rato largo estuve sentado sin entender una palabra de lo que el rabino hablaba, remarcando conceptos que no conocía, arrojando algunas palabras en hebreo que entendía menos todavía y cuidando a su nene, que no dejaba de retorcerse encima suyo, pataleando y golpeando, tirándose al piso sólo para que él lo volviera a recoger sobre su falda.

Después de algunas preguntas de los alumnos, pasaron un cuadernillo de hojas impresas, en cada página del cual había un concepto cabalístico explicado y graficado con unos dibujos bastante básicos.

El rabino siguió explicando:

—El judaísmo es una religión con muchas reglas. Si ustedes son desorganizados, serán malos judíos. Por ejemplo, en el *Shuljan Aruj*, el libro que codifica las leyes judías, del gran rabino Josef Karo, está todo escrito: desde cómo se debe atar los zapatos y cortar las uñas un judío hasta las leyes que rigen el castigo ante delitos graves (risas). —Alguien le pidió que explicara acerca de cómo debe cortarse las uñas un judío.

—Las uñas son elementos impuros, están relacionadas con la muerte, porque siguen creciendo una vez que uno murió. Por eso son impuras y, por lo tanto, deben ser tratadas de una forma especial, no se deben cortar como se las cortan a los muertos. Un judío se tiene que cortar las uñas salteándose un dedo. Es decir: un dedo sí, un dedo no. Y primero la mano derecha y después la izquierda. La derecha siempre es mejor en el judaísmo. Y con los zapatos también, hay que ponérselos de determinada manera, atárselos de otra...

Se escucharon más risas.

—Ustedes se ríen, pero es una cuestión de fe. Si ustedes son judíos y no hacen esto, no es que Dios les va a mandar un rayo. Pero están cometiendo una falta. No es tan grave como comer jamón pero... Además es una cuestión de si lo creen o no. Si creen, lo van a hacer con felicidad, con convicción... Bueno chicos, por hoy dejamos acá —dijo el rabino—, por supuesto están todos invitados a quedarse para la celebración del *shabat*.

Mis compañeros de clase empezaron a levantarse, y pensé en seguir el mismo camino. Salí del aula, me saqué la *kipá*, y fui a ver a Rivke que seguía detrás del mostrador de la entrada, leyendo un libro de rezos y moviendo el cuerpo en breves inclinaciones.

—¡Ale! ¡Ale! ¿Qué pasó?

—Nada, terminó la clase y quería ver si ya nos íbamos...

—¡No! Por favor, volvé que ahora va a empezar el *Kabalat Shabat* —me dijo, llevándome de vuelta hasta el aula.

Acomodé de nuevo la *kipá* en mi cabeza, suspiré y entré.

Me senté en la mesa justo cuando la última mujer de la sala acababa de pasar el umbral hacia la otra mitad de la habitación divida por unas mamparas. Un rabino que no había visto hasta entonces las corrió y nos separó por sexos.

Repartieron unos *sidurim* (libros de rezos) que venían con una página en hebreo y una página enfrentada, mitad en fonética hebrea con alfabeto latino y mitad traducida al español.

Dos rabinos mirando al Oeste seguían la lectura con sus propios libros. Entonces uno de ellos gritó su rezo y el otro golpeó la mesa.

Empezaron a gritar la página que había que leer.

—Página diecinueve, donde dice: "Dios, rey del universo…".

Leímos en voz baja el pasaje hasta que el otro rabino indicó otra página.

Y así fuimos salteando páginas. Intenté seguir lo que se leía pero no entendía una sola palabra y la parte que estaba en castellano no tenía sentido para mí.

Seguí sin entender nada hasta que un rabino dijo:

—¡Todos de pie!

Rezamos de pie y yo perdí la página o algo así, porque un compañero a mi derecha me hizo señas desesperadas para que pasase de página.

—¡Ahora rezamos en voz alta! —gritó un rabino.

Cuando terminamos de leer esa oración empezó a formarse una especie de fila alrededor de la mesa. Me vi en el reflejo de la ventana espejada, con *kipá*, sin rezar porque no entendía nada, siguiendo el trencito y siendo seguido desde atrás por un rabino con barba blanca larga, en medio de una manifestación religiosa como nunca había visto.

Dimos unas vueltas alrededor de la mesa y cuando terminamos volvimos a quedarnos en el mismo lugar donde estábamos antes de iniciar las rondas.

El rabino que llevaba la voz cantante ordenó rezar de pie mirando hacia Jerusalén.

Nos paramos y estuvimos un rato así. No sabía cuándo terminaba la oración, por lo que me quedé fijo mirando hacia el Este hasta que una nueva orden nos llamó a sentarnos.

Entonces entró otro hombre de negro con una bandeja de plata que contenía un cáliz y una botella de jugo de uva ceremonial. Sirvieron un fondo en vasitos de plástico y después entró otro ortodoxo con una bandeja que tenía masitas de chocolate, canapés y sándwiches de pastrón, pepino y palmitos con salsa golf.

El rabino que oficiaba la ceremonia sirvió el vino en la copa hasta que se derramó y luego la alzó mientras leía una oración.

Cuando terminó, nos invitaron a brindar y a comer.

—Siéntanse como en casa, chicos —nos dijo el rabino. Entonces corrieron la mampara y las mujeres volvieron a unirse con nosotros para el brindis.

El rabino que parecía más experimentado se paró en medio de la sala y comentó que había muchas caras nuevas en la ceremonia y se puso a hablar de las deudas en el judaísmo.

Un judío está obligado a prestarle oído a otro judío, pero esa deuda debe ser saldada.

Luego siguió comentando que cada siete años la tierra no puede ser cultivada, se le debe dar el descanso de un año, pero que eso no excusa al judío ante Dios de pagar sus deudas porque Dios no olvida. En caso de que alguien intente ampararse en la ley del descanso del séptimo año para no pagar una deuda, interviene un consejo de rabinos para solucionar el conflicto.

—Dios hace lo mismo —dijo el rabino—. Ustedes pueden pedirle a Dios que él les dará, él es puro amor, pero tendrán que devolverle. ¿Y cómo quiere Dios que le devuelvan? Cumpliendo con la ley judía. Somos su pueblo más amado y por eso quiere que continuemos nuestras costumbres, que vuestros hijos también sean educados en su ley. Ustedes me dirán: "¡Pero yo nací en una familia integrada! ¡Yo no sabía!". ¡No hay problema! ¡Dios los perdona! Dios borra esa deuda; hace borrón y cuenta nueva y ahora que ya saben, recién ahora, empieza a contar la deuda.

De alguna forma, el rabino estaba dando vuelta la infamia que hace de los judíos, acreedores codiciosos, presentándolos, en cambio, como deudores eternos a Dios.

Me serví un sándwich y un vaso de gaseosa cuando sentí que alguien me tocaba el hombro desde la espalda, me di vuelta y ahí estaba el rabino que acaba de hablar.

—Vos sos Alejandro, ¿no?

—Sí.

—¿Qué tal? Yo soy Moshé. ¿Tengo entendido que esta noche cenás en casa?

—S... sí —balbuceé.

Me sonrió.

—Perfecto, ¿te parece si vamos yendo?

***

Salimos del templo y caminamos juntos, Rivke, el rabino y otro señor, que se presentó y me dijo que era pediatra.

—¿Sabe, rab, que siempre quise traerlo a Ale acá, con nosotros, a la cena? Desde el primer día que lo vi supe que él tenía que estar en la mesa de *shabat*.

El rabino asintió con tranquilidad. Me estaba invitando a comer a su casa sin conocerme, un viernes a la noche. Nunca me había sucedido algo así.

Caminamos por Agüero unas cuantas cuadras, pero no tantas como para no poder ser soportada la prescripción de andar en transporte durante el descanso *shabático*. Pensaba cómo sería la cena, si tendría algo que ver con las que había experimentado a lo largo de toda mi vida para las fiestas como *Rosh HaShaná* y *Pésaj* con mi familia.

—Yo le dije a Débora que viniera con su familia pero en realidad te quería traer a vos, Ale —me dijo Rivke, feliz.

Apenas había salido del templo me había quitado la *kipá*. El otro hombre que nos acompañaba la tenía puesta y hablaba con el rabino Moshé.

Caminamos un rato en silencio.

—¿Sabés que ahora dentro de poco viajo a Israel? —le comenté a Rivke.

—¿En serio? ¡Ay! ¡Yo sabía que las bendiciones estaban con vos! Qué emoción, Ale, ¿y con quién viajás?

—Con BRIA.

—¿Con quién?

—BRIA... BRIA... Birthright International Argentina...

—No sé, Ale, qué es eso...

—BRIA es una organización filantrópica cuyo principio fundamental es que todo judío tiene el derecho de nacimiento de conocer Israel, por lo tanto pagando un precio realmente muy bajo te dan un viaje de diez días por todo Israel, con hotel y media pensión incluida.

—¡No te puedo creer! —Cruzamos la calle.

—Sí.

—¡Es buenísimo, Ale! ¡Vas a conocer Israel!

Llegamos hasta Santa Fe y Agüero y me adelanté para hablar un poco con el rabino. Había algo en su investidura que me atraía, su sabiduría, sus conocimientos sobre cuestiones que sentía que me afectaban de una forma lejana, pero que, en definitiva, me pertenecían por herencia cultural.

—Así que, Alejandro... —me dijo el rabino—, nos vas a honrar con tu presencia en la mesa de *shabat*. —Me puse colorado.
—Sí bueno, gracias por invitarme a participar y...
—¡Ni lo digas! La mesa siempre estará servida y abierta. Y contame, Ale..., ¿cómo es que te interesaste por venir?
—Estoy buscando mis raíces, rabí —le dije, sorprendido por mi respuesta. No sabía si me sentía en compromiso con él o si realmente había algo de mis orígenes que estaba empezando a llevarme por ese lado.
—Ahhh, el judaísmo es como un *boomerang*: cuanto más lejos lo arrojes, con más fuerza vuelve. Sabés que nosotros propiciamos eso, que los jóvenes se reencuentren con su judaísmo... por eso tenemos los grupos de estudio como el que viste. Son muy lindos, ¿no?
—Sí.
—¿Sabías que los que hacen nuestro curso, que dura un año, al final de año viajan becados por nosotros a Nueva York? Es un viaje muy gratificante, muy educativo... conocen la sede de Jabad allá, visitan la tumba del Rebe...
—Ajá.
—Sí, podés venir si querés. Hoy ya viste más o menos cómo funciona.
—Lo voy a pensar. Como le decía, estoy en la búsqueda.
—Es que un judío siempre es judío. Por más oculto y asimilado que esté en la diáspora, siempre tendrá algo adentro que le tirará y un día eso despierta.
—...
—A nosotros nos dicen ortodoxos —me dijo mientras me indicaba que dobláramos por Beruti— yo no sé por qué. Preferimos llamarnos "observantes".
—Sí, hay muchas divisiones en el judaísmo, ¿no?
—Muchas. Es una verdadera pena. Eso es por culpa de que en determinado momento histórico se dijo que el judaísmo era una religión con demasiadas reglas, demasiado estricta, que nadie podría seguirla. Que si queríamos conservarnos como pueblo era necesario aflojar con algunas de nuestras reglas. Así nacieron los conservadores. Una verdadera pena. Nosotros pensamos todo lo contrario. Pensamos que tenemos que seguir fieles a nuestras costumbres para evitar ser asimilados por otras culturas y otros pueblos. Y nos dicen ortodoxos. Pero como te dije, nosotros somos "observantes".
Caminamos un rato en silencio con el rabino y de pronto empecé a sentirme observado

por todos los que pasaban por la calle. Yo al lado de un tipo de negro con un sombrero y barba que le llegaba al pecho.
—...Y tampoco aceptamos conversiones. Se nace judío. Si no naciste judío no podés elegir serlo. Por eso estamos también en contra de los entierros de conversos en los cementerios sagrados del judaísmo —terminó de decir el rabino.

***

Llegamos hasta su casa.
Moshé sacó una llave que pendía de su cinturón, la puso de costado, pegada al cuerpo y sin estirar el brazo, la metió en la cerradura, la hizo girar, abrió la puerta y nos invitó a pasar.
—Por escalera —aclaró.
—Sí, son veinticuatro pisos —dijo Rivke, y sin perder tiempo aclaró —no, no, es un chiste, es un chiste, es en el primer piso. Es que hoy no se puede usar el ascensor.
Subimos la escalera y en la puerta abierta del primer piso nos recibió con algunos de sus siete hijos la mujer del rabino.
—¡*Shalom*! Bienvenidos.
—Ponete cómodo, Ale, ponete cómodo —me dijo Rivke.
Dejé mi bolso en un sillón.
El rabino se sacó el sombrero (abajo tenía una *kipá*) y el saco, quedó en camisa con tiradores.
A nuestro alrededor había una biblioteca enorme, toda llena de libros jasídicos en inglés. Y la mesa larga puesta con lujo.
Me presentaron a otra mujer, Esther, que también respetaba las reglas de la sobriedad y llevaba peluca.
Nos sentamos en los sillones y el hombre que había venido con nosotros caminando contó que era pediatra y que había estado leyendo un poema de Borges dedicado al golem de Praga.
Moshé nos explicó la historia, que dijo, era verídica.
—El golem de Praga fue creado por un rabino para proteger a los judíos de la ciudad de los ataques de los cristianos que nos perseguían y decían que hacíamos brujerías y otras cosas.

—Decían que la *matzá* estaba hecha con sangre de niños cristianos —intervino el médico.
—Exactamente —asintió Moshé—. Bien, mediante una fórmula cabalística muy secreta y por medio de Dios, este rabino pudo darle vida al golem que era una estatua de arcilla viva. Pero como sólo Dios puede crear al hombre, entonces el golem no tenía capacidad de habla, que es lo que define precisamente al hombre.
Allá en la ciudad quedaron dos estatuas, una del golem y otra del rabino —nos dijo y se levantó para buscar unos libros en su biblioteca. Uno era La historia del golem de Praga en portugués y el otro, el mismo libro en inglés. Los abrió y buscó una hoja que tenía fotitos de las estatuas.
—Es hora de cenar —dijo la mujer del rabino metiéndose en la cocina.
Moshé le dijo algo en hebreo a uno de sus hijos que asintió y se metió en la cocina tras los pasos de su madre.
Entonces el rabino agarró una *kipá* apoyada en uno de los estantes de la biblioteca, se sentó a mi lado en el apoyabrazos del sillón y me dijo:
—Ale..., vamos a cenar y necesito que te pongas una *kipá*..., ¿vos tenés o querés que te preste? —dijo, mientras pasaba el dedo por la parte de adentro del casquetillo.
—Yo tengo —le dije, y saqué la que había llevado de mi bolso.
—Ale, el rabino te va indicar dónde sentarte —me dijo Rivke.
Y así fue, el rabino me dijo que me sentara a la derecha, entre el pediatra y uno de sus hijos. El se sentó en la cabecera y Rivke, Esther, su mujer y otras dos de sus hijas, en frente.
La mesa quedó dividida en el sector masculino y el femenino, todos bajo la mirada del rabino en el cabezal y todos nosotros bajo la escrutadora mirada de Menajem Mendel Schneerson, el Rebe de Lubavitch, cuyo retrato, en distintas modalidades (con expresión seria, leyendo la *Torá*, sonriendo a sus seguidores, sobresaliendo sus expresiones faciales de una montaña), decoraba los resquicios de todas las paredes.
—Antes de sentarnos a comer —dijo el rabino— tenemos que hacer un lavado de manos. No es una cuestión higiénica, sino parte de una oración. Después vamos a partir la *jalá* y hasta que no terminemos con esto no se puede hablar. Acompáñennos a la cocina.
Primero pasó el médico; el ritual consiste en arrojarse tres chorros de agua de una jarra especial con dos mangos. El pediatra cumplió sin dificultades y cuando me tocó a mí, me puse nervioso, sentía que seguramente lo iba a hacer mal y eso podía ofender a la gente que estaba ahí.
Empecé a arrojarme el agua y el rabino me dijo:

—Ahora repetí conmigo —y me hizo repetir oraciones en hebreo que seguí por imitación fonética.

Cuando terminamos pasamos a la mesa mientras las mujeres seguían haciendo el rito.

El rabino ordenó silencio y partió el pan, tiró sal arriba de la mesa y lo pasó por ahí. Después se sirvió vino dulce en una copa de metal hasta hacerla rebasar, como había sucedido antes en el templo, y luego recitó una oración.

Nos dio a cada uno un pedazo de *jalá* y luego hizo un gesto para indicarnos que comiéramos.

Terminamos ese primer pedazo de pan y Rivke me dijo:

—Vos tranqui, Ale, porque yo cuando vine por primera vez también pensaba que estaban todos locos. Tampoco sabía nada de lo que estaba haciendo. Vos tranqui.

La mujer del rabino se metió en la cocina y volvió con dos grandes fuentes de *guefilte fish* y estofado de carne. Me sentí, sí, en una de las celebraciones familiares de las fiestas, pero con un nivel de observancia que desconocía totalmente. Eso no era judaísmo para mí. O el judaísmo que yo había vivido, no era judaísmo. Estaba confundido.

El pediatra reflexionó:

—No sé por qué nos odian tanto. Imaginémonos... cien premios Nobel fueron judíos. No puedo entender que alguien se sienta primero argentino que judío. Porque, claro... los judíos alemanes estaban sorprendidos. ¿Pero, cómo? Si nosotros somos alemanes y después judíos decían... Así les fue, ¿no?

Asentimos en silencio.

—El Estado de Israel lo tenemos que defender con nuestra sangre. Ni un centímetro de tierra para los árabes.

El rabino le preguntó cómo había llegado esa noche a su mesa, y Rivke tomó la voz para contarnos que acababa de separarse y que había estado buscando un lugar donde pasar *Pésaj* porque ya no tenía familia. Además, que en Lomas de Zamora dónde vive no había festejos colectivos como acá y que de casualidad, que en realidad no había sido ninguna casualidad sino Dios, había llegado al templo de Agüero y se había sentado en la mesa al lado de ella.

—Ale, te hemos escuchado poco a vos —dijo Moshé.

—Es que estoy escuchando y aprendiendo.

—No entiendo a los ateos —dijo el médico mientras se metía un pedazo de pescado en la boca.

—Ahhh, pero no... a los ateos hay que tenerles compasión —respondió el rabino—, si no se puede ser ateo.

Mastiqué en silencio, sintiéndome tocado por su comentario, queriendo defender mi judaísmo ateo pero sin atreverme a hacerlo en voz alta.

—¡Nadie puede negar a Dios porque nadie tiene el suficiente conocimiento como para hacerlo!

Después, el rabino nos contó que había nacido en Venezuela, que su padre era cubano y había sido un héroe de la derecha religiosa en Israel, que había estado en un barco que hundió Ben Gurión que era de izquierda; que su padre, además de pionero y héroe, había visto el martirio de otros hombres como él y que en ese momento ya se había retirado a Miami. Él mismo había vivido en Nueva York, Paraguay y otros lugares.

—En Jabad siempre decimos: "Join Jabad and travel the world".

—¿Por qué es así?

—Ahhh, es que nosotros llevamos el judaísmo por todo el mundo. Es nuestra misión. Imaginate que en Paraguay nosotros fuimos los fundadores de la primer sinagoga en la ciudad en la que nos asentamos.

—Interesante.

—Saben ustedes, por ejemplo —introdujo un nuevo tema de conversación el rabino—, que la teoría de la evolución de Darwin ya ha sido refutada, ¿no?

Mastiqué con lentitud.

—No, no, cuente rab —dijo Esther.

—¡Pues claro!, es que desde que se descubrió el genoma del hombre y se lo comparó con el del mono, se ha descubierto que no tienen nada que ver.

Me lamenté de no estar en ese momento sentado con mi amigo biogenetista porque me hubiera gustado ver la discusión.

La hija mayor del rabino dijo:

—Sí, a mí en el colegio me enseñaron que en realidad es el mono el que desciende del hombre.

—A ver, contá —dijo el rabino. Rivke y Esther la miraban con cariño. El pediatra a mi lado tomó un vaso de soda. Los otros hijos del matrimonio se habían ido a descansar en los sillones.

—Es que resulta que los monos son los hombres que se quedaron afuera del Arca de Noé. Degeneraron en monos.

—Claro —asintió el rabino sonriendo.
—En realidad los gorilas —terminó la niña.
La mujer del rabino se levantó de nuevo para ir al a cocina y trajo de postre helado de limón con brownie.
—Igual, Ale, hablo en nombre del rabino porque sé que él estará de acuerdo, podés escribirle un e-mail si querés hablar con él o algo...
—Sí, claro, ha sido un placer tenerte aquí, Alejandro —dijo.
—Bueno, gracias.
Terminamos de cenar e hicimos otra oración que terminó con una pequeña ceremonia de lavado de dedos simbólica para sacarnos la sal.
—Rab... nos vamos a ir yendo nosotros —dijo Rivke.
—Está bien, está bien.
Nos acompañó hasta la puerta de abajo y nos despidió.
—Espero volver a verlos pronto —dijo.
Me despedí de la gente.
—¿Sabés por dónde llegar a tu casa? —me preguntaron.
—Sí, sí, vivo cerca.
—Bueno, Ale, hasta pronto, en la semana te estoy llamando, ¿dale?
—No hay problema —le dije.
Me despedí con un saludo general. Crucé la calle y estaba a media cuadra cuando me di cuenta de que todavía tenía la *kipá* puesta. Sentí que me miraban, la gente me miraba. Me la saqué y la tiré adentro del bolso.

El miedo a Jabad Lubavitch

Descubrí que nadie en el mundo judío es neutral respecto de Jabad. Todos tienen una opinión y muchas veces no es una muy buena. Una editora de un diario judío me llamó para decirme que Jabad 'estaba conquistando la ciudad' donde vivía. ¿Qué significa eso? ¿Están echando de la ciudad a los otros rabinos a punta de escopeta? ¿Se están multiplicando tan rápido que están modificando la demografía judía? Difícilmente. Y, sin embargo, escuché lo mismo una y otra vez, a veces dicho en secreto, a veces en un grito exasperado: están conquistando. ¿Pero, de qué estaban hablando exactamente? ¿Y quién los estaba dejando hacerlo?

FISHKOFF, S., *The Rebbe's Army*, p. 5

—Me contaron tus abuelos que estás escribiendo un libro sobre los lubavitch. ¿Qué enfoque le vas a dar?

—Ninguno en particular. Intentaré ser lo más objetivo posible.

—Uno crítico.

—¿Por qué? ¿Qué tienen de criticable?

—Que te lavan el cerebro. Ojo, yo también les reconozco cosas, ellos te consiguen cosas. No te van a dar plata por ejemplo, pero sí te consiguen cosas. Ponele, el hijo de unos amigos estaba acá sin trabajo, su vida era un desastre y de pronto se metió con ellos que lo llevaron a Estados Unidos y le consiguieron trabajo. Pero le lavaron el cerebro, claro.

***

—Era buen tipo, pero le envenenaron la cabeza y ahora está con los lubavitch.
 —Estoy escribiendo sobre la Jabad.
 —¿Los lubavitch?
 —Sí.
 —Uhh, tené cuidado...

***

—Me dijo la que era la secretaria de la biblioteca del templo de Agüero que ahí hay de todo, evasión impositiva y trata de blancas.

***

—Trafican drogas, piedras preciosas, ¿de dónde sacan tanta plata, si no? Le pasan al *Joint* cien personas en los comedores que tienen y en realidad atienden veinte. Conozco gente que de la noche a la mañana se hizo rica, tiene casa en el *country*, cuatro autos, ¿de dónde sacaron la plata? Nadie te lo va a decir, pero es así. Se drogan, antes de hacer el servicio religioso ellos se drogan, tiene el oído aguzado, ¿cómo pueden escuchar tan bien, si no? Antes de dar un servicio, se dan un "tijeretazo". Pero nadie te va a hablar de esto. Hubo rabinos de Jabad presos por pasar drogas. Eso está documentado, pero nadie te va a hablar de eso porque nadie quiere quedar pegado. No está documentado que pasen droga, pero eso lo saben todos. Al Rebe de ellos, que estuvo preso, lo sacaron porque pusieron guita. Tengo conocidos que lo vieron. Yo lo vi. Son ladrones, forajidos y drogadictos. Venden drogas, viven del robo, ¿eso vas a publicar? Nadie te lo va a creer, pero yo lo vi. Son sectas. Los religiosos judíos son sectas, mejor hacerse *goy*. ¿Vos vas a publicar eso?
 —Bueno, ¿por qué no me da su testimonio?

—No, no puedo. No quiero. ¿Para qué? No te lo van a dejar publicar.

—Déjeme a mí que soy el que se encarga de eso.

—No, no, no puedo, tengo amigos rabinos que me van a venir a...

—Pero no ponemos su nombre.

—No, no. Y vos, mejor que no te metas porque te van a clavar un cuchillo por la espalda. Tené cuidado. ¿Para qué vas a escribir de esto? ¿Qué vas a hacer? ¿La cronología? Eso lo podés hacer. El cuentito. Es como la historia argentina, todo un cuentito. ¿Te pensás que Saavedra y Moreno fueron los que dicen que fueron?

—Deme su testimonio, lo grabamos, investigamos.

—No, no, lo que puedo decirte es que son drogadictos y vendedores de drogas. Yo estuve como simpatizante durante muchos años. Fui a Nueva York con sus viajes, conocí la tumba del Rebe, otro que está muerto hace más de diez años y lo adoran como si fuera Jesucristo. Para eso que se hagan *goyim*. Todo es *el Rebe esto, el Rebe lo otro*, y te pasan videos del Rebe en cada acto público que hacen. Los rabinos te dicen que hay que ayudar a un judío pero entre ellos se detestan, se odian a muerte, miran quién tiene más plata, quién tiene menos, están todo el tiempo fijándose en lo que hacen los otros.

***

Los anteriores son algunos de los comentarios reales que recibí de distintas personas en cuanto mencioné por algún motivo a los lubavitch, en distintas ocasiones y lugares.

Nadie parece indiferente al fenómeno Jabad y por lo general lo primero que surge es miedo. ¿Por qué un grupo de ortodoxos judíos genera tanto temor entre judíos seculares y gente común?

El crecimiento impresionante de la labor de Jabad Lubavitch a nivel mundial y en nuestro país, en particular desde 1978 hasta la actualidad, puede pensarse como un disparador de susceptibilidades, más en una época que ha visto decrecer la influencia de los discursos religiosos en la vida cotidiana de la gente, donde el sionismo como ideal para reemplazar esa religiosidad en el imaginario del judío ha caído también desde que Israel declaró su independencia y adquirió un poderío militar que le permite cierta estabilidad, y los clubes y redes sociales judías también perdieron buena parte de su poder de convocatoria de antaño. Sin contar con la caída de varias instituciones de la colectividad luego de la crisis de

2001 y el cuestionamiento de buena parte de la dirigencia comunitaria luego del atentado a la AMIA de 1994.

Por el contrario, Jabad Lubavitch parece haber salido indemne de estas crisis y haber logrado un nivel de presencia y penetración en buena parte de la colectividad judía, tanto la argentina como la de todo el mundo, impensable en otra época para un grupo religioso ortodoxo.

Sus *Batei Jabad* (Casas de Jabad), sus espacios de funcionamiento, centros comunitarios, caras externas abiertas a la comunidad donde organizan sus actividades y nuclean comunidades específicas del lugar donde se instalan se expandieron por el país y la Capital Federal y siguen en crecimiento.

Damián Setton es sociólogo recibido en la Universidad de Buenos Aires y ha realizado sus estudios de máster y doctorado analizando el fenómeno Jabad Lubavitch, lo que lo convierte en el profesional de las humanidades que probablemente mejor conozca la problemática lubavitch en nuestro país. Analiza el fenómeno de los prejuicios que generan los lubavitch: "Yo creo que no es por un tema de Jabad que se genera ese temor. En principio son luchas de poder en la comunidad judía. Es lógico, y creo que se podría llegar a encontrar ejemplos o se pueden encontrar en cualquier otro colectivo social. Si un grupo dentro de ese colectivo social crece y de alguna manera, va *conquistando* espacios (y la palabra "conquista" no es ni buena ni mala en este contexto), es lógico que otros sectores de la comunidad judía vayan a tener temor. Van a decir: 'Bueno, ¿hasta dónde van a avanzar estos tipos? ¿Qué va a pasar con la gente que está conmigo? ¿Se van a ir con ellos?' Al mismo tiempo hay una competencia por dinero. Porque la comunidad judía depende en gran parte de benefactores".

La ortodoxia judía (se los llama *jaredí* o *jaredim*, en plural) es un movimiento amplio a nivel mundial que congrega en su seno distintas y hasta contrapuestas visiones acerca de lo que es el propio judaísmo. Por lo general (aunque las generalizaciones son deficientes ante un campo tan grande) estos movimientos se identifican por hacer lecturas literales, antimetafóricas de los textos bíblicos y sus posteriores interpretaciones o exégesis que se reúnen en el *Talmud*, un corpus de discusiones rabínicas antiquísimo que se estudia a la par del Antiguo Testamento.

La tradición judía indica que Dios le dictó a Moisés la *Torá* en el monte Sinaí, luego de la salida de los judíos de Egipto, y que luego éste se la comunicó a sus discípulos. Las interpretaciones múltiples, divergentes, que hacen a la esencia sectaria del judaísmo, es consecuencia directa de esta dispersión de la palabra de Moisés: ante tantos discípulos, cada uno entendió las complicadas reglas que Dios le dio al pueblo elegido a su modo.

Dentro de este campo reinterpretativo, la ortodoxia asume la postura más radical y, en buena medida, fundamentalista: considera no sólo que lo que está dicho en el *Tanaj* (el Antiguo Testamento) es una crónica real, histórica, que habla de los antepasados directos de todos los judíos actuales (lo cual los lleva a posiciones muchas veces extremas, como desechar la teoría de la evolución de Darwin para pontificar el creacionismo o sostener que los dinosaurios nunca existieron porque en la Biblia no se hace mención a ellos), sino que además la toma como un manual para la vida. La *Torá* (el Pentateuco bíblico y el *Talmud*) tiene una serie de 613 preceptos (*mitzvot* en plural, *mitzvá* en singular) que se supone Dios le habría encomendado cumplir a los judíos. La misma interpretación de cómo deben los judíos conducirse ante estos preceptos o si deben ser entendidos como órdenes inapelables o reconsideradas a la luz de la evolución del pensamiento humano marca buena parte de la diferencia entre las diversas ramas del judaísmo contemporáneo: la ortodoxia, la ortodoxia moderna, los conservadores, los reformistas, los posjudíos y una serie casi interminable de divisiones y facciones en una religión que se constituye desde una forma más parecida al protestantismo que a la verticalidad católica, con su autoridad eclesial máxima.

Precisamente la ortodoxia, por sostener una visión tan absoluta acerca de la *Torá* y las *mitzvot,* se reconoce por su estricto cumplimiento de las leyes de Dios tal y como figuran escritas desde hace miles de años. No existe contextualización posible: el manual para la vida de una tribu nómada que surcaba el desierto hace tres mil años sirve y debe repetirse exactamente igual para un judío porteño del siglo XXI o un judío ruso viviendo en Siberia o en cualquier otro lugar del mundo.

Los movimientos emancipadores judíos y el llamado "iluminismo judío" o *haskalá*, al que luego sucedió el sionismo, forjaron una identidad judía contrapuesta a esta postura y a la versión más "religiosa" del judaísmo, entendiéndolo, a partir de los siglos XVIII y XIX, no sólo como una religión, sino como una nación, una identidad trasnacional que condensa una serie de costumbres, ritos, antepasados, mitología y por lo menos tres lenguas madre (ladino, *iddish* y hebreo). En el rechazo absoluto de la modernización y el judaísmo no religioso, la ortodoxia en general siempre erigió muros altísimos contra toda influencia del mundo secular que pudiera llegar a empujar a sus miembros a alejarse del camino "de *Torá* y *mitzvot*".

Desde ese lugar es que la ortodoxia, en general, impuso sus prescripciones a las tecnologías modernas, a la televisión, el cine, la música, la literatura secular y todo aquello que no esté prescripto por los códigos de leyes judías.

Y, sin embargo, Jabad Lubavitch juega en un territorio mucho más difícil de concebir: se reconocen ortodoxos y fervientes en el cumplimiento de los preceptos divinos, pero en su interpretación particular del judaísmo (que parte del movimiento jasídico, en su momento una expresión renovadora de la ortodoxia) hay muchas cuestiones que no funcionan de la misma manera que para otras corrientes ortodoxas.

Mantienen buena parte de las prohibiciones y está muy mal visto a nivel intracomunitario que algún miembro se distraiga con productos e insumos culturales seculares, pero no rechazan cierto empleo de las herramientas tecnológicas, lo que no los hace menos estrictos en sus costumbres y comportamientos (pese a lo cual existen diversos grados de espiritualidad en Jabad: se puede ser simpatizante, adherente externo, cumplir sólo algunos de los preceptos).

Los lubavitch no dejan de vestir de negro y no se separan de su sombrero o *kipá* si son hombres, y nunca se pondrían un pantalón si son mujeres, pero eso no quita que no puedan crear un perfil en Facebook o una cuenta en Twitter siempre que estas herramientas hípermodernas sirvan, a su entender, para propagar el judaísmo y servir a Dios.

Pero la visión externa al fenómeno no sabe de estas distinciones en el seno mismo de la ortodoxia, y ve, en cambio, un cúmulo indiferenciado de fanáticos oscurantistas. Ahí reside el origen de buena parte de los prejuicios contra Jabad, según lo reconoce el rabino Mordejai Birman, del Beit Jabad Villa Crespo: "Pienso que un poco es culpa nuestra. Durante muchos años nosotros no fuimos capaces de abrirnos y de mostrarles a los demás que son nuestros hermanos, y que por más que yo use *kipá* y el otro no, por más que yo cumpla una *mitzvá* que el otro no cumple, somos hermanos, nos tendríamos que querer y respetar mutuamente; pero bueno, creo que de los dos lados hay culpa. Pero que nosotros, como supuestamente estudiamos más *Torá*, tendríamos que abrirnos más. Lo estamos haciendo, con todas las actividades y todo lo que hace Jabad. Pero durante muchos años hubo un distanciamiento muy grande entre los que son judíos ortodoxos y los que no son ortodoxos, y eso quedó. Despacito se fue rompiendo el hielo. Hoy pienso que no es tan así".

Sin lugar a dudas no existió otro movimiento judío ortodoxo que haya hecho tan visibles sus costumbres, visiones y prácticas y, al mismo tiempo, que haya procurado incluir antes que excluir a aquéllos alejados de la observancia.

El rabino Aharón Stawski del Beit Jabad Once prefiere una respuesta espiritual a esta problemática: "El prejuicio no es solamente contra Jabad. El prejuicio es contra todo lo religioso, que es distinto. Cada judío tiene dos almas. Tiene el alma animal y el alma divina. Están puestas las dos una contra la otra y hay una lucha interna en la persona. Todo judío es medio esquizofrénico de por sí. Porque tiene una tendencia hacia una cosa, una tendencia hacia la otra, pero eso es normal, es así. Así nos hizo Dios. Porque hay dos fuerzas igualitarias y vos tenés que elegir, tenés libre albedrío. Si nosotros eligiésemos por el bien solamente, seríamos o ángeles o monitos o robots. Mucha gente no religiosa dice de nosotros: 'Son como monitos, son como robots'. Pero no es así, adentro hay una fuerza que no te deja y vos tenés que luchar. Todo es una lucha. No es nada fácil. Cuanto más uno se quiere acercar a las cuestiones de espiritualidad y divinidad, más difícil es la lucha. Cuando uno ve al otro que está haciendo lo que le corresponde a un judío y uno no lo hace, le molesta. En cambio, aquél al que no le pasa nada, es indiferente a los religiosos, está todo bárbaro con ellos y no le produce un conflicto, a ése es más difícil despertarlo".

La postura del director general de Jabad en la Argentina, el rabino Tzvi Grunblatt, apunta no sólo a barrer con esos mitos antijabad, sino también a demostrar lo contrario: "Algunos tienen miedo, porque desconocen, tienen miedo porque para ellos la organización es un objetivo en sí mismo y sienten que hay otra organización que los jaquea, y en vez de tomar todo lo positivo que Jabad les aporta y enriquecer su propia organización, cierran la puerta. Se quedan en el celo. Pero acá nadie viene a quitar nada. Acá de lo que se trata es de permitir que cada uno descubra su propia herencia. Hay ciertos tabúes, ciertos mitos. Por ejemplo, una persona en el Sur me dijo una vez: —Yo no quiero hablar con vos porque yo no soy judío para vos. Le dije: —¿Por qué pensás eso?; —No... yo sé como vos pensás, vos pensás que yo no soy judío. Una de las cosas básicas para Jabad es que hay tres tipos de judío: el judío, el judío y el judío. No hay diferentes tipos de judío. Hay judío que sale y judío que no sale. Judíos que cumplen más y judíos que cumplen menos. Entonces no hay nada más que judíos. O es judío, o no es judío. Pero si es judío, más allá de su condición de cumplimiento, es un judío. El no religioso piensa que el religioso no lo considera judío y eso, además de ser una barrera, no es verdad".

Servicio de lavandería (de cerebros)

"Cuando dicen que nosotros les lavamos el cerebro, decimos: 'Bueno, les sacamos un poco la mugre con la que vienen de la calle'", dice el rabino Stawski en tono jocoso.

El presunto "lavado de cerebros" que ejercerían los rabinos de Jabad con gente que se acerca a sus actividades es uno de los mayores prejuicios que existen hoy en día contra la institución.

Hay una verdad ineludible: hay casos de judíos asimilados que luego de acercarse a Jabad Lubavitch, acudir a sus actividades, pasar tiempo en la comunidad, han visto incrementar su religiosidad, su espiritualidad y su observancia de las leyes y preceptos judíos. Algunos, incluso, han decidido profundizar este camino y se han integrado, lentamente, a la comunidad lubavitch en un proceso que se llama *teshuvá*. Son los que "vuelven a las certezas" que otorga la fe y tienen una categoría asignada: son llamados *baal teshuvá* ("poseedores de la respuesta").

Los objetivos de Jabad Lubavitch son claros y ellos no los ocultan. En el libro *Challenge*, editado durante la década de los setenta por Jabad Inglaterra, se los puede leer en forma explícita: "El objetivo último de Jabad Lubavitch es nada menos que la *teshuvá*, nada menos que el deseo de revolucionar completa e irrevocablemente la vida del judaísmo moderno [...]. *Teshuvá* en el sentido clásico del judaísmo significa introspección continua y continuos esfuerzos para retornar a las instrucciones de D-s como fueron reveladas en la *Torá*. Significa la reorientación de la voluntad de la persona y sus deseos en orden de ajustarse a la Ley Divina. Significa una revolución total (aunque gradual) en la vida personal; un anhelo de unirse a D-s" (*Challenge*, pp. 191 y 192).

Esto, sin embargo, no significa que exista un mecanismo determinado de "lavado de cerebro", a pesar de que, como se verá a lo largo de este libro, sí existen una serie de dispositivos e instituciones de Jabad Lubavitch puestos al servicio de este proceso de retorno a la observancia religiosa. También es cierto que Jabad Lubavitch no recurre a métodos ilegales, coacción u otras formas violentas para obtener sus objetivos: ningún judío que no quiera escuchar el mensaje de Jabad o que no quiera adherir a éste será obligado a hacerlo por la institución.

Desde su rol de director del Colegio Wolfsohn, el cual gestiona Jabad Lubavitch, el licenciado Gustavo Dvoskin relata: "Obviamente uno escucha críticas. Se habla de evangelización, de los 'lavados de cabeza'. Lo que está claro es que los lubavitchers son gente insistente. Con ideas muy fuertes, muy convencidos de lo que hacen y muy seguros también y en muchos de estos casos, no todos, con una interesante línea argumental. No son locos a los que se les ocurre una idea. Tienen ideas fundamentadas y estudian mucho, y muchos de ellos son gente muy inteligente, con un mensaje que puede convencer".

El proceso de transformación por el cual un judío apartado de la observancia comienza paulatinamente un acercamiento a la ortodoxia, el cual en algunos casos puede terminar (y en otros no) con la integración a la comunidad lubavitch, es un camino largo y lleno de idas y venidas, pero con una constante: la separación de ese individuo del que hasta ese momento había sido su grupo de pertenencia. Es decir, una persona que comienza a observar las leyes dietéticas del *kashrut* (la comida apta para un judío religioso) impone una modificación en sus hábitos tan grande que si su familia y allegados no lo siguen en ese camino, tarde o temprano comienza a producirse una ruptura.

Respetar las complicadas reglas alimenticias judías, con sus prescripciones, sus mandatos de tener una vajilla para carne y otra distinta para leche, entre otras cuestiones, implica una de las modificaciones más visibles y radicales del comportamiento de una persona en el ámbito de su familia. Hijos que se niegan a seguir yendo a la casa de sus padres donde no se sirve *kasher* o que imponen que se respete en sus casas cuando todavía viven con ellos son formas de experiencias radicales y sensibles que despiertan el temor y el comentario: "¿Qué le pasó a mi hijo? ¡Le lavaron el cerebro!".

El rabino Birman dice respecto de este temor: "Como muchos chicos entraron a Jabad y se hicieron religiosos, el temor de los padres es que sus hijos se hagan religiosos si van a Jabad. La verdad es que nuestra meta es difundir judaísmo, no es hacer religiosos. Una vez una persona me dijo: 'Vos creés que vas a hacer a todos los judíos religiosos', y yo le dije: 'No, si vos creés que yo creo eso me estás tomando por tonto. Yo quiero que los judíos cada vez cumplan algo más. No hace falta ser religioso para cumplir".

La idea de que exista un dispositivo de lavado de cerebro no se observa en ninguna de las actividades que realiza Jabad Lubavitch, y pensar que lo ejerce es, de alguna forma, engrosar el éxito de su programa: de los miles de judíos que se acercan a sus instituciones, el porcentaje que se pasa a la observancia o a integrar el ámbito comunitario de Jabad

Lubavitch es ínfimo. Si existiese un procedimiento para el lavado de cerebros, tendría unos estándares de éxito tan bajos que podría considerarse ineficiente.

Damián Setton encuentra esta situación como un aspecto problemático para la propia Jabad: "Como subestructura interna al campo judaico, Jabad Lubavitch intenta construir su legitimidad refutando los estigmas dirigidos hacia ella. Pero esa legitimidad se construye en función de dos fuentes contradictorias. Por un lado, la legitimidad que surge de los procesos de conversión interna realizados por los *baalei teshuvá*. El *retornado* es aquel que atestigua la veracidad del mensaje del movimiento. El número es, para Jabad, un criterio de legitimidad, la cantidad de miembros a nivel mundial es una muestra de que el grupo es portador de la verdad. Pero, por otro lado, el estigma de ser lavadores de cerebros es desmentido por los mismos jóvenes que asistiendo a las actividades de Jabad no se convierten" (Setton, D., *Instituciones e identidades en los judaísmos contemporáneos*, p. 102).

Damián Karo es rabino, entró a Jabad Lubavitch Argentina siendo un joven que apenas había pasado la adolescencia y estuvo dentro de la organización durante casi la mitad de su vida, llegando a ocupar altos cargos operativos en la dirección general de la central.

Dada su antigua posición, Karo conoce de primera mano los manejos internos de Jabad y aporta una respuesta a esta polémica: "Yo creo que una de las patas del éxito de Jabad es que te vende la verdad y la felicidad enlatada, y muchas personas, aunque no lo reconozcan, quieren eso. La responsabilidad no es de Jabad, es del sistema consumista en el que vivimos, que deshumaniza y cosifica, cuyo valor supremo es tener y no ser. Lo positivo de Jabad es que están convencidos de lo que hacen. No venden Coca-Cola y consumen Pepsi. Son muy coherentes. No veo el problema si a una persona le hace bien esto. Una vez una madre toda compungida me dijo: 'Ay, ¡mi hijo se hizo ortodoxo!'. ¡Pará flaca! No es que el pibe se hizo adicto a la droga, no salió con una banda a matar gente, no es un *skinhead*, no es un autómata que está en el cibermundo virtual dieciocho horas por día desde hace años. No es la peste. Si tu hijo lo eligió libremente, ¿cuál es el drama? Si vos entrás a la peluquería, te sentás en el sillón, y te preguntan: '¿Te lavo la cabeza?', y vos decís: 'Sí, dale', entonces te la lavan. Si no, no te la lavan. No se le puede lavar la cabeza a gente que no quiere. Esto no es *La naranja mecánica*, no raptan gente. Es un sistema libre y abierto y charlan con vos. Te convencen, si es convincente lo que te dicen, vos sos quien lo acepta. Y si no, no te convencen. ¿Qué es lo peor que puede pasarte? ¿Que te guste? ¡¿Qué problema hay?! Y si no te gusta, vas a haber aprendido algo de un distinto".

ALEJANDRO SOIFER, PH.D.

Los Lubavitch y el mundo del dinero

Otro prejuicio arraigado respecto de los lubavitch tiene que ver con el imaginario antisemita que vincula la posesión de dinero con la misma condición de ser judío.

A los lubavitch en particular se les endilga, sobre la base del observable gran poder económico que ostentan, el ser hacedores de ricos y que se financian con aportes de efectivo venido directamente de los "cuarteles generales" de la institución en Nueva York.

El primer prejuicio indica que, de alguna manera, hay dos formas rápidas y fáciles de hacerse rico en esta vida: ganarse la lotería o hacerse lubavitch, que sería, en términos prácticos, lo mismo.

La imaginación popular ha creado el mito de que una persona que se convierte en *jasid* del Rebe se inserta en la comunidad Jabad local y sigue una vida de ortodoxia judía, será ayudada económicamente por esa comunidad mediante dinero en efectivo, casas, departamentos, automóviles y cualquier otro bien suntuario que pueda imaginarse.

Es claro que ésta es una simplificación de procesos sociales complejos.

Setton tiene una respuesta para esta cuestión.

—*Se escucha mucho decir: "Se metió en la Jabad y ahora le va bien en los negocios, tiene un montón de plata, etcétera". ¿Se observa el cumplimiento de este mito?*

—Observé eso y también lo contrario: gente que podría estar muchísimo mejor económicamente y que no lo está por estar dentro de Jabad.

—*¿En qué sentido?*

—Por ejemplo, hay un tipo que trabajaba en sistemas y ganaba cinco mil pesos por mes. De repente ese tipo quiso ir a estudiar a 770^1, se fue un año, se hizo lubavitcher, se casó y ahora quiere administrar un Beit Jabad. Administrarlo le va a implicar que ya no va a estar en su oficina cómodo programando y ganando el sueldo que estaba ganando antes y pudiendo viajar a perfeccionarse, sino que va a tener que estar buscando fondos. Es un laburo que a mucha gente le puede gustar, pero que también es medio feo, eso de tener que estar pidiendo todo el tiempo donaciones. Esa persona probablemente viva de esas donaciones. Tiene que sacar una parte de lo que recibe para vivir. Ahora, si yo vivo de donaciones para mantener un Beit Jabad, el tipo que me dona sabe que como rabino vivo de eso, no puedo aparecer con una casa de dos pisos y un auto último modelo, porque entonces va a donar menos.

—*¿Tenés alguna referencia de gente que se haya "salvado" económicamente por pertenecer a Jabad?*

—Pensemos una cosa, vamos a suponer que yo soy comerciante y me dedico a vender remeras. En principio siempre que me conecte con gente voy a tener más posibilidades de éxito en mi negocio. Si yo estoy en una comunidad, voy a un templo y dentro del *minián*[2] conozco un tipo que también está más o menos en el rubro y con quien puedo armar un negocio, ¿por qué no lo voy a hacer? O de pronto la gente de Jabad prefiere comprarme a mí porque voy al *minián* en el templo de Jabad. Si vos tenés un amigo kiosquero vas y le comprás a él, no le comprás a otro. Hay que desdramatizar. No es "me metí en la mafia china y me llené de guita". Ahora, que pueda haber negocios y cosas turbias, yo eso no lo vi. Ni tampoco lo busqué. Que puede existir, puede existir. No digo que no. Pero, ¿cuál sería el problema de un tipo que empieza a mejorar en sus negocios a través de estar en una comunidad religiosa? No veo cuál es el drama en eso. Otro tipo lo puede hacer en el country y nadie dice: "Ah, miralo, está haciendo negocios con gente del country y se salvó por estar en el country", entonces, ¿por qué lo tenemos que decir de Jabad?

Jabad Lubavitch como espacio que agrupa gente con intereses similares y como conformación de comunidad ofrece un ámbito apropiado para el desarrollo de negocios, y más aún porque hay empresarios muy poderosos que han emprendido un proceso de *teshuvá*. Un comentario casual que circula por la comunidad judía local indica que si antes para estar en el ámbito de los altos negocios era necesario entrar en el mundo del polo o participar de aburridos partidos de golf, hoy con empresarios como Eduardo Elsztain, Miguel Rosental o César Wengrover asistiendo a las actividades de Jabad Lubavitch, integrando sus *minián*, siendo accesibles y abordables por cualquiera durante los servicios religiosos, es necesario entrar al mundo de Jabad.

El rabino Karo confirma lo dicho por Setton y amplía la perspectiva: "Es cierto que hay una ayuda interna fuerte en el sentido comunitario. Por el otro lado, en Jabad, una vez que te pusiste la barba, el saco y el sombrero, ya sos nuestro. Ahora no me tengo que ocupar más de vos porque ya sos parte de la comunidad. Si necesitás algo se te va a dar, porque sos parte de nosotros, pero no te vamos a ir a mimar más. Tenemos que ir a mimar a los que están afuera para que entren, así como te mimamos a vos cuando estabas afuera".

En cuanto al mito de la chequera ilimitada de los lubavitch que repartiría fondos desde su central a todo el mundo, tampoco se presenta de tal modo. Si bien pueden existir donaciones provenientes del exterior, no son generadas directamente por la "canilla ilimitada" de dinero que abriría el 770.

Cada responsable de un Beit Jabad debe procurarse sus propios modos de subsistencia, es decir, conseguir sus propias donaciones que le permitan seguir funcionando. En este sentido, dependerá en forma fundamental del carisma de cada uno sus posibilidades de hacerse con mayores o menores ingresos. Jabad Lubavitch de todos modos cuenta con la ventaja de haber sabido conquistar el favor de judíos con billeteras abultadas que donan cantidades fastuosas para los diversos proyectos que organiza la institución.

El empresario Eduardo Elsztain, por ejemplo, ha declarado públicamente que aporta el diez por ciento de cada negocio que realiza a Jabad Argentina, lo que, considerando que es uno de los hombres más ricos del país, resulta una suma cuantiosa. Pero más allá de ese aporte individual, fabuloso sin dudas, el rabino Karo remarca el hecho de que Jabad no deja de construir instituciones, lo que genera un flujo constante de dinero: "Su metodología es la inversa a la tradicional. Nadie hace obra si no tiene los fondos. Ellos, cuando peor está la situación y no hay un mango, salen a hacer obra. Gastan más fondos de los que tienen, se ponen en rojo. Pero es honesto, no es un plan de negocios, creen en lo que hacen. Existe una verdadera voluntad de ayudar".

El sistema funciona de una forma muy aceitada en los tiempos posteriores a una crisis: como Jabad realiza una obra material tangible (funda instituciones de ayuda social, tiene comedores comunitarios, se involucra activamente con la comunidad), las donaciones suelen acercárseles en aluvión apenas empieza a pasar el ojo de la tormenta.

La idea de la plata fácil no les cae simpática a los empleados de las instituciones de Jabad, que tienen que vivir, muchas veces, con sus sueldos en suspenso, esperando que las donaciones lleguen a tiempo.

El rabino Birman aporta su visión del asunto: "Yo no puedo hablar de todo Jabad, puedo hacerlo por mi Beit Jabad y sé que cuando digo cómo lo financio no todos me van a creer. En nuestro caso la financiación proviene en un 90 por ciento de la Argentina. Gente del barrio, gente que no es del barrio, que me conoce a mí o que escuchó algo de mí, o alguien me hizo una conexión con algún filántropo. Tengo un donante, por ejemplo, que me ayuda bastante, pero que me dice: 'No comparto tu forma de vida, no soy religioso ni quiero serlo'. Es una persona a la que me cuesta mucho ponerle *tefilim* cada vez que lo veo, pero sin embargo nos dona, porque dice que reconoce el trabajo que hacemos contra la asimilación. Muchas veces lo invité a festividades, pero él no quiere participar nunca de nada. Otras veces estamos en aprietos, como toda institución".

Es cierto, sin embargo, que Jabad Central aporta una pequeña parte al sueldo de sus rabinos, pero es un aporte que se va haciendo cada vez más gradual hasta el punto de quedar anulado, obligando siempre a cada rabino a procurarse sus propios medios de subsistencia. El sistema es de una subvención decreciente: en un principio la central paga el sueldo del rabino durante unos dos años, sumados los plus por aguinaldo, vacaciones o lo que corresponda. Cumplido el período, Jabad Central comienza a descontar un diez por ciento anual al sueldo del rabino hasta dejarlo en el cincuenta por ciento de lo que percibía al principio. El resto y los nuevos gastos que se le originaron (hijos, ampliación de su comunidad, actividades) se los debe procurar él mismo, mediante las donaciones que pueda conseguir.

En paralelo, Central sigue aportando la marca y el *merchandising*: folletería, revistas, materiales, campañas nacionales y *know how*.

Acerca de la posibilidad de que Jabad Lubavitch se financie mediante el tráfico de drogas, armas, o prostitución, Karo es contundente: "No es cierto. Que sea un alto porcentaje de gente en Argentina, no es cierto. Que yo crea que en el mundo sea así, no, no lo creo. En lo más mínimo. Los valores son realmente valores espirituales, puedo no coincidir, pero son valores espirituales. Ahora, que puede haber alguno que lo haga... sí, como en cualquier grupo humano. Es como que vos me digas: 'Eh, yo conozco un mendocino que es traficante, entonces son todos traficantes'. No. No se puede generalizar en ningún colectivo humano. ¿En Jabad? No, la mayoría no lo son. Y está mal visto. Ni traficantes, ni drogas, ni armas".

De cualquier modo, el origen de las donaciones con las que se financia Jabad también se ha convertido en blanco de permanentes críticas, que incluso han trascendido hacia el campo de la batalla política dentro de la colectividad judía argentina.

ALEJANDRO SOIFER, PH.D.

Realpolitik

Diciembre de 2007. Una pareja joven está a punto de casarse. Deciden pedirles a sus invitados que, en lugar de hacerles regalos, donen ese dinero a instituciones de ayuda social. El novio elegirá una institución y la novia otra. Él opta por una escuela para chicos discapacitados de Villa Bosch. Ella se decide por Ieladeinu, una institución de ayuda social a niños en riesgo, un proyecto comandado y creado por una institución judía ortodoxa. La institución acepta la generosa donación que permitirá continuar con su trabajo pionero y revolucionario en el campo del cuidado de los derechos del niño.

Se mandan a imprimir las tarjetas del casamiento y en las mismas se indican las dos instituciones a las que los invitados pueden donar en nombre de la pareja. Cuando el rabino que comanda la institución judía ortodoxa que está por detrás de Ieladeinu se entera de que figura el nombre de la misma en la tarjeta de casamiento se opone rotundamente a aceptar las donaciones. El rabino aduce que no puede permitir que su institución, que se opone a los matrimonios mixtos (la unión entre un judío y un no judío), figure como *sponsor* de uno.

A los pocos días empieza a circular una carta indignada del padre de la novia por Internet denunciando la situación. Entre otras cosas dice: "Jabad Lubavitch acepta donativos de personas inescrupulosas, vaciadores de empresas y bancos, ricos con empresas quebradas, etcétera, etcétera. Pero judíos. De matrimonios mixtos, pero honestos, no".

El caso cobra rápida relevancia: el novio es Diego Placente, futbolista de San Lorenzo de Almagro.

El e-mail del padre de la novia inicia una serie de intercambios epistolares, notas en los diarios y un encendido debate en el centro de la colectividad judía argentina.

Unos diez días después de que empezara a circular el e-mail del padre de la novia, el Rabino Tzvi Grunblatt emitió un comunicado en nombre de Jabad Lubavitch Argentina. En éste, entre otros conceptos, explicaba su postura: "En el caso en cuestión el problema no radicaba en la aceptación de la donación, sino en la utilización de nuestro nombre en la tarjeta adjunta a la invitación a un evento que, siendo quizás feliz para las familias involucradas, está directamente reñido con los principios del judaísmo y atenta contra la continuidad del pueblo judío. Jabad Lubavitch trabaja incesantemente por dicha continuidad, amenazada principalmente por la asimilación y por los matrimonios interconfesionales. Cualquier acción que pueda dar lugar a otra interpretación debe ser evitada. A quienes no entendieron nuestro accionar, les solicitamos que vuelvan a reflexionar. Quizás el problema se entienda mejor si usamos una analogía: una liga de prevención de enfermedades cardiovasculares puede aceptar la donación de fumadores, pero no puede aparecer como beneficiaria (o patrocinadora) de un evento organizado por una empresa tabacalera. Hacerlo sería vergonzoso".

No fue el fin del caso. Durante días circularon nuevos e-mails en respuesta, comunicados, artículos firmados por diversas personalidades de la colectividad judía argentina. La discusión se fue corriendo de foco hasta convertirse en un pase de factura de ideologías contrapuestas: judíos reformistas y conservadores unidos, haciendo causa común contra Jabad Lubavitch como exponente de la ortodoxia.

La polémica fue tal que revivió una serie de discusiones que parecían silenciadas desde hacía tiempo: qué se entiende por judío. Pocos meses después, una unión ortodoxa ganaría las elecciones en la AMIA y el escándalo se volvería mayúsculo.

El 27 de diciembre de 2007, Diversidad Judía, blog de la fundación judaica que agrupa a rabinos conservadores, emitió su propio comunicado, firmado en primer lugar por el rabino Sergio Bergman y dejando abierta la posibilidad de firmar en adhesión desde Internet. Luego de aclarar que no pensaban entrometerse en cuestiones que hacen a la vida interna y a las creencias propias de cada grupo judío, explicitaban:

"El comunicado de Jabad plantea con claridad sus convicciones, que presentadas como una verdad inapelable, son una restringida interpretación basada en las enseñanzas de lo que en su origen fue una secta judía. Enseña el *Tania*, obra mística del fundador de Jabad, que el no judío no es diferente en cuanto a su religión o cultura, sino que está privado del atributo esencial del 'alma judía'. No se trata entonces de lo interreligioso, sino de la incompatibilidad de unir o vincular dos especies distintas. Basados en esta visión de superioridad intrínseca del alma judía, se condena todo vínculo que comprometa algo más que el respeto y la convivencia pacífica con otros semejantes que son humanamente parecidos, pero espiritualmente diferentes".

El comunicado de Jabad Lubavitch no hacía mención del *Tania*, la obra fundamental del fundador del movimiento, que, efectivamente, en su capítulo número dos especifica: "La segunda alma [exclusiva de la persona] judía, es 'una parte de Di-s de lo alto', tal cual, como está escrito: 'Y Él [Di-s] sopló en sus fosas nasales un alma de vida', [y como decimos:] 'Tú la has soplado en mí'. Está escrito en el *Zohar*: 'Aquel que sopla, sopla de dentro de sí', es decir, desde su interior y su ser más profundo; porque es su más íntima y profunda vitalidad lo que el hombre expele cuando sopla con fuerza. Así también, hablando alegóricamente, las almas judías se han elevado en el pensamiento [Divino], como está escrito: 'Israel es Mi hijo primogénito' [y] 'vosotros sois hijos para Di-s vuestro Señor'".[3]

La carta de Diversidad Judía continuaba: "Definitivamente, nosotros nos encontramos entre quienes no participan, autorizan o habilitan matrimonios interreligiosos. También los asumimos como una amenaza a la continuidad judía. Sin embargo, una vez constituidos, pueden ser considerados tanto una potencial asimilación, como una oportunidad para sumarlos a la base demográfica del pueblo judío. Mientras unos los rechazan, otros los recibimos".

El comunicado planteaba la construcción de una alternativa a la ortodoxia utilizando, entre otros argumentos, la acusación de racismo espiritual.

Otra carta, escrita por el rabino Baruj Plavnick de la Fundación Pardés, también intervino en la discusión sosteniendo entre otros conceptos: "...La primera falacia que se pretende sostener es que el judaísmo siempre fue ortodoxo. ¡Eso es falso! Moshé, Hilel, Rabí Akiva o Maimónides, ¡no eran ortodoxos! La ortodoxia es un movimiento creado en el siglo XIX en contra de los rabinos y dirigentes que ensayaban modos de combinar judaísmo y modernidad. El judaísmo existió y existe porque nunca fue ortodoxo. En cada época tuvo dirigentes y maestros que supieron impulsar los cambios necesarios a su época. Sólo que los cambios que demandaban revisión eran limitados y se producían muy lentamente y/o estaban separados por largos períodos de tiempo. [...] Yo defiendo el derecho de los judíos ortodoxos de pensar y vivir como quieran, pero me opongo a que pretendan que esa es la única manera de vivir y pensar como judíos...".

El filósofo Darío Sztajnszrajber, integrante del staff del grupo YOK, el cual propone una visión liberal del judaísmo, intervino con un texto publicado en el periódico Nueva Sión el 7 de enero de 2008: "Al priorizar, Jabad Lubavitch, la pureza de su concepción de judaísmo frente a las necesidades de los más desventajados, define de este modo su propia escala de valores. Es cierto que ningún niño se quedó sin ayuda por haberse rechazado la donación, argumentarían; con lo cual más que nunca debe quedar en claro que la acción de este rechazo es decididamente una apuesta política [...]. Si los novios 'mixtos' hubiesen donado el dinero, pero sin haber puesto el nombre de 'Ieladeinu' en la tarjeta de casamiento, no hubiese habido problema. De nuevo, el problema no sólo no es ideológico y hasta no es económico: es político".

El pensador puso sobre la mesa de lo que verdaderamente se trató el caso: política comunitaria.

El rabino Damián Karo fue el tercer firmante de la carta de Diversidad Judía, poniéndose así en contra de su antigua institución madre. Todavía adhiere a muchas de las cosas que se expresaron ahí y sostiene que su firma estuvo motivada por el descontento que la forma de trabajo propia de Jabad Lubavitch le provoca y con la que nunca se sintió cómodo.

—*Entonces, la carta de Fundación Judaica es una intervención dentro de un debate más amplio.*

—¿Que le vea a esto una pata política? Sí, totalmente. Y me parece que de la buena política, ya que Jabad mostró algo que por lo general tapa. Lo que hizo Fundación Judaica fue salir a subrayar esa línea que ellos dejaron ver. Jabad hace su trabajo. Mejor, peor, te gusta, no te gusta, estás de acuerdo o no, está genial. El caso Placente lo que hizo fue volver a traer a escena una sana discusión, y para mí representa una oportunidad del diálogo que nos niegan. La posibilidad de sacudir a la "opinión pública comunitaria" que desde el desconocimiento calla y permite que le falten el respeto.

—*¿Qué opinás respecto de la carta de Grunblatt?*

—Está clarísimo que el problema de Grunblatt no sería que pongan plata. El problema sería figurar en las tarjetas. Eso es lo que dice muy claro en la carta. Yo no voy a decir que esa es una posición de Jabad. Es una posición de Jabad en la Argentina. La plata sí puede ser aceptada, pero que no figure en ningún lado, que no se sepa. Eso dice la carta.

—*¿Qué hay de las acusaciones de racismo presentes en la carta de la Fundación Judaica?*

—Lo que dice es que en el *Tania* explica que el no judío no tiene el "alma judía", es otra "especie", espiritualmente hablando. A eso podríamos llamarlo "racismo" espiritual. Habría espiritualidades diferentes y serían "genéticas" y hereditarias. Compara al matrimonio interreligioso con un "cáncer". Para ellos no es un tema de diferentes culturas o creencias, sino de dos "especies" diferentes. Ahora, ¿qué pasa con las donaciones que sí se aceptan? Vale decir, el matrimonio mixto no se acepta, como tampoco se acepta trabajar en *shabat*. Si vos sos un judío que trabaja en *shabat*, y me donás, ¿yo puedo aceptarlo?

—*De acuerdo, pero hay una escala. Dicen, por ejemplo, que ponerse los* tefilim *equivale a toda la Torá. Se supone que no es lo mismo trabajar en shabat que casarse con un no judío.*
—Puedo dar la respuesta que me dieron a mí cuando estaba adentro de Jabad, creía firmemente y, sin embargo, este tipo de cuestiones me hacían ruido. Ellos me decían que los donantes, por lo general, tienen muchos emprendimientos. ¿Por qué asumir que lo que nos donan viene de la parte "mala" y no del negocio "bueno"? ¿Por qué asumir que la donación venía de la parte del trabajo que se hacía durante *shabat* y no en la semana?

El problema que se le presenta a Jabad es que tiene que hacer conciliar sus valores ortodoxos con su salir al mundo a dar su mensaje. ¿Cómo lo resolvieron acá? Muestran diez reglas de un paquete de quince, vos las comprás y después, por pertenecer al grupo y porque te solucionamos un par de temas, no económicos, sino existenciales, terminás agarrando todo el paquete. No es que las grandes marcas del mercado no hagan lo mismo. El problema es que las grandes marcas te quieren vender una gaseosa, una hamburguesa, un auto. Acá te quieren vender un formato de vida y te lo venden desde una cuestión espiritual. Lo que cuestiono es por qué no salen y dicen: "¿Saben qué? El no judío es distinto, tiene un alma menos". Que lo digan.

—*Eso chocaría con su necesidad de expandirse.*
—Es lo que digo, en esa necesidad del "cómo me expando" tienen que tapar una parte de lo que creen. Por eso hay que mostrar lo que ellos tapan. Todos mentimos todo el tiempo. Pero lo que quiero decir de la carta es: "¿Vos no me querés aceptar la donación? Está bien, no me la aceptes, pero no me vengas con lo de la tabacalera y todo eso, porque no me cierra. Porque tu problema, como explicás con el ejemplo de la tabacalera, es figurar, no la plata".

---

1. Los cuarteles generales de Jabad Lubavitch a nivel mundial. Se los llama 770 porque quedan en una casona neogótica ubicada en ese mismo número de la calle Eastern Parkway en Crown Heights, Nueva York.

2. El quórum mínimo de diez hombres que se requiera para rezar en el templo.

3. http://www.es.chabad.org/library/article_cdo/aid/693530/jewish/Captulo-2.htm

Jabad Lubavitch en la Argentina

En la esquina de Billinghurst y Humahuaca de la Capital Federal una carnicería *kasher* anuncia con un cartel en la puerta, al lado de las promociones de los cortes de carne, la historia del movimiento judío ortodoxo en la Argentina. "Breve aproximación sobre la ortodoxia de la judeidad argentina desde los años cincuenta, iniciativa de un LÍDER. En venta aquí", dice el cartel. Adentro, el carnicero despanzurra un pollo y ante la pregunta acerca del curioso anuncio, nos remite a hablar con un hombre de larga barba blanca y gorra deportiva que se sienta al fondo, debajo de un retrato a lápiz y carbonilla de Menajem Mendel Schneerson, el Rebe de Lubavitch, el máximo líder de Jabad, fallecido en 1994 y sin reemplazante en el cargo hasta la fecha.

El hombre que acaricia sus barbas en las que se cuelan entremezclados algunos restos de la labor en la carnicería se llama Isaac Benchimol, y mientras atiende pedidos por teléfono y dice que sí, que tiene todo tipo de carnes, que tiene salchicha parrillera y matambre, todo *kasher*, agrega, y anota en una libretita de páginas amarillentas los pedidos a la vieja usanza, explica que lo que promociona desde la vidriera es un libro sobre los orígenes de la ortodoxia judía en la Argentina. Busca algún ejemplar.

"Tengo que ver si me quedó, si no, tengo que traer más...". Y el carnicero, que sigue con su labor de desmembramiento de lo que antes estuvo unido, le dice: "Atrás", y le muestra un estante donde hay una pilita de libros. Isaac agarra un ejemplar y lo extiende. La tapa dice *Contra viento y marea. Una aproximación a la obra del "Ribbi" Zeev Grimberg, Z'L*, tiene una foto en la tapa de un hombre de saco y corbata, con anteojos y *kipá*, que escribe en unas hojas en lo que parece ser una oficina de fines de los cincuenta, con un teléfono negro de disco a su izquierda; de fondo, enmarcando la foto, una ola del mar y el cielo azul, denuncian que la edición es de autor. Un recuadro aclara "segunda edición".

El hombre de barba blanca dice con orgullo que es el autor. Uno de los pioneros de la ortodoxia judía, que tuvo relación con Zeev Grimberg y luego, incluso, llegó a darle alojamiento durante sus primeros seis meses en la Argentina a Dov Ber Baumgarten, el enviado del Rebe de Lubavitch, quien introdujo a Jabad en nuestro país.

El olor a sangre es muy fuerte.

—¿Usted es *sochet*? —le pregunto. Quiere decir si es el matarife ritual que se encarga de la faena del ganado para que sea *kasher*.

—No, mi hijo. Trabaja por Martínez.

El libro trae ilustraciones: fotos en blanco y negro de familias judías vestidas a la usanza de los cincuenta, con sacos y corbatas grises o negros, facsímiles de cartas en hebreo e inglés, con algunas traducciones deshilachadas al castellano en página enfrentada, aunque no siempre se produce la correspondencia y hay algunas traducciones que se cortan antes de terminar.

Entra una mujer vestida de modo recatado (blusa de colores, pañuelo en la cabeza, probablemente rapada, pollera negra) y comenta algo con el carnicero a quien parece conocer desde hace mucho. El barrio tira. La carnicería *kasher* está a media cuadra del Beit Jabad Almagro, una de las "casas" de Lubavitch diseminadas por toda la capital y buena parte del país, cuyo dueño es uno de los pioneros de la ortodoxia judía en la Argentina. Y el olor a sangre y a animal muerto, la luz amarillenta contrastada con la luz violeta de las vidrieras que exhiben los trozos de carne, que se pega a las paredes de colores opacos.

—El Rebe mismo llegó a escribirme cartas —dice Isaac Benchimol.

—¿Usted es lubavitch?

—Ahora sí, antes era ortodoxo pero no Lubavitch. Vea —dice y señala con el dedo una fotocopia plastificada pegada en la ventana a su lado, tan sobrecargada de papeles pegados, persianas y cortinas que apenas filtra un poco de luz—, ésta es una carta del Rebe.

El hombre se para y mientras se acomoda la gorra, señala algún pasaje del libro.

—Está bien, dígame cuánto sale el libro.

—Veinte pesos.

—Acá tiene.

—Sabe, el otro día estuve en la casa de una mujer que me entrevistó porque está escribiendo la historia de la Jabad en la Argentina. Me hizo hacerle un plano de cómo era el lugar de mi casa donde rezaba con Baumgarten.

—¿Slove Libman?

Los ojos se le iluminan.

—¡Ella misma!

La comunidad Lubavitch se conoce entre sí. Todos saben acerca de todos.

—¿Cuándo recibió a Baumgarten?

Piensa.

—No sé... habrá sido por el '58 o el '59, creo. Seguro que fue en la década del sesenta.

El hombre vuelve a sentarse, llaman por teléfono, se detiene un momento para pensar y luego se despide para atender el llamado.

Lo que no cuenta Isaac Benchimol esa mañana es que además de ser uno de los pioneros de la ortodoxia judía en Buenos Aires y uno de los primeros en acercarse a Jabad Lubavitch, es un excelente violinista que hace una hermosa versión de la canción iddish *A iddishe mame*, que veo esa misma tarde por Jabad.tv.

***

Jabad Lubavitch es una de las expresiones que adquirió la renovación religiosa judía conocida como jasidismo, surgido en el siglo XVII en Polonia bajo la figura del rabino Israel ben Eliezer, mejor conocido como el Baal Shem Tov o su acrónimo Besht ("El Maestro del buen nombre").

Este movimiento, que proponía una nueva forma de aproximación al judaísmo focalizada en la alegría y la apelación a los sentimientos de la gente común (los analfabetos y los que quedaban por fuera de las estrictas y restrictivas academias rabínicas de la época), logró generar una revolución enorme para un pueblo que venía sufriendo siete siglos de persecuciones, muertes y *pogroms* (matanzas selectivas) y que había visto alzarse y caer en muy poco tiempo la promesa de la redención mesiánica encarnada en un siniestro personaje llamado Shabbetai Tzvi. Éste había logrado convencer a las masas judías de Oriente Medio de que él era el Mesías que redimiría a la humanidad hasta que fue capturado por el sultán de Turquía y obligado a convertirse al mahometanismo o morir.

Sevi eligió colocarse el turbante y así derrumbó las esperanzas de salvación que millones de judíos oprimidos habían depositado en él.

En ese contexto se expandió el jasidismo, mezclando una especie de panteísmo, una aproximación poderosa a la mística judía (la cábala también conocida como "la *Torá* oculta", es decir, los aspectos más oscuros y herméticos de los textos hebreos que deben ser interpretados bajo métodos muy particulares) y la esperanza en la inminente llegada del Mesías redentor, una cuestión que había quedado instalada en el imaginario inmediato del judaísmo europeo oriental.

La conjunción de estos elementos, provenientes de varios procesos históricos que se habían venido produciendo, formó un sistema de pensamiento coherente sobre el cual se apoyó el jasidismo: el cumplimiento de los 613 preceptos (*mitzvot*), que los judíos ortodoxos u observantes están obligados a practicar, sería la forma adecuada para lograr la redención final. Gershom Scholem explica con simpleza la complejidad de este pensamiento cabalístico: "La cábala luriánica (de Isaac Luria, uno de los mayores exégetas medievales de esta línea) proclamaba una conexión íntima entre la actividad religiosa de los judíos practicantes (dar cumplimiento a los mandamientos de la ley y llevar a cabo meditaciones y oraciones) y el mensaje mesiánico. Ellos alegan que todos los seres han estado en el exilio desde el comienzo mismo de la creación, y la tarea de restaurar todas las cosas al lugar que les corresponde se ha encomendado al pueblo judío, cuyo destino histórico es un símbolo de lo que ocurre en todo el universo. Las chispas de la divinidad están dispersar por todas partes, lo mismo que las chispas del alma original de Adán; pero se encuentran cautivas en los caparazones envolventes (*kelipá*), el poder del mal, y deben ser redimidas. No obstante la redención final no puede conseguirse sólo mediante un único acto mesiánico, sino que se llevará a cabo a través de una larga serie de actividades encadenadas que preparan el camino. Lo que los cabalistas llaman *tikun* implicaba tanto el proceso por el que los elementos destrozados del mundo debían recuperar su armonía —lo que constituye la función esencial del pueblo judío— como el resultado final, es decir, el estado de redención anunciado por la aparición del Mesías, que marcaría el último estadio" (Scholem, G., *El misticismo extraviado*, pp. 12 y 13).

Es decir que el mensaje del jasidismo se encargaba de llevar la idea de la necesidad del cumplimiento de los preceptos religiosos para todos los judíos y su conexión con Dios, más allá de su lugar en la escala social, para traer al mundo la redención final y al Mesías.

Esto es fundamental para comprender al jasidismo en general y a Jabad Lubavitch en particular.

A la muerte del Baal Shem Tov y su sucesor, los jasídicos no adoptaron un nuevo mando unificado, sino que se expandieron en diversos grupos, con sus propios líderes llamados rebes (la forma *iddish* de rabino, que significa maestro), que llevaron su interpretación particular del mensaje del Besht por diversos sitios de Europa Oriental, enfrentándose a su vez con una férrea oposición de los sabios rabínicos que seguían entendiendo al judaísmo bajo la óptica de los conceptos tradicionales (esta rama del judaísmo se llamó rabinismo o *mitnagdim* —"oponentes"— y tuvieron su foco en Lituania bajo el liderazgo del rabino y sabio Elijah ben Shlomo Zalman, el llamado "Gaón de Vilna"), que veía en los *jasidim* una nueva encarnación del falso mesianismo del difunto Shabbetai Tzvi.

La institución del rebe dentro del jasidismo fundó una nueva forma de interacción dentro de las comunidades judías, ya que el liderazgo de estos personajes se asienta principalmente sobre un eje carismático, lo que representó una novedad para la tradición judía y una ruptura, en cierta medida, con la verticalidad rabínica conocida hasta entonces.[1] Se abrió la posibilidad de una mayor atomización y renovación del judaísmo, en tanto que a medida que surgían disidencias en el seno mismo de las congregaciones jasídicas, éstas podían disgregarse en varias ramas o retoños, bajo el liderazgo de un nuevo rebe y sus propias costumbres, creencias, etcétera.

El jasidismo pasó a ser así, en su momento, una revolución contra la "ortodoxia" de la época, la expresión más conservadora del judaísmo representada por los *mitnagdim*. Actualmente, tanto el rabinismo como el jasidismo han quedado como las expresiones de la ortodoxia judía que se oponen a los movimientos del judaísmo moderno encarnados en el conservadurismo, el reformismo y otros movimientos liberales como el posjudaísmo.

Una de esas nuevas expresiones del jasidismo que surgieron a la muerte del Baal Shem Tov fue Jabad, un acrónimo que sintetiza los tres principios fundamentales de esta rama: *Jojmá* (sabiduría), *Biná* (entendimiento) y *Daat* (conocimiento). Bajo el liderazgo del rabino Shneur Zalman ben Baruch de Liadi este grupo se expandió por Rusia (luego se asentaría durante muchas décadas en la ciudad bielorrusa de Lubavitch, que significa "Ciudad del Amor", y de donde cobró su nombre) y tomó una impronta de énfasis en la oración antes que en el estudio, en un contexto dentro del cual cada rama del jasidismo forjó sus propias costumbres, formas de vestimenta, creencias y peculiaridades.

ALEJANDRO SOIFER, PH.D.

En la década del cincuenta llegó a nuestro país proveniente de los Estados Unidos, donde el centro mundial de Jabad Lubavitch se instaló desde la Segunda Guerra Mundial, el rabino Dov Ber Baumgarten, el emisario que el séptimo y último rebe de Lubavitch[2] designó para la Argentina. Como se verá más adelante, desde que asumiera el liderazgo de Jabad, Menajem Mendel Schneerson, los lubavitch comenzaron una política expansionista que llevó a esta rama del judaísmo ortodoxo a colonizar casi todo el mundo, incluso en los rincones más recónditos del planisferio.

Si bien anteriormente ya había estado explorando el terreno, Baumgarten se estableció definitivamente en Buenos Aires junto con su familia en 1962.

Cuenta su hijo, el *sochet* rabino Pinjas "Pini" Baumgarten (quien pronuncia, desde su departamento en pleno Once, un castellano filtrado por el inglés y el *iddish*, introduciendo muchas veces en su discurso vocablos y expresiones de esas lenguas): "Mi papá llegó por primera vez a la Argentina en la semana en que derrocaron a mister Perón. En el año 1955. Esa fue la primera vez que vino. Llegó acá. ¿Para qué? Esos son diseños de Dios. Vino, estuvo, se fue de vuelta a casa y volvió".

La situación de la ortodoxia judía en la Argentina de aquellos años distaba de ser pujante: las corrientes asimilacionistas, el sionismo y el involucramiento político gradual de los judíos que ya hacía más de medio siglo que habían comenzado a establecerse en nuestro país habían determinado un campo judío "occidentalizado".

La investigadora Susana Brauner rastrea estos cambios en su trabajo *Ortodoxia religiosa y pragmatismo político: los judíos de origen sirio*, donde plantea un panorama completo de la inmigración judeo-damascena y alepina del espectro sefaradí, dentro de la cual, hacia mitad de la década de 1950, hubo sectores que retomaron la senda de la ortodoxia, formando, en buena parte, la base sobre la que trabajarían luego los rabinos, como el mencionado Baumgarten de Lubavitch y el enviado de otra rama jasídica, el Rebe de Satmer, Eliezer Ekshtein.

La designación como gran rabino de la comunidad sirioalepina del húngaro Amrán Blum generó disidencias internas por la aproximación personal y política que tenía con el entonces presidente Juan Domingo Perón. Su comunidad desconfiaba del gobierno, al que acusaba de antisemita. Con el golpe militar de 1955, el rabino Blum se exilió en los Estados Unidos y la comunidad alepina contrató al rabino Itzjak Chebehar, de Alepo precisamente, quien jugó un rol importante en el proceso de revitalización del judaísmo observante en el seno de la comunidad *sefaradí* donde operó el rabino Baumgarten. En palabras de su hijo: "*Ashkenazí* había poco y alejado [de la ortodoxia]. Los *sefaradim* siempre tienden a ser más ortodoxos y más tradicionalistas en el mundo entero. Tienen mucha más vocación hacia el templo y hacia el rito. Lamentablemente los *ashkenazim* que vinieron acá eran en su mayoría zurdos, comunistas. Hasta tal punto que en Europa, cuando se enteraban de que sus hijos iban a emigrar hacia acá, entraban en duelo, porque sabían que se iban a perder para el judaísmo".

Según describe Benchimol, durante esos años se habían formado a la vez diversos grupos de estudios de *Torá* y *Talmud* nucleados en el barrio de Once que ya contaba con una infraestructura adecuada. Uno de esos grupos de estudio ortodoxos que surgieron en el barrio de Once en la comunidad sefaradí alepina, y que sirvió de base para el posterior desarrollo de Jabad Lubavitch en nuestro país, fue Shuba Israel (Retorno a Israel) comandado por el rabino *ashkenazí* Zeev Grimberg, cuyos trazos biográficos son los que desarrollan el libro del carnicero.

Benchimol relata el encuentro con el enviado de Lubavitch: "También arribó a estas tierras alrededor del año '56 [3] Rab. Dov Ber Baumgarten Z'L,[4] quien fuera el primer *sheliaj* llegado a la Argentina del Rebe de Lubavitch Z'L. Durante los primeros seis meses de su estadía, tuve el *zejut*[5] de poder alojarlo en mi departamento, destinándole la habitación de mis niños, a quienes ubiqué en otra más pequeña. Convivimos en perfecta armonía, y durante ese tiempo pude contemplar y aprender cómo se conduce un *jasid*. Tanto nuestra mesa de *shabat*, como la de *Iom Tov*, estaba siempre repleta de personas que venían para tratarlo. Otros, para oírle entonar con su vibrante voz hermosos *nigunim* (cánticos jasídicos), que se fundían con nuestras almas" (Benchimol, I., *Contra viento y marea*, p. 22).

Shuba Israel empezó funcionando como grupo de estudios. Sus miembros se reunían en una pequeña dependencia sobre la calle Viamonte al 2300. Pero empezaron a crecer al poco tiempo y eso llevó a la comunidad a mudarse a unos cuartos cedidos por Agudat Israel en la calle Lavalle 2336. La organización se expandió y atrajo a muchos judíos que se convirtieron en *baal teshuvá*.

Por su conformación en torno a la figura central de un rabino que los asemejaba a una corte jasídica (la organización alrededor de un rebe como maestro y líder espiritual, pero también material y de las vidas de sus fieles es propia del jasidismo), muchos los vieron cercanos a esta rama.

ALEJANDRO SOIFER, PH.D.

De Shuba Israel, donde Dov Ber Baumgarten impartió clases, se abrió un grupo que, luego de disidencias internas, se integró al núcleo originario de Jabad Lubavitch en la Argentina. A pesar de encontrar una temprana recepción de sus ideas y propuestas, Dov Ber Baumgarten pasó unos primeros años extremadamente duros en nuestro país, en una situación de pobreza desesperante, debiendo trasladarse por varios hogares de sus seguidores que le dieron alojamiento. A este respecto, el rabino Tzvi Grunblatt cuenta que los ingresos de Baumgarten eran tan magros que apenas le alcanzaba para comprar huesos pelados de carne para poder hacerse una sopa.

Dov Ber Baumgarten tuvo que adaptarse a una sociedad que le resultaba extraña; en nuestro país casi no existían alimentos *kasher* y los pocos que había eran carísimos, un motivo más para las dificultades económicas del enviado del Rebe: "Nosotros vivíamos en la calle Cangallo 2581, 5to "K". Se repartían el pan y la leche a caballo acá. Era muy distinto. Las puertas estaban siempre abiertas. No había la violencia que conocemos hoy. Era otra cosa", recuerda su hijo.

Dov Ber Baumgarten se encargó de desarrollar todo tipo de actividades relacionadas con el impulso de la observancia religiosa: "Mi padre iba y venía e hizo una *mikve* (baño ritual) que está hasta hoy en día en la calle Helguera. Arregló otra en Barracas que no estaba apta e hizo un montón de cositas más. Hay mucha historia en el medio, pero no viene al caso. Lo que viene al caso es que donde iba mi viejo hacía estragos, porque iba con la verdad para presentar el *yidishkeyt*[6] como es", dice Pini Baumgarten.

El emisario trabajó en cuanto pudo en lo referido al desarrollo de las condiciones necesarias para la observancia de las tradiciones judías en nuestro país y a la creación de una infraestructura adecuada a este fin. Convirtió sus sucesivos departamentos en centros para impartir tradición judía entre los jóvenes de la década de 1960, y su aporte resultó fundamental tanto como formador de rabinos que lo sucedieron en su tarea, no sólo dentro de Jabad Lubavitch, y también en la supervisión y el desarrollo del *kashrut*.

Su hijo cuenta que la acción de su padre recibió pronta atención de la AMIA, que los contrató a él y al *minián* que había formado para *kasherizar* el Hogar Israelita de Burzaco, que por aquellos años daba albergue a ancianos y a niños huérfanos judíos:

"Mi papá lo tomó, pero estaba todo mezclado: carne y leche, porque a nadie le importaba nada. Y mi papá agarró a toda su gente y les dijo: 'Vamos a hacerlo *kasher*'. Era época de escasez, faltaba harina, azúcar, traían todo de Israel y había un matarife muy grande, el señor Pichman, que mandaba carne y pollos al asilo, donde todo llegaba *full*. Mi papá para *kasherizar* esto trabajaba, se arremangaban todos. Pero pronto empezaron a notar que algo andaba mal. Porque llegaban porciones muy pequeñas a la mesa de los chiquitos y de los grandes que estaban ahí internados. No se entendía la proporción entre lo que entraba y lo que llegaba al plato. Entonces, mi papá se escondió en el depósito, con las luces apagadas. A la una de la mañana entró gente y lo empezó a vaciar. ¿Y quién estaba a la cabeza de los que robaban? El mismo intendente del asilo. Cuando vio que se prendía la luz y mi papá salía del escondite para enfrentarlo, sacó una pistola. Mi papá se abrió la camisa y le dijo: 'Si sos macho tirá: ¿A ancianos y huérfanos les vas a afanar?' De ahí, de la queja de mi viejo a la comisión directiva de la AMIA, se sacaron a varios chicos, y quedaron unos ancianos".

—*¿Cómo continuó la relación con la AMIA?*

—¿Después de Burzaco?, tirante. Porque mi padre era un tipo que seguía la línea al filo. No había ni para acá ni para allá. Era inamovible.

En octubre de 1960, Baumgarten comenzó a editar la revista *Conversaciones con la Juventud*, un módico cuadernillo con cuentos jasídicos, relatos, adivinanzas y materiales claramente destinados a un público juvenil.

Costaba diez pesos de la época y aparecía como editada por el Merkos L'Inyonei Chinuch Inc., la rama educativa de Jabad Lubavitch a nivel mundial con sede en Nueva York.

Grunblatt dice que la revista y el trabajo individual, persona a persona, de Baumgarten, formaron la labor de Jabad en nuestro país, la cual todavía carecía de institucionalidad. Así, persona a persona, se formaron los primeros alumnos del enviado del Rebe que luego integrarían el núcleo originario de Jabad Lubavitch en la Argentina. Entre ellos se contaba Abraham Polichenko, a quien Grunblatt reconoce como uno de los primeros frutos locales Jabad. Además de éste, se contaban entre sus alumnos, el rabino Aharón Tawil, quien fue uno de los primeros enviados a terminar su formación rabínica en la *ieshivá* central de Jabad Lubavitch en Nueva York.

El objetivo siempre fue el mismo y lo plantea Pini Baumgarten:

"Los judíos de acá son y eran como chiquitos que fueron raptados, por las circunstancias o por lo que vos quieras. Entonces lo que hacemos es avivar a la gente, hasta que puedan caminar solos, para no romper el eslabón dorado que es nuestro. No pedimos que toda la gente se convierta en *jasidim* de Jabad, pero sí que todos los *iehudim* cumplan lo mínimo. Esto es una obligación".

ALEJANDRO SOIFER, PH.D.

Luego dirá que el Rebe de Lubavitch solía actuar, y todavía lo hace en la actualidad, de modos "muy tirados de los pelos", pero que cuando las cosas se tienen que hacer (es decir, llevar la observancia de los ritos y preceptos a todos los judíos), se hacen. Así entiende la misión que desarrolló su padre en nuestro país, como una herramienta para hacer de éste, un "mundo más puro y más tranquilo para vivir. No interesa tu faz externa, interesa quién sos. Y vos y yo estamos hechos de algo más. No voy a decir superior, sino algo distinto".

En el año 1967, Dov Ber Baumgarten fue designado director de la *ieshivá* Jafetz Jaim perteneciente a Agudat Israel y una de las primeras en nuestro país.

Allí tuvo por alumnos, entre otros, a Jaime Lapidus, los hermanos Tzvi y Natán Grunblatt, Israel Kapeluschnik, quienes se convirtieron en algunos de los rabinos base de lo que es hoy Jabad en nuestro país, así como también al rabino Oppenheimer, conocido dentro de la comunidad ortodoxa, aunque no perteneciente a Jabad Lubavitch.

El rabino Kapeluschnik lo recuerda: "El rabino Baumgarten era *rosh ieshivá* de Jafetz Jaím que era de Agudat Israel. No ejercía como *sheliaj* de Jabad, aunque sabíamos quién era y lo respetábamos mucho. Se hacían seminarios, íbamos a una quinta, dos o tres semanas, estudiábamos un poco, jugábamos otro poco y él venía con nosotros. Por otra parte, en Agudat Israel había un *minián* juvenil, digamos un templo para jóvenes que formaba parte de una institución juvenil que se llamaba EZRA. Baumgarten era el rabino que estaba ahí con nosotros".

EZRA (signfica "ayuda" pero también es el nombre de uno de los profetas de unos de los libros del *Tanaj*) era una organización autogestionada de esa camada de jóvenes. Utilizaban la sede de Agudat Israel para sus actividades, pero no dependían de ella, sino que se manejaban con un sistema de conducción por el cual aquellos jóvenes que iban llegando a la edad de los quince o dieciséis años se hacían cargo de llevar adelante las políticas de la agrupación que se extendía por varios barrios: Once, Flores, Belgrano, Villa Crespo, Mataderos y Paternal.

La organización trabajaba con algunos métodos y objetivos homologables a los que guían la labor de Jabad Lubavitch hoy en día: misionar el judaísmo en las bases tendientes hacia la asimilación. "¿Qué hacíamos nosotros?", dice Kapeluschnik, "fundamentalmente juntábamos chicos los *shabat* a la tarde, de los distintos barrios, los llevábamos a una sede, que era un templo o una escuela que nos prestaban, y hacíamos actividades de *shabat* con ellos".

Baumgarten orbitaba el grupo que además le dedicaba su buen tiempo a la actividad social: los muchachos se juntaban los domingos para jugar al fútbol y al ping pong.

"Era poca la parte de estudios de *Torá*", se sincera Grunblatt, "pero sí se vivía muy judaicamente. Con plegaria y con todo. Íbamos a los campamentos junto con el rabino Baumgarten. Nosotros veíamos en él a la personificación del Judío Eterno, del judío que no negocia su judaísmo, que no se va a acomodar *a piacere*, el judío donde *palabra de Torá* es *palabra de Torá*, con mayúscula. Con él sentíamos claramente que éramos los herederos vivientes de un pueblo de tres mil años. Sentíamos que éramos y somos la personificación de Abraham, de Moshé, de Jacob, Rabí Akiva en el siglo XX. Ese sentimiento y la enseñanza para ser judíos, nos la dio el rabino Baumgarten. Con esa fuerza es con la que sentó las bases de lo que después fue el movimiento Jabad, que no empezó actuando como movimiento".

Pero en EZRA se consideraban ajenos a esa influencia de Jabad, a pesar de que Kapeluschnik reconoce la inteligencia del rabino de haberse acercado a los jóvenes antes que a los adultos como modo de trabajo: "Eso creó una relación de nosotros para con él, muy, muy cercana. Lo llamábamos rebe. Cualquier pregunta que teníamos, cualquier duda que teníamos, nos acercábamos a él. Lo teníamos al alcance de la mano. Durante la semana, en la *ieshivá* y en *shabat*, en el *shul* donde rezábamos. Eso creó una relación muy estrecha. A pesar de lo cual nosotros nos considerábamos y queríamos ser independientes, no depender del rabino Baumgarten ni de ningún otro rabino. Sí respetarlo, sí consultarlo, pero 'nosotros no dependemos de nadie' era nuestro lema. Éramos de los setenta, una generación brava. Era una época difícil y el ambiente también contagiaba, indudablemente. A nosotros, gracias a Dios, nos contagió para bien. Para hacernos más fuertes en lo que es la observancia, la *Torá* y las *mitzvot*".

En 1968, Baumgarten comenzó a enviar a sus alumnos a terminar su formación en la *ieshivá* de Jabad en Nueva York, siguiendo una costumbre muy propia de los rabinos de Jabad que, hasta la actualidad, viven sus períodos finales de formación en los seminarios rabínicos de Estados Unidos e Israel.

Baumgarten se encargaba de facilitar estos viajes a todos sus alumnos interesados y no pedía a cambio que estuviesen afiliados a Jabad, lo que también lo ayudó a ganarse el afecto del grupo de jóvenes.

El primer alumno de Baumgarten en viajar a la *ieshivá* de Jabad en Nueva York para terminar su formación rabínica fue Abraham Tawil, pero también viajaron los hermanos Natán y Tzvi Grunblatt, entre muchos otros.

En 1973, el *shelíaj* del Rebe fue expulsado de la *ieshivá* Jafetz Jaim por motivos que la comunidad lubavitch guarda con recelo.

Sus alumnos lo siguieron y fundó la primera *ieshivá* de Jabad Lubavitch en la Argentina, la llamada *ieshivá* de Buenos Aires, en un departamento prestado sobre la calle Larrea, propiedad de un seguidor, el señor Abraham Aboud, que lo puso a disposición de Baumgarten sin costo alguno.

Kapeluschnik lo recuerda como un momento clave en su vida: "Fundó la *ieshivá*, prácticamente de un día a otro. Nos llamó, nos dijo: 'Miren, yo sigo acá', y quiero creer que la gran mayoría de los alumnos siguió con él. Creo que fue el momento en que Dios me iluminó para marcarme la vida. Es mi caso, y pienso que es el de todos los otros muchachos que estábamos ahí: los hermanos Grunblatt, los hermanos Oppenheimer, el rabino Rafael Lapidus, Jaime Lapidus, el rabino Plotka".

Al mismo tiempo, el rabino Baumgarten había comenzado (asistido por los que Grunblatt menciona como "la comisión directiva de Jabad en esa época", Hershel Sandhaus, Abraham Polichenko y Aharón Tawil) la ardua tarea de traducir al castellano el *Tania* del primer rebe de Lubavitch, Shneur Zalman de Liadi.

Los años siguientes empezaron a marcar el regreso de los estudiantes que Baumgarten había mandado a estudiar a Nueva York. La base de apoyo de Lubavitch en Buenos Aires ya estaba más asentada y ese grupo fue el que comenzó a armar actividades adicionales, todas tendientes a trabajar en "el acercamiento de los judíos". Entre ellas, Grunblatt recuerda la actividad prácticamente cotidiana de los *jasidim* de ir a colocar *tefilim* en el club CASA y un festival en el Centro de Panaderos, al que concurrieron muchos chicos. "Hoy, pensar que en 1976 asistieron seiscientos chicos a un festival organizado por una organización ortodoxa, es difícil de entender. Es increíble."

El mismo año en que comenzó la última dictadura en nuestro país, también significó el comienzo de las actividades de Jabad Lubavitch recorriendo todo el país con sus emisarios. Ellos fueron el mismo rabino Tzvi Grunblatt y otro rabino que había sido enviado por Baumgarten a estudiar en los Estados Unidos, Daniel Levy, quien luego se convertiría en el emisario permanente del Rebe de Lubavitch en la ciudad de Tucumán, cargo que desempeña hasta el día de hoy.

Enviados por el Rebe de Lubavitch, recorrieron diez ciudades del interior de la Argentina y repitieron la experiencia en 1977, llevando los preceptos y la observancia judía hacia rincones inexplorados.

En el relato de Grunblatt: "En 1976 fuimos a Neuquén, Salta. Nos recibían con sorpresa, escepticismo: éramos dos muchachos que llegaban con barba larga, sombrero, dos *jasidim*, llegando y encontrándose con jóvenes. También viajamos a Uruguay. Estamos hablando de principios y mitad del Proceso: llegando a Tucumán, reuniendo jóvenes, hablando. Nosotros ni sabíamos que había un "Proceso". Veníamos y hablábamos de judaísmo. Llegábamos a Mendoza, a todo el país, con las valijas llenas de materiales, de *Torá* y de *mitvzot*".

En 1977, con ayuda económica de los hermanos Meir, Jacobo, Isaac y Enrique Tawil, Jabad Lubavitch cobró un nuevo grado de institucionalización en la Argentina al adquirir el que fue su primer predio propio en Buenos Aires (Agüero 1172, donde hoy en día funciona su Templo Ohel Menajem). Hasta ese momento, el trabajo se había venido realizando en lugares prestados, templos como el Beis Iosef, el *shul* de Viamonte, entre Pasteur y Azcuénaga, y en los diferentes domicilios particulares del rabino Dov Ber Baumgarten.

El actual director general enfatiza la ayuda fundamental de los hermanos Tawil para lograr esa compra: "Un día antes de la firma de la escritura, si ellos no ponían la plata, se perdía hasta el boleto de compra. No vinieron al rescate los *millones* de Estados Unidos que la gente siempre cree".

Ahí se constituyó la *ieshivá,* en una situación que todavía era de precariedad económica: en la oficina no había escritorios ni sillas y la mitad de los libros de la biblioteca eran de la colección personal de Baumgarten, así como una de las mesas que se utilizaban.

El Beit Jabad Central tuvo un lento desarrollo. Al igual que todos los emprendimientos de la agrupación, comenzó de a poco y se fue expandiendo. Lo relata Kapeluschnik: "En esa época el Beit Jabad Central, junto con la *ieshivá* de Jabad, quedaban en Agüero 1172. Al poco tiempo, al año o dos, una familia donó el terreno lindero. Cuando empezó la construcción de lo que es hoy el Beit Jabad Central, la idea era hacer lo que es hoy en día, se tomaron los dos terrenos y se hizo este edificio central. Se demolió el petit hotel y se construyó esto. Cuando se hizo la demolición, acá no quedó nada, no se podía estar. La *ieshivá* pasó provisoriamente al *shul* de la EZRA, que se había mudado a una sede que nos había comprado una gente, en la calle Azcuénaga 778".

De ese domicilio la institución pasó luego a un edificio alquilado en la calle Jean Jaures al 300, y las actividades se distribuyeron en diversos centros, hasta que en 1989 concluyeron las obras y se produjo la mudanza definitiva.

El nuevo emprendimiento que se estaba construyendo se incorporó a lo que sería el imponente Beit Jabad Central, un edificio de dos cuerpos interconectados, que incluyen la *ieshivá*, la *metivta* (educación "secundaria" para chicos entre los trece y los quince años, con un internado para quienes provienen del interior del país) y un templo con paredes hechas a base de piedras traídas de Jerusalén, que fue inaugurado en 1996.

Pero mucho antes, el 23 de febrero de 1978, a los 55 años, estando en la casa de su hija en Londres, el rabino Dov Ber Baumgarten, *shelíaj* del Rebe de Lubavitch en la Argentina, sufrió un repentino derrame cerebral y falleció pocas horas después en el hospital. Se había hecho dos chequeos médicos completos poco tiempo antes y de los dos había salido perfecto. La muerte de Baumgarten se produjo apenas unos cinco meses después del infarto que sufrió el Rebe Menajem Mendel Schneerson, el 4 de octubre de 1977, mientras celebraba la fiesta de *Simjat Torá* que marca la finalización de la lectura de todo el Antiguo Testamento. Hay una historia que relatan algunos *jasidim* de Jabad que señala una causalidad entre ambos hechos.

Según su hijo Pini: "No hay muchos que vayan a hablarte de esto, pero cuando el Rebe tuvo un infarto, mi papá agarró a un grupo de diez personas y les dijo: 'Yo, los años que me quedan de vida, se los regalo al Rebe, para que viva el Rebe'. Hicieron un escrito, una declaración oficial, certificada por los diez que estaban ahí. Él y los otros diez lo firmaron y todos ellos fallecieron durante el mismo año".

Si Baumgarten le regaló su sobrevida al Rebe o no, es un hecho que no podrá aseverarse, lo cierto es que falleció joven y el suceso impuso un cambio de escenario. El elegido para continuar con la labor trunca de Baumgarten fue el rabino Tzvi Grunblatt, que por entonces se encontraba estudiando en la *ieshivá* de Jabad en Nueva York, desarrollando una labor muy cercana al Rebe: era uno de los encargados de retener en su memoria las alocuciones que éste daba durante los *Kabalat Shabat* para transcribirlas al día siguiente, cuando la prohibición de trabajar en el día de descanso sagrado (y por ende, de escribir), expiraba.

Recuerda el rabino: "El vínculo del Rebe de Lubavitch con lo que pasaba acá en la Argentina era tan grande que cuando falleció el rabino Baumgarten, antes de que se produjera el entierro, nos mandó a llamar a mí y a otro joven argentino a la oficina el secretario personal del Rebe. Quería que nos pusiéramos en contacto con Buenos Aires para ver que ninguna de las actividades y temas que venía realizando o tenía planificado realizar Jabad se vieran interrumpidas por el deceso prematuro e inesperado del rabino Baumgarten. En especial porque faltaban dos meses para *Pésaj*. Quería asegurarse de que estuviera organizado el envío de *matzot* al país, que el rabino Baumgarten hacía traer desde allá. Fue uno de los precursores de la *matzá* hecha a mano, cosa que en este momento está bastante difundida, pero que para aquel entonces era algo totalmente desconocido. Él importaba *matzá shmurá*, hecha a mano, hacia aquí, a la Argentina".

En mayo de 1978, Grunblatt fue designado como enviado del Rebe de Lubavitch en la República Argentina. Tenía veintitrés años y estaba de novio con una lubavitcher de veinte años nacida en Brooklyn, Shterna Kazarnovsky. Se casaron en julio de 1978 y a principios de agosto arribaron al país. "Ella aceptó venirse apenas tres semanas después de haberse casado, a un país totalmente desconocido, sin tener nosotros arreglado de antemano nada en absoluto, ni con nadie. Ni siquiera teníamos arreglado cuál iba a ser nuestro sueldo, sólo sabíamos que veníamos a cumplir con nuestra misión de difundir judaísmo aquí, en la Argentina. En seguida se acercó un señor de la comunidad y me dijo que él iba a pagar mi sueldo por un año. No es que yo haya venido con todo arreglado. Cuando llegué, ese señor se ofreció a pagar mi sueldo sin que nadie se lo pidiera."

La etapa que se abrió con el arribo de Tzvi Grunblatt para hacerse cargo de Jabad Lubavitch marcó una gran diferencia con respecto a los inicios, comandados por Baumgarten. De los comienzos paupérrimos, la lenta labor persona a persona emprendida por Dov Ber Baumgarten y, finalmente, la adquisición del edificio de la calle Agüero 1172, donde se edificó la primera *ieshivá* de Jabad, se pasó a un asentamiento institucional que le permitió una expansión visible y acelerada.

Del primer edificio de Agüero, Grunblatt recuerda risueño cómo le dieron un uso intenso: "Era una casa vieja, estuvimos ahí hasta el '82 o el '83, cuando me tuvieron que sacar por la fuerza porque se había caído el cielorraso. Pero hasta ese momento la exprimimos a la casa".

En poco más de treinta años, Jabad Lubavitch pasó a tener treinta y tres *batei jabad* (centros comunitarios), dieciséis escuelas, centros educativos no formales, fundaciones de asistencia social, una editorial, setecientos empleados que se suman a los voluntarios, y a ser, según palabras de Grunblatt, el contacto necesario para que alrededor de cuarenta y cinco mil argentinos vivencien su judaísmo. Si se considera que el estimado de la población judía argentina total ronda unas aproximadas doscientas mil personas, Jabad Lubavitch representa en nuestro país la forma en que un cuarto de la población judía vivencia su legado.

Le realizo esa misma pregunta al rabino Grunblatt:

—*¿Cómo pasó Jabad Lubavitch en la Argentina de tener sólo una ieshivá a lo que es hoy en día?*

—El impulso de crecimiento fue a partir de las campañas *mitzvot* que realizamos, en especial para cada una de las festividades. Empezamos a organizar charlas, a salir a la calle con el mensaje del Rebe de expandirse, cruzar las barreras, superar el *ghetto*, no aislarse. Me contacté, por ejemplo, con la organización Macabi, allí empecé a dar charlas y cursos de liderazgo, cosas que no entraban en la cabeza de nadie. Hoy no podemos esperar que el judío venga a la institución, tenemos que llevar la institución hacia el judío. Esa es la mentalidad: romper las barreras y los estigmas de que hay judíos ortodoxos y no ortodoxos. Tenemos que terminar con la idea de que hay muchos judaísmos, eso no es así: hay un judaísmo, que es el de la *Torá*, que lo recibimos de Dios en el Monte Sinaí, que pasó por todas las generaciones, y es eso lo que mantenemos. Uno quizás lo cumple menos porque desconoce, o porque no está acostumbrado. Pero eso no le quita fuerza a la *Torá*. Nuestra tarea es ir, enseñar, mostrar, que prueben el gusto. Y les va a gustar. Hay que entender que las cosas cambiaron. Hubo una época en la cual los judíos no tenían un lugar a donde ir, a donde reunirse. Hoy no es así, por lo que ya no son necesarias organizaciones para que el judío tenga ese espacio. Las organizaciones judías tienen que funcionar para transmitir contenidos de judaísmo, y si no lo hacen, no tienen razón de ser. Hoy lo que falta no son espacios, falta el contenido de ese espacio. Se reúnen judíos, y, ¿qué se llevó el judío de esa reunión?

---

1. Según señala el sociólogo Damián Setton: "A diferencia del rabino, la legitimidad del rebe no descansa en su erudición, sino en sus capacidades de ser el canal de trasmisión de energía desde la divinidad hacia los hombres". (Setton, D., Instituciones e identidades en los judaísmos contemporáneos, p. 36).

2. Menajem Mendel Schneerson fue el último rebe de Jabad Lubavitch. Falleció en

1994 y antes que él fueron rebes de Jabad otros seis rabinos sabios de su propia dinastía (que tuvo un elevado nivel de endogamia). Los seis antecesores del séptimo rebe de Lubavitch fueron: rabino Shneur Zalman ben Baruch de Liadi (1745-1812), también conocido como el "Alter Rebe"; rabino Dov Baer Shneuri (1773-1827), cuyo apellido significa hijo de Shneur, un apelativo que se fue modificando con el tiempo hasta adquirir la forma de Schneerson, el apellido de la dinastía. Rabino Menajem Mendel Schneerson (1789-1866), también conocido como el "Tzemach Tzedek"; rabino Shalom Dov Baer Schneerson (1860-1920), conocido como "Rebe Rashab", y rabino Joseph Isaac Schneerson (1880-1950), también conocido como "Rebe Rayatz".

3. Como vimos, el primer arribo del enviado de Lubavitch se habría producido en la semana del 11 al 17 de septiembre de 1955.

4. Acrónimo hebreo que significa "de bendito recuerdo". Es una forma de respeto hacia los muertos.

5. Capacidad.

6. "Judeidad", "la esencia de lo judío".

Vida y sobrevida de Menajem Mendel Schneerson, el Rebe de Jabad

"El Rey Salomón hizo el *Cantar de los Cantares* para hablar del amor del hombre y la mujer. Los jasídicos dicen que si Salomón hubiera sabido lo que es el amor que tiene el Rebe a sus *jasidim* y el amor de los *jasidim* al Rebe, hubiera escrito sobre ellos y no sobre el hombre y la mujer."
Rabino Pini Baumgarten, hijo del primer *shelíaj* de Lubavitch en la Argentina

"Muchos dicen que Jabad es una multinacional, pero se equivocan, Jabad es el Rebe."
Rabino Moshé Blumenfeld

Incluso a aquellas personas que no simpatizan con Jabad Lubavitch, la figura del rabino Menajem Mendel Schneerson les merece respeto y admiración.

ALEJANDRO SOIFER, PH.D.

El Séptimo Rebe de Jabad Lubavitch, descendiente de una especie de familia real de seis generaciones de líderes que provinieron todos del mismo antepasado, se convirtió en la figura estelar, más querida, respetada y temida (por la capacidad de su lobby político) del judaísmo ortodoxo de la última mitad del siglo pasado, y eso es algo que aun hoy tiene repercusiones en la vida cotidiana de Jabad.

Su retrato[1] está presente a la entrada de toda institución de Jabad, en las oficinas de los directores de esas instituciones, reproducido en portarretratos en la casa de cada uno de sus seguidores y en imágenes para llevar en la billetera como si fuese una estampita. Los hijos de los lubavitchers llevan su nombre, por lo que no es extraño que si alguien dice "Mendy" en voz alta ante un grupo de chicos de Jabad, sean varias las cabezas que se den vuelta por sentirse aludidas. En cuanto a las nenas, llevan el nombre de Jaia Mushka, la *rebetzin* o mujer del Rebe.

Su lugar como líder indiscutido de Jabad Lubavitch está presente en la forma en que a él se refieren: a diferencia de sus antecesores, no tiene apodos más que el de "Rebe", continuando su legado, asumiéndolo como líder actual de Lubavitch por más que lleva más de dieciséis años fallecido.

¿Cómo es que el último de los representantes de la dinastía de descendientes de Shneur Zalman de Liadi llegó a ganarse este nivel de devoción?

Menajem Mendel Schneerson nació en 1902 en Nikolaiev, una ciudad ubicada al sur de la actual Ucrania y fue hijo del rabino Levi Isaac Schneerson y su mujer, Jana Yanovsky.

Como se dijo, el futuro séptimo rebe de Lubavitch también provenía del núcleo familiar de descendientes del fundador de Jabad, Shneur Zalman de Liadi, y era tátara-tátara nieto del Tercer Rebe de Lubavitch, Menajem Mendel Schneerson, en homenaje a quien recibió su nombre.

En 1907 su padre se convirtió en líder espiritual de la comunidad de Yekartinslav (luego renombrada Dnepropetrovsk), ubicada al noreste de Nikolaiev, también en Ucrania.

Los relatos de su infancia suelen enfatizar su carácter de prodigio de la *Torá*, y que a temprana edad ya había superado a sus maestros. Algunas leyendas que circulan por el mundo jasídico lo señalan como un temprano hacedor de milagros.

A los trece años ya se lo consideraba también un prodigio en *Talmud*. A los diecisiete años fue ordenado rabino.

Conoció al Sexto Rebe de Lubavitch en 1923 y comenzó a trabajar junto a él esforzándose para ayudar a los judíos oprimidos de la Unión Soviética. En 1927, cuando Joseph

LOS LUBAVITCH EN LA ARGENTINA

Isaac Schneerson mudó la corte Lubavitch a Riga, Letonia, Menajem Mendel lo siguió y se casó con una de sus tres hijas, que era, al mismo tiempo, una prima lejana. Era 1928, él tenía veintiséis años, y ella veintidós, y la ceremonia fue conducida por el padre de la novia en la *ieshivá* de Varsovia.

Luego del casamiento, la pareja se mudó a Berlín y Menajem Mendel recibió educación universitaria; algo completamente inusual para los jerarcas de Jabad Lubavitch.

Estudió filosofía y matemáticas durante un semestre y medio en la Universidad de Berlín, donde permaneció hasta 1933, año en que Hitler subió al poder.

De allí, el matrimonio emigró a París, donde Menajem Mendel habría estudiado ingeniería en La Sorbonne y luego también en la École Polittechnique.

El estallido de la Segunda Guerra Mundial encontró a Menajem Mendel y a su mujer en París. Como muchos judíos, se mudaron al sur de Francia bajo el régimen de la República de Vichy.

El Sexto Rebe y una pequeña corte de seguidores lograron escapar de la Polonia sitiada por los nazis (donde se había mudado el centro de Jabad Mundial, luego de haber sido expulsados por los bolcheviques) y arribar a Nueva York el 19 de marzo de 1940, luego de la intervención de un poderoso lobby político del más alto nivel, que terminó involucrando a políticos y funcionarios del gobierno de los Estados Unidos y de la propia Alemania. El resultado fue que un grupo de soldados nazis lo salvaron, en una situación que bien podría pensarse como el reverso de los *Bastardos sin gloria* de la película de Quentin Tarantino: luchando bajo el estandarte de la esvástica, estos soldados tenían algún grado de ascendencia judía y salvaron al Sexto Rebe de Lubavitch.[2]

El que luego se convertiría en el Séptimo Rebe y su mujer recién pudieron escapar de Europa el 12 de junio de 1941, a través de Lisboa, luego de pasar por Marsella en tren. Arribaron a Nueva York el 23 de junio.

El Rebe y su corte ya se habían establecido en una casona de ladrillos expuestos y estilo neogótico de Crown Heights en Brooklyn, ubicada en el 770[3] de la calle Eastern Parkway.

Una vez establecido en los Estados Unidos, el futuro Séptimo Rebe se empleó por corto tiempo como ingeniero en la marina de Brooklyn y, al mismo tiempo, el Rebe le encargó comandar tres instituciones de Jabad recién creadas: Merkos L'Innyonei Chinuch (Organización Central para la Educación, que creció hasta convertirse en una de las organizaciones base de Jabad Lubavitch en la actualidad), Machne Israel (que se encargaba y se encarga de las cuestiones de asistencia social) y la editorial Kehot Publication Society (Fishkoff, S., *The Rebbe's Army*).

Menajem Mendel Schneerson viajaría de regreso a Europa sólo una vez, en 1947, cuando ya finalizada la Segunda Guerra Mundial viajó a París a buscar a su madre, que había sido liberada de un campo de desplazados. Su padre había muerto en 1944 en un pueblo de Kazajistán, donde había sido obligado a exiliarse, luego de ser arrestado y torturado por la policía secreta de Stalin en 1939.

A su vuelta a los Estados Unidos no volvería a salir del país y casi ni siquiera volvió a salir de Crown Heights, exceptuando una visita a un nuevo campamento para chicos de Jabad que se estableció en las Catskill Mountains, al noroeste de Nueva York, y las visitas periódicas al cementerio de Queens, donde fue enterrado su antecesor y donde permanecía horas en cada visita semanal.

Joseph Isaac Schneerson, el Sexto Rebe, falleció en 1950 y Menajem Mendel Schneerson rehusó convertirse en el nuevo líder del movimiento Lubavitch durante un año, hasta que la presión de los *jasidim* lo convenció de hacerlo. En enero de 1951 aceptó el nombramiento, luego de un entramado político complejo que lo obligó a competir con el otro yerno del Rebe.

Como rebe de Lubavitch, Menajem Mendel Schneerson no sólo ejerció un liderazgo carismático inigualable, sino que supo llevar adelante con una inteligencia extraordinaria a su movimiento en un momento en que el judaísmo se encontraba en crisis luego de superar por poco la extinción casi completa provocada por el Holocausto.

Al contrario del Sexto Rebe, quien vio en el Holocausto tanto un signo del fin de los tiempos y la inminente llegada del Mesías como una consecuencia de la falta de observancia por parte de los judíos y la creciente secularización, lo que le valió fama de extremista y oscurantista, Menajem Mendel inició una campaña de apertura a la modernidad aggiornada a los valores y creencias de Jabad.

El lema que adoptó Lubavitch a partir del liderazgo de su Séptimo Rebe fue tomado del Génesis 28:14, donde se describe un sueño del patriarca Jacob en el que se le aparece Dios y le anuncia: "Yo soy Yahvé, el Dios de tu padre Abraham y el Dios de Isaac. La tierra en que estás acostado te la doy a ti y a tu descendencia. Tu descendencia será como el polvo de la tierra *y te expandirás al Oeste y al Este, al Norte y al Sur* y por ti y por tu descendencia se bendecirán todos los linajes de la tierra" (la bastardilla me corresponde).

LOS LUBAVITCH EN LA ARGENTINA

Bajo este mandato, Jabad Lubavitch inició la acción misionera que la caracteriza, llevando la vida judía a todos los lugares del mundo donde exista un judío. La intención es despertar la "chispa divina" de cada judío, mostrándole que es parte de una tradición y heredero de unas costumbres, una cultura, y 613 preceptos que debe cumplir.

Como movimiento mesiánico y jasídico, influenciado por la cábala de Isaac Luria, creen que cada *mitzvá* que cumple un judío hace más santo este mundo y acerca un poco más la llegada del Mesías (*Mashíaj*).

Dentro de las corrientes de judíos ortodoxos, Jabad Lubavitch se ubica en el subgrupo de aquellos que no rechazan de plano la modernización, siempre y cuando no choque con sus principios de fe y como medio para santificar a Dios.

Por otro lado, consideran que esta misma modernización —producto de la emancipación judía del siglo XVIII— es la amenaza más seria para la subsistencia del pueblo judío, en tanto conlleva un altísimo grado de asimilación. Esto es, la pérdida de las costumbres tradicionales y el cumplimiento de los preceptos. Este problema para los sectores ortodoxos, que ya había preocupado a los rebes anteriores, se hizo especialmente presente luego del Holocausto, que se ensañó especialmente con las comunidades que se mantenían apegadas a la ortodoxia en Europa. En este contexto, se entendió que aquellos judíos que renunciaban a sus costumbres y tradiciones, se casaban con no judíos,[4] abandonaban el respeto de los preceptos y no tenían una educación judaica constituían la forma de perpetrar la extinción del judaísmo intentada por los nazis.

Con la fe en la premisa que sostiene que si a un judío se le enseña qué es el judaísmo, su chispa divina interna despertará y ya no querrá vivir de otro modo que no sea el modo de vida judío (observante, claro está), Jabad Lubavitch emprendió bajo el mando de Menajem Mendel una inmensa expansión, aplicando una mezcla obligada de pragmatismo (encontrar los métodos más efectivos para enseñarle a un judío su herencia) y de fe.

Esto es lo que entendió el Rebe y la razón por la cuál puso en práctica una vastísima red de emisarios llamados *sheliaj* (también conocidos como *shlijim* o *shlujim*), a los cuáles envió a cada rincón del mundo donde hubiera una comunidad judía (actualmente existen *Batei Jabad* o "casas de Jabad" en más de 70 países del mundo y se calcula que hay más de cuatro mil enviados del Rebe trabajando en estos centros).

En la biografía oficial de Menajem Mendel Schneerson, que puede consultarse en la página web de Jabad Lubavitch internacional, se lee: "El *shlijut* es un concepto legal en la *Torá*, por el cual una persona puede designar a otra para que realice una acción en su nombre. El Rebe tomó ese concepto y lo transformó en un llamado y un modo de vida para docenas, y luego cientos y luego miles de jóvenes familias".

Con la determinación de que un judío debe comportarse de la misma manera, cumplir las mismas *mitzvot* acá que en el rincón más recóndito y perdido del planeta y sin excusas, Menajem Mendel Schneerson trabajó con la certeza de que tenía que tener tolerancia ante el desconocimiento y la resistencia inicial de los judíos asimilados a abandonar sus costumbres seculares y "retornar" al cumplimiento de sus deberes judíos.

El carisma de Menajem Mendel para entusiasmar a sus seguidores a cumplir con este trabajo y el permanente desarrollo de acciones tendientes a la apertura de Jabad Lubavitch hacia la sociedad secular como medio de llegar a los judíos asimilados fueron algunos de los rasgos más destacados de su personalidad y lo que genera una devoción que aún hoy está presente entre sus *jasidim*.

Si los judíos estaban dispersos por el mundo, el Rebe los mandaría adonde estuvieran, sin desestimar los adelantos técnicos de su época para permitirle a Lubavitch integrarse a la sociedad. Ya en la década del sesenta, Jabad comenzó a utilizar la radio para sus enseñanzas de *Torá*, y en los setenta empezaron a ser distribuidas telefónicamente por todo el mundo. Con la llegada de la TV por cable, Lubavitch también se expandió al nuevo medio y fueron pioneros en el desarrollo de herramientas web cuando Internet recién daba sus primeros pasos.

En 1967, el Rebe instituyó la campaña de *tefilim*, la cual fue la primera de las que serían sus conocidas Campañas de *Mitzvá* o *Mivtzoim*.

Por medio de estas acciones, llevadas a cabo con entusiasmo y convicción por sus *jasidim* en todo el mundo, el Rebe intentó que los judíos asimilados empezaran a practicar al menos diez de los 613 preceptos del judaísmo que consideraba fundamentales y que abrirían la puerta a los judíos seculares a la conexión con sus deberes y con Dios.

Las Campañas de *Mitzvá* llevaron a Jabad a las calles, ya que implicaban la acción continua de sus seguidores para informar y lograr que los judíos de todo el mundo, sin distinción de ningún tipo, lleven a la práctica estas diez *mitzvot*: la colocación de *tefilim* todas las mañanas por parte de los hombres mayores de trece años, el encendido de velas en *shabat* por parte de las mujeres, la colocación de *mezuzot* en las puertas de cada casa judía, el estudio diario de la *Torá*, la *tzedaká* (caridad) diaria, llenar las casas judías de libros sagrados para el judaísmo, el respeto del *kashrut*, el amor al prójimo, educar en el judaísmo a cada niño y niña judía y observar la "pureza familiar".

Fishkoff señala que este tipo de campañas nunca fueron bien vistas por otros grupos ortodoxos: "Los críticos del mundo ortodoxo se mostraron recelosos de las campañas del Rebe, creyendo que abarataba las prácticas religiosas para estimular a judíos no observantes a rituales aislados sin adoptar todo el modo de vida. ¿Qué tiene de bueno ayudar a colocarse *tefilim* a un hombre que después va a ir y comerse una hamburguesa con queso? ¿No cancela un acto al otro? Los lubavitchers le responden a esos críticos sosteniendo que cada *mitzvá* es, en sí misma, una acción de significación cósmica que activa la conexión preexistente de la persona con Dios" (Fishkoff, S., *The Rebbe's Army*, p. 49).

La Campaña de *tefilim* comenzada dos días antes del inicio de la *Guerra de los Seis Días* (uno de los mayores desafíos militares que tuvo que enfrentar el recién nacido Estado de Israel), como una forma del Rebe de llamar a todos los judíos a rezar por la protección de la "tierra prometida"; tuvo una difusión masiva a través de fotos de soldados israelíes, colocándose las filacterias al lado de los tanques, lo que expandió mundialmente el mensaje del Rebe y logró que tanto él como sus *jasidim* le atribuyeran parte en la "milagrosa" victoria del *Tzahal* (Fuerzas de Defensa de Israel, el ejército israelí) frente a sus enemigos y la reunificación de Jerusalén.

Este presunto milagro es uno de los tantos que se le comenzaron a atribuir a Menajem Mendel Schneerson, demostrando aquello de que las personas construyen sus leyendas o las leyendas construyen a las personas.

Una famosa premonición que habría tenido el Rebe cuenta que a fines de 1960, Ariel Sharon, que décadas más tarde se convertiría en el primer ministro de Israel, visitó al Rebe. Al despedirse, Schneerson le advirtió que no debía tomar el vuelo que tenía programado para su regreso, sin indicar nada más al respecto. Sharon le hizo caso y ese mismo vuelo resultó ser el que secuestró y desvió hacia Argelia el Frente Popular para la Liberación Palestina el 23 de julio de 1968, acto con el que se dieron a conocer.

El rabino Zev Segal cuenta que ese rumor se expandió por todo el mundo Lubavitch, por lo que, cuando tuvo la oportunidad, le preguntó en persona al Rebe si la historia era cierta. El Rebe le respondió que sí, que le había dicho a Sharon que no tomara el vuelo. Entonces Segal le repreguntó: "¿Por qué entonces no hizo algo para detener el vuelo antes de que partiera si sabía que iba a ser secuestrado?". A lo que el Rebe respondió: "¿Realmente crees que yo sabía que iban a secuestrar el avión? No lo sabía. Sharon vino a despedirse, entonces le dije que no tomara el vuelo. ¿Por qué se lo dije? ¿Cuándo se lo dije? No lo sé".

Los milagros que se le atribuyen a Menajem Mendel Schneerson están compilados en varios libros y suelen relatarse en cualquier oportunidad propicia, en las publicaciones de Jabad Lubavitch en todo el mundo y en la web.

Más interesante puede resultar la anécdota de un milagro propiciado por el Rebe, vivido por uno de sus emisarios en la comunidad lubavitch en la Argentina, el rabino Mordejai Birman. Según cuenta su historia: "En el año 1987 tuve mis primeros hijos. Mellizos. Un nene y una nena. Nacieron prematuros, con un kilo y algo, estuvieron en incubadora. Y al salir, a las dos o tres semanas, mi nena se agarró una meningitis muy fuerte. Estuvo en coma varios días. Los médicos me decían que no había nada que hacer, que los medicamentos tenían que hacer lo suyo pero nos recomendaban rezar. Y yo le escribí al Rebe desde el primer momento. La primera semana no recibí ninguna respuesta.

"Un día me vino a visitar al sanatorio el rabino Grunblatt. Me preguntó si le había escrito al Rebe. Le dije que sí. '¿Pero le pusiste que sos *shelíaj* de él? ¿Que sos emisario del Rebe en Villa Crespo?' me preguntó, y yo le dije: 'No, no le dije, porque él sabe'. El rabino Grunblatt enfatizó: 'No, tenés que ponerle que sos su emisario porque el Rebe una vez expresó que el protegerá a los hijos de sus emisarios'. Entonces me fui a la Central y desde ahí le mandé un fax a Nueva York contándole de nuevo mi caso y aclarándole que era un emisario del Rebe. A la mañana siguiente mi mujer fue al hospital. Como teníamos dos bebés, nos turnábamos ella y yo para cuidar uno a la vez, a mí me tocaba ir a la tarde.

"A eso de las diez o las once, recibí una respuesta del Rebe que decía que le agregara un nombre a mi beba. Es algo que se estila: cuando una persona está en peligro se le agrega un nombre. En su respuesta me daba una lista de tres nombres para elegir y además me pedía que revisara las *mezuzot* de mi casa. Las que yo tenía eran nuevas. Una *mezuzá* se revisa una vez cada año, año y medio. Me sorprendió porque eran buenas. Las había comprado especialmente cuando me casé. Saqué todas las *mezuzot* de mi casa. Le puse a cada una un papelito donde indicaba de dónde era cada una: la de la cocina, la del living, la de mi cuarto, la del cuarto de los chicos. Me fui al hospital y me encontré con mi señora que acaba de salir del informe médico. Nos daban dos informes por día, uno a las once de la mañana y otro a las siete de la tarde. En ese primer informe del día nos decían que la bebé seguía en coma. Le conté a mi mujer que el Rebe me había pedido que le eligiera otro nombre y ahí mismo lo elegimos. Me fui a la *ieshivá* de Jabad, hicimos un *minián*, le puse el nombre y llevé al *sofer* (el escriba) las *mezuzot*, le pedí que las revisara con urgencia dada la gravedad del caso, él ya conocía mi situación. A las siete de la tarde íbamos a volver al hospital para recibir el segundo informe médico del día. Pasamos por lo del *sofer* antes de ir al hospital. Subí un minuto, mi mujer se quedó abajo, y él me dijo: 'Mirá, todas tus *mezuzot* están excelentes, salvo ésta', y era justo la de la habitación de mis chicos.

"No es que estaba mal. Pasa que se habían olvidado de ponerle una letra. Y la palabra que estaba mal era 'tus hijos'. Me la cambió, fuimos a mi casa rápido, colocamos la nueva *mezuzá* y volvimos corriendo al hospital. Estábamos en la puerta de la sala de terapia intensiva cuando salió la médica con una sonrisa de oreja a oreja. Nos acercamos y nos dijo: 'Mirá, hace un ratito tu hija salió de peligro. Ahora tenemos que ver, neurológicamente, qué daño hubo. Pero de peligro salió'".

El rabino Birman hace una pausa y luego culmina el relato con su voz grave: "Me podés decir que es una casualidad, lo que quieras, pero yo no lo creo. Después de un año y pico de todo esto viajamos a verlo al Rebe, con mi señora y mi nena, que si bien quedó con un pequeño retraso, porque le afectó una parte del cerebro, no se le notaba externamente.

"Quedamos en que yo iba a ir al domingo de dólares y ella iba a ir con mi nena. Entonces cuando le llegó el momento se quedó sin palabras y lo miró solamente. El Rebe la miró a la nena, le dio un dólar y le dijo: 'Que tengas salud total'".

Historias como ésta son muy comunes. Por lo general, los milagros del Rebe tienen como componente la prescripción de la observancia de alguna *mitzvá* por lo que sirven a la vez como moralizadores.

Los supuestos milagros y predicciones junto con su carisma y visión para expandir el judaísmo confluyeron en la conformación del Rebe como un sujeto de referencia, un verdadero rabino en el sentido de "maestro" a quien consultar por la más variada gama de cuestiones, desde las que requerían un consejo personal hasta las cuestiones de filosofía judaica y jasídica.

En un principio recibía en su casa, tres veces por semana (domingos, martes y jueves por la noche), a gente que necesitaba mantener audiencias privadas (*yejidut*). Por ellas desfilaban todo tipo de personas, desde los más humildes hasta poderosos políticos y empresarios.

Luego, ante el aumento de su popularidad, se implementó una agenda por la cual atendía primero los casos más urgentes y los otros debían esperar meses por un turno.

Pero este sistema también se saturó pronto, por lo que ante la imposibilidad de atender personalmente todos los casos, el Rebe comenzó a recibir una vasta correspondencia que contestaba primero personalmente, y luego ayudado por secretarios. Son miles de cartas que actualmente conforman tomos enteros editados con lo que le mandaban y lo que él respondía.

En 1978 el Rebe sufrió un ataque cardíaco mientras celebraba *Simjat Torá* con sus *jasidim*, pese a lo cual se rehusó a terminar antes el servicio.

Pasó su recuperación internado en su propia casa, tras rechazar la hospitalización y restringió tanto sus apariciones públicas como sus encuentros personales con sus admiradores y visitantes luego de 1981, no obstante lo cual siguió mandando mensajes a su comunidad.

En 1986 instituyó una nueva forma de contacto con sus seguidores: los *Sunday Dollars*. Todos los domingos se sentaba en su oficina y le daba un dólar para ser invertido en *tzedaká* a miles de personas de todas partes del mundo, que hacían largas colas durante horas para tener ese mínimo instante de contacto donde aprovechaban la ocasión para pedirle una bendición.

En 10 de febrero de 1988 falleció su mujer. El cortejo fúnebre reunió a quince mil personas que acompañaron el féretro hasta desembocar en el cementerio judío de Queens.

La influencia política de este hombre no sólo se limitó a sus seguidores y a los Estados Unidos, donde los candidatos en campaña solían pasar a pedir su bendición.

Pese a que los lubavitch no suelen inmiscuirse en los asuntos políticos del Estado de Israel, en las elecciones parlamentarias de 1988, Menajem Mendel ordenó apoyar explícitamente al partido religioso Agudat Israel como respuesta a una campaña que había intentado borrar la influencia del jasidismo dentro de éste. El resultado fue que el partido consiguió tres bancas más en el Parlamento de las que ya tenía, llevándolas a cinco.

Esos parlamentarios resultaron fundamentales para prevenir en 1990 que Shimon Peres lograra formar una coalición de gobierno destinada a establecer negociaciones con la OLP de Yasser Arafat, algo que el Rebe consideraba que iba a poner en riesgo la seguridad de los judíos en Israel.

El 19 de agosto de 1991 una caravana, que incluía el automóvil que llevaba al Rebe, una patrulla policial que lo escoltaba y un tercer vehículo con seguidores del líder, volvía del cementerio de Montefiore en Queens, donde Menajem Mendel había ido a rezar en las tumbas de su suegro y su esposa. En el trayecto se produjo un accidente: el tercer coche de la caravana chocó con un auto particular, allí falleció el joven Gavin Cato. Esto desencadenó la eclosión de tensiones religiosas y sociales que siempre habían estado latentes en Crown Heights.

Por tres días, grupos de afroamericanos atacaron, hostilizaron y destruyeron propiedades de los lubavitch, lo que incluyó el asesinato a puñaladas de Yankel Rosenbaum, un judío ortodoxo australiano, que no pertenecía a la comunidad y que estaba en Crown Heights para realizar estudios sobre el Holocausto.

Durante el alzamiento, miembros de las comunidades afroamericanas y latinas marcharon por las calles del barrio quemando banderas israelíes, entonando consignas antisemitas y agrediendo a la policía.

El Rebe de Lubavitch recibió fuertes críticas por su actitud, tanto respecto de la muerte del niño como de la revuelta. No expresó condolencias ni disculpas a la familia de la víctima y no tuvo un comportamiento apropiado para un líder de su envergadura en un incidente que pareció superarlo.

El docudrama para TV (luego editado en DVD) *Crown Heights: Nothing is as simple as black and white* relata —en un formato que mezcla entrevistas con residentes del barrio afroamericanos y *jasidim* de Jabad— aquellos sucesos terribles y focaliza en la forma en que referentes comunitarios de ambos sectores unieron fuerzas para lograr una convivencia pacífica en la misma ciudad.

La película es sutil respecto de la no intervención directa del Rebe de Lubavitch en la confrontación, al mostrar cómo su secretario personal le delega esa tarea a uno de sus *jasidim*. Mediante el diálogo, la comprensión, la conformación de un equipo de básquet y una banda de hip-hop interraciales, una tensa calma vuelve al barrio que sigue amenazado por las diferencias fundamentales entre las dos comunidades obligadas a convivir en un mismo espacio.

Para ese 1991 de los choques entre judíos y afroamericanos, la salud del Rebe ya estaba resentida, tenía casi noventa años y muchas dificultades. En 1992 sufrió un ataque mientras rezaba en la tumba de su antecesor, que lo dejó con serias dificultades para comunicarse. Ya nada sería igual. Pasó sus últimos años en una silla de ruedas, rodeado de una gran expectativa de inminente mesianismo que él mismo se había encargado de ir generando. Su imposibilidad para expresarse después de su ataque y su falta de descendencia fueron enervando los ánimos de sus *jasidim*, que empezaron a generar un clima en el cual se creía que en cualquier momento su líder revelaría al mundo su verdadera esencia: que era el tan esperado Mesías.

Eso nunca sucedió y, en cambio, falleció en junio de 1994.

Consultado acerca de lo que significó esto para el movimiento Jabad Lubavitch, el rabino Tzvi Grunblatt responde: "Fue el peor momento de la historia. Un golpe tremendo. Es irremplazable. Si el Rebe estuviera hoy físicamente con nosotros, el movimiento Lubavitch sería tres veces lo que es. Hagamos la cuenta... sería inimaginable... inimaginable".

Muerte y transfiguración de Menajem Mendel Schneerson

> My father sighed. "Reb Saunders sits and waits for the Messiah," he said "I am tired of waiting. Now is the time to bring the Messiah, not to wait for him."
> CHAIM POTOK, *The Chosen*

El fallecimiento del Rebe de Lubavitch significó un cisma para su comunidad, que se experimentó más allá de los límites de Jabad Lubavitch y repercutió en todo el mundo judío ortodoxo.

En un principio, algunos analistas daban por terminado el movimiento Lubavitch con la desaparición de su líder. Como cuenta el rabino Birman: "Nosotros nos educamos pensando que su fallecimiento era algo que nunca iba a suceder. Nunca pensamos que íbamos a llegar a esta situación. Porque el Rebe era el líder, el que nos impulsaba, el que nos guiaba, y si alguien pensaba: '¿Qué va a pasar después?', eso no existía. No había después. No iba a haber después. Después de que falleciera el Rebe iba a venir el *Mashíaj*. No había otra cosa. Todos pensamos que nos destruíamos en ese momento. Pero creo que también eso es parte de la fuerza que nos puso el Rebe, seguir adelante, agachar la cabeza y seguir. Muchos pronosticaban que Jabad se caía a partir de 1994, cuando falleció el Rebe.

A los siete días, después del duelo, pusieron la lápida en la tumba y uno de sus primeros *shelíaj*, un emisario en California, iba a hablar en nombre de todos los *shlujim* para decir, en acuerdo con los principales *shlujim*: 'Rebe, si no viene el *Mashíaj* nosotros dejamos todos y no hacemos nada más'. Eso era lo que le iban a decir, que no podíamos seguir sin él. Y sin embargo, cuando se puso a hablar le dijo: 'Rebe, quédese tranquilo, nosotros vamos a seguir el trabajo'. Todo lo contrario de lo que iba a decir. Gracias a Dios, porque era lo que sentíamos todos en ese momento. Que teníamos que seguir. Y seguimos".

El Rebe de Lubavitch no sólo era el líder de su comunidad, sino que estaba atrás de la toma de todas las decisiones, manejando los asuntos de todos sus *jasidim*, viviendo como su líder, pero también como su servidor. La forma de vestir de sus seguidores guarda estricta relación con la que él empleaba, y es por eso, y no por otro motivo, que aún hoy podemos verlos caminar por las calles de Buenos Aires bajo inclementes cuarenta grados de sensación térmica, como si estuviesen viviendo en ciudades de Europa oriental con temperaturas bajo cero, y respetando el negro de luto por la pérdida del Segundo Templo de Jerusalén en el año 70 d. C.

Lo que sucedió luego de la muerte de Schneerson dentro de Jabad es un tema difícil de abordar con los lubavitchers en la Argentina, que suelen rechazar de plano hablar del tema o prefieren hablar del Rebe cuando todavía estaba vivo. Por lo general, la sensación que se percibe es de una profunda tristeza que encuentra consuelo cuando se refieren a él como una presencia que, aunque no en el mundo físico, todavía está atrás de cada uno de sus *jasidim* y de todo el pueblo judío.

Tras su muerte, el 12 de junio de 1994, un gran revuelo se apoderó del movimiento lubavitch. No sólo fue cuestión de determinar la forma de continuar sin el liderazgo de su Rebe, sino que, alentados por una serie de declaraciones y creencias estimuladas por el Sexto Rebe y llevadas hasta el paroxismo por el Séptimo Rebe, muchos *jasidim* de lubavitch creyeron, y aún hoy creen, que él mismo era el Mesías esperado por el pueblo judío.

En efecto, consultado sobre la inminencia del advenimiento del Mesías, el Rabino Tzvi Grunblatt responde:

—*¿Hay algún signo que se pueda observar de la inminente llegada del Mashíaj?*
—Hay muchos signos, todos ocurridos en los últimos cien años de la historia, con los grandes cambios del mundo, el que parecía que iba a estar dominado por el ateísmo comunista que se cayó solo y de repente. Países que estaban dominados por dictaduras comunistas se liberaron de un día para otro, consiguiendo sus libertades positivas hacia lo espiritual.

ALEJANDRO SOIFER, PH.D.

El mundo empezó a llegar a la conciencia de que la guerra no es el camino, la conciencia de empezar a usar presupuestos para paliar el hambre como no existió antes en toda la historia, la difusión de la mística judía, la capacidad que tenemos hoy de difundir sabiduría como no existió nunca: ya no existen más limitaciones de tiempo y espacio.

Todas estas cuestiones muestran que estamos yendo hacia un cambio: se cayeron las ideologías, y no es que estemos yendo a un mundo sin ideologías. Vamos a un mundo con UNA ideología, que es la ideología verdadera. No es que como se cayeron todas las ideologías nos vamos a quedar sin ideología. Es una transición para llegar a LA ideología.

—*¿Qué sería cuál?*
—La del Reino de *HaShem* en la Tierra.

—*Usted habla del siglo XX, pero recordemos que ese siglo también albergó al Holocausto.*
—El Holocausto fue parte de los sufrimientos pre *Mashíaj*,[5] de los cuales el *Talmud* habla. ¿Es acaso tan racional y lógico que hoy judíos de todo el mundo puedan volver a Israel de manera libre? Algo que era impensable cincuenta o sesenta años atrás. Estos son pasos que muestran que estamos preparándonos para la concreción de las profecías sobre el *Mashíaj*. No estamos todavía con el *Mashíaj*, pero el mundo se prepara.

—*Pero el Estado de Israel, de todos modos, es un Estado secular.*
—Lo secular hubiera existido con o sin el Estado de Israel. Lo novedoso es que los judíos estén en Israel.

¿En qué consistiría precisamente el advenimiento de la era mesiánica? El trabajo de Jacob Immanuel Schochet lo clarifica: "El *Mashíaj* restaurará el *Bet Hamikdash*, el Sagrado Templo de Jerusalén. Esto se refiere al tercer *Bet Hamikdash* que permanecerá eternamente, en cumplimiento de la divina profecía de Ezequiel [...]. Por medio del *Mashíaj* se llevará a cabo la reunión de todos los exiliados de Israel [...] [que] ocurrirá aunque el pueblo no quiera retornar [...]. La era mesiánica marcará el fin del mal y del pecado [...]. Será un tiempo de conciencia, percepción y conocimiento universales de Di-s. [...] Será una era de paz y armonía, en la Tierra Santa y en todo el mundo" (Schochet, J. I., *Mashíaj*, pp. 13 a 20).

Resucitarían los muertos y se aseguraría a los hombres una máxima felicidad física y espiritual, con todos los enfermos sanando y la anulación de la muerte, las tierras fértiles y la liberación de todos los impedimentos que se le plantean al hombre hoy en día para poder cumplir con las *mitzvot*: "Nuestras aspiraciones consisten en ser libres para dedicarnos a la *Torá* y su sabiduría, sin que nadie nos oprima y nos perturbe. Anhelamos ese momento porque se reunirán los justos, probos, honrados, virtuosos; será una era en la que dominará la bondad, la sabiduría, el conocimiento y la verdad. Será una época en la que los mandamientos de la *Torá* se observarán no por inercia, pereza o compulsión.

"La única ocupación de la totalidad del mundo será conocer a Di-s. Los israelitas serán grandes sabios: sabrán cosas que en el presente están ocultas, y adquirirán el conocimiento de su Creador hasta el límite de la capacidad de los seres humanos..." (Ídem, pp. 23 y 24).

Según la creencia, todas las generaciones tienen un *tzadik* (sabio) capaz de revelarse como el Mesías que será un hombre, descendiente del rey David, por la línea de su hijo el rey Salomón.[6] El Mesías existiría desde antes de la Creación en el Jardín del Edén y encarnaría en el *tzadik* cuando fuera el momento de su llegada.[7]

El advenimiento del Mesías en el pensamiento de Jabad Lubavitch se hizo algo inminente a partir del Sexto Rebe y encarnó en el Séptimo Rebe con toda la fuerza.

Si sumamos a estas características que hemos visto acerca del Mesías, la posibilidad que se concibe de que se puede acelerar o preparar el terreno para su llegada mediante el cumplimiento de *mitzvot*, el liderazgo de Menajem Mendel Schneerson y cierto culto a su personalidad lo puso en la posición de ser él mismo, para sus *jasidim*, quien terminaría revelándose como tal. Sus campañas de *mitzvot*, su liderazgo en hacer llegar la observancia a todos los rincones del planeta (la *teshuvá* es considerada una de las *mitzvot* más importantes) y su carisma personal, reactualizaron el principio mesiánico como ya había pasado con Shabbetai Tzvi y otros falsos Mesías.[8]

Desde la década de 1960 el tema mesiánico había empezado a aparecer con mayor frecuencia en sus discursos y alocuciones públicas, lo que también entusiasmó a sus seguidores, que comenzaron con algunas tímidas proclamas acerca de que, en verdad, él mismo terminaría revelándose como el enviado de Dios.

Luego el movimiento fue cobrando mayor fuerza, hasta llegar a la publicación de solicitadas en los diarios más importantes de los Estados Unidos proclamando a Menajem Mendel como el Rey Mesías, así como el reparto de un verdadero "marketing mesiánico", con calcomanías, pósters y publicaciones que lo proclamaban explícitamente, y con la entonación del canto *Yechi,* una vieja oración bíblica modificada para contener la frase en hebreo: *Yechi Adoneinu Moreinu v'Rabbeinu Melech haMoshiach l'olam vo'ed!*, que se traduce como "Larga vida a nuestro Señor, Maestro, y nuestro Rabino, Rey Mesías, por siempre de los siempres".

La muerte de Schneerson en junio de 1994 no supuso el final de la controversia mesiánica, uno de los aspectos más problemáticos, junto con la veneración que harían de su imagen sus seguidores, de las relaciones de Jabad Lubavitch con el resto del judaísmo y el resto del *jasidismo*. Por el contrario, la muerte de Schneerson desencadenó diversos tipos de reacciones entre sus seguidores. Un sector de los lubavitch se encargó de buscar explicaciones posibles al deceso de Menajem Mendel Schneerson, de modo que no interfiriera con la asignación mesiánica que le hacen.

Así como el apego por la figura del líder fallecido sigue expresándose de forma presente, la creencia de que podría —aun a pesar de haber muerto— ser el Mesías es sostenida por muchísimos lubavitchers, la cual justifican en relecturas de la *Torá y el Talmud*. Una postura contraria a la del judaísmo normativo, que sostendría claramente que el Mesías se revelará durante su vida humana. El rabino Damián Karo confirma que algunas fuentes de la tradición judaica asignan la posibilidad de que el Mesías sea alguien ya muerto y revivido: "Hay una fuente —explica— que dice: 'Si el *Mashíaj* está entre los vivos es tal, y si entre los muertos es tal otro'".

El rabino explica la posibilidad de encontrar justificaciones divergentes de lo normativo o de lo que se cree establecido en la propia tradición judía, lo que constituye una característica esencial de lo que es el judaísmo: "Yo vengo y te muestro una cita pero te tapo la otra, así te puedo sostener lo que quiera. Porque descontextualizo, porque hago una lectura". Incluso sube la apuesta, colocando la tradición judía como producto de una serie interminable y enloquecida de crítica literaria, por la cual cualquier cosa puede justificarse, incluso que un gran líder muerto y enterrado pueda levantarse de los muertos y convertirse en el Mesías del pueblo judío: "La ortodoxia justifica todo con un: 'La *Torá* dice...'. Pero la *Torá* dice eso y también dice lo contrario. Porque la *Torá* tiene mil interpretaciones distintas".

Como queda claro, las posibilidades interpretativas son amplias y flexibles. El método de sobreinterpretación ya estuvo incluso presente en las asignaciones mesiánicas que se le hicieron a Shabbetai Tzvi, aún cuando éste se había convertido al Islam. En esas reinterpretaciones se apoya el sistema de creencias desarrollado por sectores de Jabad que les permiten todavía afirmar que llegará un Mesías judío resurrecto. La batalla entre los que creen y los que no en que Schneerson sea el Mesías ha adquirido bandos que se agruparon en "mesianistas" y "no mesianistas". Un reducidísimo grupo de lubavitchers sostienen que el Rebe efectivamente, y sin lugar a dudas, no es el Mesías. Luego hay sectores más radicales que aseguran públicamente, emplazan campañas mediáticas y buscan justificaciones en la tradición judía (como intentar probar que era descendiente directo del rey David, uno de los requisitos que según la tradición debe cumplir el Mesías), para sostener que Menajem Mendel Schneerson es el Mesías y pronto se revelará. Dentro de este grupo están quienes sostienen que efectivamente murió pero que revivirá para revelarse como tal, y quienes afirman que, en realidad, nunca murió. En las posiciones intermedias se ubican los que no descartan que el Rebe pueda ser el Mesías pero tampoco lo afirman, y los que prefieren no hablar del asunto.

En nuestro país, los signos más notorios de las posiciones mesiánicas pueden verse en el flameo que se realiza de la bandera mesiánica (amarilla con una corona azul en el centro y la palabra *Mashíaj* en hebreo en letras color naranja) en algunas ocasiones festivas y en el agregado de la oración "We Want *Mashíaj* Now", o en castellano "¡Queremos Mesías ya!", al finalizar el rezo que se realiza en la colocación de los *tefilim* que proponen hacer algunos rabinos de Jabad.

De cualquier modo, los lubavitchers locales son reacios a comentar este asunto con extraños y son muy cuidadosos con sus palabras para dejar en claro su admiración por el Rebe y la creencia en su presencia, aunque no en forma física.

Sin embargo, el rabino Karo describe la manifestación del fenómeno en la comunidad Jabad Lubavitch local sin tapujos: "Me parece que en nuestro país no se generó un gran conflicto por este tema. ¿Cuál es la diferencia entre lo que llamamos *mesiánicos* y *no mesiánicos*? En general, son muchos los que opinan que va a venir el Mesías, que el Mesías es el Rebe y que se murió pero va a volver. ¿Cuál es la diferencia entre ellos, entonces? Si hay que decirlo o no decirlo. Si es mostrable o no mostrable. ¿Por qué sería mostrable o no mostrable si es verdad? Porque es un tema que acerca o aleja a la gente de Jabad".

El asunto ha tomado cariz político dentro de la ortodoxia judía en general, donde se juega como una prenda de legitimidad que implica mucho más que la discusión judeo-teológica acerca de si el Rebe es o puede ser el Mesías (algunos estudiosos señalan, incluso, que el hecho de pensar que el Rebe pueda resucitar de entre los muertos para revelarse como el Mesías significa abolir una de las diferencias fundamentales entre el judaísmo y el cristianismo). Compromete la legitimidad de Jabad Lubavitch y sus rabinos para, por ejemplo, certificar el *kashrut* y el peso que en las organizaciones ortodoxas se le permite ostentar.

Más allá de la discusión acerca del mesianismo de Menajem Mendel Schneerson, su tumba, erigida en el cementerio de Montefiore en Queens, al lado de la de su suegro, el Sexto Rebe de Lubavitch, es un sitio de peregrinaje mundial por parte de los *jasídim* de Jabad Lubavitch.

El lugar, conocido como *Ohel* ("carpa"), recibe todos los años a miles de peregrinos que se concentran especialmente los días 3 de *Tammuz* (aniversario del deceso del Rebe). Al lado de la tumba, Jabad Lubavitch tiene un edificio, el Ohel Chabad Lubavitch Center, que concentra sinagoga, biblioteca y "un lugar confortable donde la gente puede escribirle cartas al Rebe", según consigna la página web oficial del sitio. Además, provee calzado adecuado para respetar las normas de conducta esperables en la tumba y se encuentra abierto los 365 días del año las 24 horas.

Para aquellos imposibilitados de viajar hasta el cementerio, varios servicios en Internet proponen mandar las cartas por e-mail para ser depositadas en la tumba del Rebe. El Ohel Chabad Lubavitch Center recibe cientos de mensajes con este fin y los encargados los depositan en la tumba cada dos horas.

La naturaleza última del Rebe Menajem Mendel Schneerson —si es o no el Mesías— quizás aparezca todavía como una incógnita para mucha gente, pero parece evidente que su influencia y presencia siguen siendo determinantes para Jabad Lubavitch en todo el mundo

---

1. Ya anciano, con una sonrisa que le gana la cara, sus ojos azul profundo, la barba perfectamente rectangular (los lubavitchers no se afeitan la barba porque la consideran una manifestación de su alma), levantando una mano, es la imagen más clásica y repetida, pero también suele repetirse una imagen del Rebe ataviado con el tradicional talit. Por otra parte, los jabadniks que tuvieron la oportunidad de conocerlo en persona suelen decorar sus despachos y hogares con fotos donde se los ve interactuando con su líder.

2. La increíble historia del rescate está excelentemente documentada en: Rigg, B. M., *Rescued from the Reich: How One of Hitler's Soldiers Saved the Lubavitcher Rebbe*

3. Los jabadniks sostienen que el número se traduce como Beis Mashiaj (Casa del Mesías), siguiendo la interpretación de la Gematría, un método hermenéutico basado en el valor numérico de las letras hebreas.

4. La ortodoxia habla en estos casos de "Holocausto Blanco" ya que los matrimonios mixtos entre judíos y no judíos no se cobran vidas, pero mancillan las posibilidades de subsistencia futuras del judaísmo.

5. Se refiere a lo que llaman: jevlei Mashíaj (dolores de parto del Mashíaj).

6. "En todo momento está latente la posibilidad de la llegada del Mashíaj. No obstante, esto no significa que en el momento apropiado el Mashíaj emergerá repentinamente del cielo para aparecer sobre la Tierra. Por el contrario: Mashíaj ya está sobre la Tierra, es un ser humano de gran santidad (un tzadik) que aparece y existe en cada generación" (Schochet, J. I., *Mashíaj*, p. 29).

7. "En el día específico que marca el fin del galut, cuando Mashíaj redimirá a Israel, el espíritu especial preexistente de Mashíaj —"guardado" en el Gran Edén desde el Génesis— descenderá y le será conferido a ese tzadik" (Ibídem).

8. Respecto del Mashíaj advierte Schochet: "Además, persiste el recuerdo de las tristes consecuencias de las desventuras del pasado, como la infortunada historia de supuestos Mesías y sus incumplidas predicciones que dejaron un reguero de dolorosa desilusión y desaliento" (Ídem, p. 3).

"Evangelismo judío"

"Los Lubavitch utilizan fórmulas de comprobada efectividad para difundir su proyecto espiritual. Y van directo al corazón. Escuchan y aconsejan. Escuchan y dan. Escuchan y hablan, ofreciendo las respuestas milenarias. No prometen lo que no creen, dicen lo que está escrito y viven como Dios manda.
Tienen los recursos, es cierto.
Calman la ansiedad y ofrecen un panorama en el cual todo tiene sentido, una explicación que obedece a un sentido de justicia superior.
El ser humano que no explica su desgracia difícilmente podría llegar a comprender esa lógica. [...] En medio de la crisis de valores y sentido, han ofrecido un tipo de salida. Aparecen como algo que crece, que tiene éxito, y además viven el judaísmo con seguridad y alegría, lo que, en esta época, no es poco."

MELAMED, D., *Los judíos y el menemismo*, p. 214

"El alma, en razón de su naturaleza trascendente, puede elevarse por encima del egoísmo con más facilidad que el cuerpo, y puede disciplinar al cuerpo, mediante el estudio y la acción, a reconocer su verdadera misión. Sólo entonces puede el cuerpo alzarse a su verdadera importancia: cuando sirve como vehículo para el alma en lugar de actuar bajo su propio impulso, movido por sus propias necesidades."

JACOBSON, S., *Hacia una vida plena de sentido*, p. 38

ALEJANDRO SOIFER, PH.D.

Con una superficie de cuatrocientos cuarenta metros cuadrados y espacio para setecientas personas cuando se utiliza de modo auditorio, el Salón Emerald es el de mayor capacidad y estilo de la casa de recepciones Dinastía Maisit, en el barrio de Villa Crespo de la Capital Federal.

Las columnas color mostaza oscura contrastan con simetría planificada con las paredes claras y su decoración lisa interrumpida con algunas molduras de yeso de formas circulares.

No hay mucha gente todavía, sólo se escuchan los comentarios y murmullos de las mujeres que se filtran del otro lado del biombo o *mejitzá* de tela color crema, que separa el salón en dos al estilo ortodoxo (que no permite que hombres y mujeres compartan espacios de rezo o reunión para preservar la modestia y la decencia).

Por encima del escenario, un cartel rectangular dice:

Gran Farbrenguen
19 de Kislev Festejando la alegría e inspiración jasídica
Jabad Lubavitch

En el rincón izquierdo, una foto del Séptimo Rebe de Lubavitch. En el rincón paralelo un retrato del Primer Rebe de Lubavitch.

La reunión jasídica (*farbrenguen*) de hoy *Iud-Tet Kislev* (19 de Kislev de 5770 / 7 de diciembre de 2009) es para conmemorar lo que los jasídicos consideran el *Rosh HaShaná del Jasidut*, una fiesta que no sólo coincide con la fecha de nacimiento del Maguid de Mezerich (el sucesor del Baal Shem Tov, fundador del movimiento), sino también, y en especial, con la liberación del Primer Rebe de Lubavitch, Schneur Zalman de Liadi, de las cárceles zaristas.

El muchacho de seguridad me retuvo un instante mientras me revisaba la mochila y me preguntaba por qué había venido, a qué *shul* de Jabad suelo asistir y cómo se llama el rabino de éste.

Apurado para improvisar sólo atiné a decirle que en realidad estoy "acercándome" a Jabad y que había venido porque la convocatoria que mandaron por e-mail decía que era un acto abierto a la comunidad. Esa fue la clave para que me permitieran entrar: abierto a la comunidad, más gente acercándose a Jabad, no podían negarme la entrada.

LOS LUBAVITCH EN LA ARGENTINA

En las primeras líneas de sillas, delante de mí, hay cabezas con *kipot*. Acepto que son la periferia débil de judíos simpatizantes de Jabad, judíos que se acercaron por algún motivo que no logro discernir. Me causa gracia la *kipá* de un tipo a unas sillas de distancia de la mía, ajustada con una hebillita para el pelo de metal cuya punta termina en una estrella de David.

Atrás se van arrimando algunos lubavitchers, como uno que lleva piloto blanco y es alto y delgado, parece un médico o, por la forma en que mantiene los brazos pegados al cuerpo, un tipo en chaleco de fuerza.

Una señora mayor cruza la *mejitzá* por la parte de adelante, frente al escenario donde todavía están probando el sonido y el video. La señora saluda a un hombre de este lado y pronto vuelve a escabullirse del otro lado del muro de la modestia.

Ahora se sienta a mi lado un muchacho que lleva saco y sombrero gris, camisa azul, corbata color salmón, zapatos de cuero negro con punta redondeada y una pelusita de bigote. También lleva *tzitzit*, las tiras o flecos que los judíos observantes se colocan alrededor de la cintura como forma de tener siempre presentes los 613 preceptos que tienen que cumplir.

Otras mujeres se asoman por detrás del biombo, espían el sector masculino y vuelven a desaparecer.

El muchacho a mi lado se corre y le deja el lugar a un señor que lo conoce. Se ponen a hablar y están vestidos muy parecido, con el mismo sombrero. Podrían ser padre e hijo pero no se parecen mucho.

El joven le comenta algo de un folleto que nos dieron cuando entramos, una promoción de una prepaga que se anuncia "Para usted y los suyos". La promoción es del "cinco por ciento de descuento para toda la colectividad". El hombre mayor responde: "Pfff, yo tengo a *HaShem* de obra social", y después empieza a quejarse de que no llega a leer la traducción de lo que están pasando en pantalla para probar el video. No hay sonido. El hombre ahora se queja del aire acondicionado: "Está al mínimo", dice, y se abanica con la mano.

La imagen del Rebe invade la pantalla y del sector de mujeres llega un aplauso.

"Gracias, gracias", dice el hombre a mi lado.

Los asientos de atrás empiezan a ocuparse con lubavitchers.

Uno empieza a rezar de espaldas al escenario, inclina el cuerpo para adelante y para atrás.

Escucho que alguien dice que van a armar un *minián* y poco después se forma un grupito que reza, también de espaldas al escenario a la altura de la fila en la que estoy.

El hombre que está sentado a mi lado se me pone a hablar.

—¿Sabés quién va a venir acá? —me dice.

—No, ¿quién?

—La presidenta de la Nación —su tono es grave, pero en seguida se ríe de su chanza— no, qué va a venir esa... la antisemita número uno de la Argentina.

Miro para el costado.

—Si empiezan a dar comida esto se llena. ¿Ves que no hay nadie? Es porque no dan comida —sigue el hombre.

Y no para. Me comenta que está en la reunión porque su mujer es ortodoxa. Su segunda mujer, su prometida. Su primera esposa lo dejó hace quince años y lo dejó muy mal.

—Vamos a hacer *aliá*. Yo me voy en mayo y ella se va en junio.

—¿Se va nomás?

—Sí, sí —dice con cara de circunstancia.

Después me cuenta que tuvo un tumor en el cerebro: "Por eso no veo ni huelo. ¿Ves? A vos te distingo como un conjunto de sombras", me dice.

Lo escucho mientras la sala se sigue llenando y se terminan de dar los últimos toques al sistema de video y audio.

—Cuando yo hice la colimba me tocó la policía. ¿Sabés la cantidad de antisemitas que había ahí?

Después me cuenta cuando estuvo de visita un rabino estadounidense que por algún motivo pasó por su casa y conoció a su prometida.

—Cuando me vio sin los *tzitzit* me preguntó por qué no los tenía. Le dije que no tenía plata para comprarlos. Sacó del bolsillo cien dólares y me los dio. Para ellos es una *mitzvá* dar plata, ¿sabías?

Sube al escenario un rabino de barba larga con algunas puntas canosas, no se presenta y no hace falta, todos los presentes saben que es el rabino Tzvi Grunblatt.

"El día de hoy celebramos la energía, la fuerza de lo que representa el jasidismo", empieza su discurso con un acento que es una fuerte mezcla de *iddish*, inglés y castellano.

"Rabbi Israel Baal Shem Tov nació en el año 1698, fue justamente a continuación de los pogromos de los cosacos que habían eliminado un tercio de la población judía de Europa. El pueblo judío estaba caído, desanimado material y espiritualmente. Es ahí donde vino él y logró despertar, insuflar un alma al pueblo judío entero fundando el movimiento jasídico." Su tono es seductor, no habla como un predicador, sino como un académico, como un profesor universitario, mantiene la atención de un salón que está en silencio escuchándolo. "¿Qué hizo Israel Baal Shem Tov? Reveló el secreto. ¿El secreto de qué? El secreto de qué es un judío. El secreto de qué es la *Torá*. Y el secreto de qué es Dios. Cuando una persona tiene frente a sus ojos esos secretos, deja de haber oscuridad. Empieza a ver el sentido de todas las cosas. 'Quien conoce el secreto', dijo el Baal Shem Tov, 'puede iluminar'."

El discurso de Jabad Lubavitch tiene variables que pueden conectarse con formas de lenguaje y comunicación propias del movimiento *new age*. Ahí está entonces, la idea de *un secreto* que los iniciados tienen y que el conocimiento de eso que ha estado oscuro, da luz, y al mismo tiempo, posibilidad de despertar a otros. En eso se asienta parte de la lógica lubavitcheana: un judío que despertó esa luz interna puede ayudar a otro a encontrarla y encenderla. "El pueblo de Israel, Dios y la *Torá*, estos tres, componen una unidad indivisible. En cada uno de éstos hay dos facetas; una revelada y una oculta. Está la faceta revelada del judío: su inteligencia, su sentimiento, la persona que nosotros conocemos. Pero está la faceta oculta de su alma, la que por ahí, a veces no la vemos. Después está la faceta revelada de la *Torá*, es lo que sabemos: la ley, las historias, el texto, con su interpretación concreta y real. Un hombre como Abraham se casó con una mujer como Sara, tuvieron un hijo que se llamó Isaac, que por casualidad es el abuelo y bisabuelo de todos los que estamos aquí. Que realmente fue así. Así como nosotros hoy no somos elementos místicos, somos elementos concretos y reales, nuestros abuelos, Abraham y Sara, Isaac y Rivka también lo fueron. Eso es lo revelado. La ley. Hay que colocar los *tefilim*, hay una ley. Las mujeres tienen que poner las velas de *shabat*, eso es ley. El *Talmud*, el cuerpo concreto de la *Torá*. Después, dice el *Zohar*, hay una parte oculta detrás de todo eso, hay todo un espíritu detrás de eso, detrás de cada ley, detrás de cada historia hay un alma oculta. Es lo que va más allá de nuestra captación y percepción. ¿Qué hizo el Baal Shem Tov? Reveló el secreto. La *Torá* puede parecer un poco estructurada, y lo es, es una ley y debe ser cumplida como tal. Pero cuando empieza a brillar lo oculto del alma de la *Torá*, de repente, esa ley que parecería que nos aprieta se convierte en una inspiración y una fuente de luz."

El discurso apunta a convencer a su público para el cumplimiento de las *mitzvot*, los 248 preceptos positivos y los 365 negativos, es decir, los 613 preceptos en total, que se supone debe cumplir cada judío para hacer de este mundo, una morada santa para Dios. El discurso hilvana con habilidad lo estrictamente mecánico de la práctica con la fuerza dedicada a cada uno de los presentes de hacerlos especiales, poseedores de un secreto revelado por el fundador del jasidismo como interpretación correcta de la totalidad del judaísmo, y que permite ver la oscuridad de los aspectos más dogmáticos de la fe. Les transfiere una base de convencimiento sobre la que sembrar explicaciones a los artículos más pragmáticos de una religión llena de normas como la judía. Aspectos que, supongo, muchos de los *baalei teshuvá* presentes en ese momento en la sala no hubieran dejado de calificar como aspectos anacrónicos y absurdos de una herencia cultural. Al menos eso siento yo en este momento. Todo esto anudado con una pertenencia que remonta a tiempos bíblicos: nietos y bisnietos del patriarca Abraham.

La retórica sólida, que repite las palabras clave y las refuerza, con un subibaja de tonos en la voz vigorosa de Grunblatt, es lo único que se oye en una sala muda. El llanto de un bebé apenas llega a un primer berrido y desaparece.

El rabino hace la cronología de sucesores que fueron desde el Baal Shem Tov a Schneur Zalman de Liadi. Un lubavitch empieza a pasar por las filas repartiendo vasitos de plástico con un fondo de vodka de primera línea a todos los hombres.

La historia del encierro del Primer Rebe de Jabad también permite abonar el martirio: para evitar que el secreto de Dios, la *Torá* y el judío sean revelados a los hombres, había sido denunciado por la oposición, los llamados *mitnagdim*, y encarcelado por el zar.

Me llega el vasito de vodka, se lo intento pasar al señor sentado a mi lado que me estuvo dando charla y lo rechaza.

—No, no me gusta. A mí dame un buen whiskicito. Eso no te lo rechazo —se ríe—, sabés cómo toman acá estos rusos ¿no?

El rabino pide un *lejaim*, un brindis, por el jasidismo que permitió que hoy existan los *Batei Jabad* en todas partes del mundo y que el judaísmo vuelva a ser un secreto revelado para tantos hermanos.

Me tomo el vaso que el hombre rechazó en dos o tres tragos y empiezo a sentir que el encierro, la gente, el alcohol puro, el discurso de Grunblatt me están abombando.

Empieza a sonar un órgano y desde las primeras filas llegan aplausos que siguen la melodía de un canto jasídico que se extiende por unos minutos.

Cuando terminan de cantar, Grunblatt vuelve al micrófono, presenta un video "El Baal Shem Tov de nuestra generación, éste es el Rebe de Lubavitch".

Pasa el video con algunas muestras de la vida del líder y Grunblatt vuelve a subirse al escenario donde sigue: "*Jasid*, es decir el que sigue las enseñanzas del Baal Shem Tov, no es el que sabe la teoría, es el que aplica, el que se le acerca a otro judío, el que despierta el alma de él, el que aprovecha cada situación para arrancarlo del pantano y ayudarlo a cumplir la *mitzvá*. La acción es lo principal, el manantial aplicado a la práctica. Éste es el trabajo de los *shlujim*, los delegados del Rebe en el mundo entero".

A continuación da paso a un video tomado en el reciente Congreso Mundial de Emisarios del Rebe, el *Kinus Hashluchim*, en Nueva York, donde dice que unos cuatro mil emisarios del Rebe estuvieron presentes en un mismo salón: "Tres mil rabinos y mil civiles, entre ellos, una importante comitiva argentina. El congreso de los *shlujim* es el trabajo del Baal Shem Tov aplicado al siglo XXI".

El video empieza mudo y con subtítulos en hebreo, Grunblatt se impacienta. "Audio y español por favor", pide.

Mientras tanto empiezan a pasar unas bandejas con dos clases de *leicaj*, un bizcochuelo de miel típico de la cocina *ashkenazí*.

Los problemas de audio y sonido siguen, no van a tener solución. Resignado, el rabino Grunblatt dice: "Y bueno, es que todavía no vino *Mashíaj*... lo estamos esperando, pero todavía no llegó".

El video muestra muchos *jasidim* de capota, sombrero y barbas bailando alrededor de las mesas de lo que parece un casamiento gigantesco. Algunos cargan sobre sus hombros a otros rabinos.

"Pueden contarlos si quieren, van a ver que son cuatro mil —dice Grunblatt— el que identifica a un argentino tiene premio."

Cuando terminan de pasar el video, invitan a subir al estrado al empresario Miguel Rosental.

Figura conocida en Santa Fe, Rosental se dedica a las inversiones en bolsa, inmobiliarias (tiene cadenas hoteleras y el imponente Esplendor Savoy Rosario, inversión conjunta con Fën Hoteles), y su grupo también es dueño de las casas de cambio Carbatur.

Hombre poderoso, está parado en el estrado con su *kipá* como cualquier otro judío en la sala, a unos metros de distancia del resto del "pueblo de Israel" presente.

Jabad Lubavitch siempre supo relacionarse con los ricos y poderosos. El abrazo del empresario con el rabino Grunblatt es un botón de muestra, y explica, a la vez, buena parte del financiamiento más generoso que consiguen los Lubavitch en donaciones: el acceso a un círculo de donantes de un nivel adquisitivo muy elevado.

"¿Por qué digo que me tengo que pellizcar para ver si es cierto?", dice el empresario. "Porque no puedo creer estar acá en el Salón Dinastía con enorme cantidad de gente escuchando lo que yo pueda decir. Veo muchas caras conocidas y caras queridas. Debo decir que para mí, esas caras representan el sentirme vivo. Puedo sentirme vivo materialmente, puedo sentir vivo mi cuerpo, pero hay una enorme diferencia entre sentir vivo el cuerpo y sentir viva el alma. Les puedo decir que hasta hace no mucho tiempo, diría siete u ocho años, yo sólo sentía vivo el cuerpo. Era una persona que me levantaba a la mañana, me vestía, iba a trabajar y hacía la vida que hace todo ser humano. Pero había algo que yo no hacía por lo que no estaba vivo, por lo cual mi espíritu no existía. Los veo a Tzvi Grunblatt, a Shlomo Tawil, el rabino de Rosario, veo a grandes amigos que realmente me han ayudado a ser una persona feliz. Como les contaba, hasta hace ocho años nunca me había puesto *tefilim*."

El descubrimiento de Jabad Lubavitch por parte del empresario rosarino sucedió en 2002, cuando pasó una cena (*seder*) de *Pésaj* en el Llao Llao de Bariloche. El festejo de la Pascua judía en el famoso y exclusivo hotel patagónico comenzó en 1999 a instancias del empresario, también presente esta noche, Eduardo Elsztain, presidente del grupo de inversiones IRSA, y quizás una de las caras más visibles de los simpatizantes y aportantes de Jabad Lubavitch en la Argentina.

Siendo accionista del hotel, por aquella época habría propuesto a Grunblatt en varias oportunidades la idea de cerrar un salón exclusivo para llenarlo de judíos poderosos, posibles donantes a Jabad, hasta que el rabino aceptó la propuesta. El éxito fue enorme y el evento se repite todos los años desde entonces.

Hoy en día pueden encontrarse ofertas especiales de *tours* de pocos días, los que ocupa la festividad, en un ambiente que tiene para ofrecer todas las comodidades que exige un judío ortodoxo, con un ambiente esterilizado a lo *kasher* e incluso las *mikves* o espacios específicos para baños rituales.

"Cuando entré a ese *seder* de *Pésaj* y vi tanta gente vestida de negro, con sombrero, no entendía qué pasaba, un rabino se levantó y me preguntó: '¿Tenés dónde pasar el *seder*?' —rememora Rosental su primera inmersión en el judaísmo—. Supuse entonces qué era eso de pasar un *seder* y le agradecí al rabino que me hizo el ofrecimiento, pasando quizás, una de las mejores noches que había tenido. Con el tiempo, hábilmente el rabino Grunblatt vio que yo podía llegar, de a poco, a cumplir algunos de los preceptos que él recién decía. Entonces, me llevó a que Shlomo Tawil me pusiera los *tefilim* hace ocho años atrás. Y a partir de ese momento la sucesión de acontecimientos fue vertiginosa. Hoy estar acá, con una *kipá*, hablando ante gente que sabe, yo no entiendo nada, me parece una cosa increíble."

Rosental cuenta que junto con un grupo de amigos empresarios realiza todos los años un viaje por Ucrania, Polonia y otros lugares de peregrinaje para el jasidismo donde se encuentran enterrados los principales *tzadikim*, hombres sabios, santos, del movimiento. Describe la experiencia como un viaje que tiene el objetivo de recargar energía espiritual para lo que les queda del año, justo antes de las Altas Fiestas, las que pasan en la Argentina para luego, inmediatamente, ir al Congreso Mundial de Shlujim en Brooklyn.

El empresario recrea escenas de sus viajes como una sucesión de experiencias que lo fueron acercando tanto a lo comunitario de Jabad como a la realización espiritual. "Recuerdo la primera vez en mi vida que entré en una *mikve* fue en la del Baal Shem Tov. Estaban todos mis amigos y yo con algo de timidez y algo de temor fui el último del grupo de siete u ocho que entró. Estaban todos cantando y gritando felices porque iban a ir a ver la tumba del Baal Shem Tov y ahí fue cuando entré. Una *mikve* que yo vi sucia. La vi con ojos de lo que todos miramos, sin saber realmente cómo uno vive esa inmersión. La verdad es que bajé y me metí hasta el cuello, no me animé a meter la cabeza. Salí y me vio mi amigo César Wengrower y me dijo: 'El pelo lo tenés un poco seco. ¿Qué pasó? ¿No metiste la cabeza?'. Le contesté: 'No César, lo que pasa es que el agua está un poco sucia, tiene pelos'. Me miró y me dijo: 'Andá, sumergí la cabeza nueve veces y cuando salgas vas a ver lo que es'. Volví, hice eso y desde ese momento no admito que pueda estar sucia, no puede haber una *mikve* sucia. Realmente a partir de ahí disfruté lo que es una *mikve*."

Para un judío asimilado, lo que ofrece Jabad Lubavitch de atractivo es lo que resalta Rosental: la hospitalidad, el hacerle vivir el judaísmo y la felicidad.

Termina sus palabras con un agradecimiento "a quienes me han devuelto la vida espiritual, los que me han enseñado lo que es un verdadero *iehudí*, lo que goza un *iehudí* cumpliendo los preceptos". Y dedica un brindis, un *lejaim*, para todos los presentes.

Grunblatt sube al escenario para referir una pequeña anécdota que sirve de mediación antes de darle paso a Eduardo Elsztain, que es recibido con un aplauso y en el camino al escenario se abraza con el rabino.

El hombre que ahora se para frente a las quinientas personas que hay en este salón de fiestas está acostumbrado a presentarse ante públicos mucho más exigentes y menos benignos, como la legendaria Anne Krueger (ex número dos del Fondo Monetario Internacional) en el Foro Económico de Davos de 2004. En aquella ocasión debió defender a la Argentina frente a la intransigencia ortodoxa de la economista.

Acá Elsztain está para defender otro tipo de ortodoxia, la judía religiosa, pero más que defender, el hombre fuerte del grupo de inversiones IRSA, dueño de los principales shoppings del país, tierras y cabezas de ganado, tratará de compartir su experiencia, tal como lo hizo recién su amigo.

La historia conocida dice que el ascenso de este judío de clase media, que comenzó su carrera administrando la inmobiliaria de su padre Isaac hasta llegar al imperio de bienes raíces que tiene bajo su mando actualmente, empezó en 1989 cuando viajó a Nueva York. Allí entró en contacto con el especulador de origen judeo-húngaro George Soros, a quien convenció de la rentabilidad de invertir en la Argentina y con quien trabajó durante diez años, hasta el año 2000, donde ya se preanunciaba la crisis.

En paralelo, Elsztain habría conocido un poco antes de la época en que viajó a Nueva York al rabino Tzvi Grunblatt y habría comenzado, a instancias de éste, su proceso de *teshuvá*. Dada la estrecha relación que une desde entonces a ambos hombres, el comentario acerca de la posibilidad de que Jabad Lubavitch haya operado como un intermediario entre el magnate húngaro y el empresario argentino es insistente y no parece inverosímil, dado que Jabad opera en muchas ocasiones como un espacio de negocios entre los miembros de su comunidad.

"Tengo que reconocer que Tzvi tiene una fuerza en su palabra —dice Elsztain desde el escenario—. Yo esta semana le había dicho que no iba a hacer nada, que tenía el casamiento de un amigo y él insistió hasta que me convenció de venir hoy aunque sean sólo veinte minutos." La presencia de Elsztain en el escenario capta la atención del público y no es menor que esté ahora acá presente. Su poder de convocatoria, por el solo hecho de ser un empresario exitoso, uno de los hombres más ricos de la Argentina, separado del público por nada más que la tarima del escenario, contando anécdotas íntimas de su relación con la cabeza de la institución, generan una escenificación del poderío y las ventajas de pertenecer. Esté o no planteado de ese modo.

"Yo lo único que puedo decir después de conocerlo a Tzvi desde hace más de treinta años es: muchas gracias —la voz de Elsztain suena convencida—. Yo le agradezco porque creo, después de treinta años de conocerlo, que cada vez que le toma la palabra a alguien no está pensando en él mismo, sino qué más le puedo dar, y eso para mí es la definición de su *shelíaj*". La tribuna empieza a aplaudir y Elsztain sigue sobre el coro de palmas: "Es dar y dar y dar. Y cuando me preparé para venir acá él me dijo que no tenía que preparar nada, solamente quería que les cuente a ustedes qué representa para mí esta reunión de todos los *shlujim* en Nueva York. Para mí, es un baile. Es cada *shelíaj* en su pequeño o gran *Beit Jabad* que pueden ser diez cuando empiezan, cincuenta, cien, mil familias. Pero cuando uno ve a los *shlujim* bailando, no hay fiesta judía más representada. Porque cada *shelíaj* no conoce a la gente desde un partido político. Conoce quién nació, quién se fue, quién se casa en la semana. Por lo cual es la expresión no de cuatro mil personas, sino de cuatro mil de los mayores representantes mundiales del judaísmo". Vuelve a ganarse los aplausos de la tribuna.

Elsztain cuenta una anécdota empresarial en la que una situación complicada terminó resolviéndose, al menos en su relato, a partir de una intervención que podría pensarse milagrosa de un emisario de Lubavitch en el Perú, y cuando termina se gana un aplauso cerrado. Sus últimas frases llevaron la marca de esa ideología empresarial también *new age* filtrada por el mensaje de Jabad. La posibilidad de mezclar la desideologización empresarial con una religión sumamente rígida es, sin lugar a dudas, una de las claves del éxito de los lubavitch y nadie mejor que Eduardo Elsztain, uno de los hombres más ricos de la Argentina, para hacerlo expreso en su presencia y sus anécdotas.

"Yo creo —termina Elsztain su discurso—. Esto mismo que les decía, que cuando uno realmente confía en *HaShem*, y en la palabra, todo se cumple. Por eso hay que tener muchísimo cuidado con cada cosa que decimos". Grunblatt, quien estaba a un costado, se apodera del micrófono y pisando las últimas palabras del empresario aprovecha para, en base al poder de la palabra anunciado, pedir que todos gritemos: "¡Que venga el *Mashíaj* ya! ¡Que venga el *Mashíaj* ya! ¡Que venga el *Mashíaj* ya!" La tribuna corea la consigna y cuando termina la arenga, el rabino invita al *shelíaj* de Jabad en Salta, rabino Rafael Tawil, a subirse al escenario y contar su historia de vida.

Utiliza cuentos jasídicos como parábolas de las dificultades de llevar a cabo una vida ortodoxa en una ciudad como Salta, donde hasta hace tres años, su familia y él eran los únicos que respetaban *shabat*.

El rabino Tawil, joven, pujante, desde el escenario, es una muestra de las nuevas generaciones de rabinos nacidos dentro del seno mismo de familias de Jabad en la Argentina: muchachos que trabajan con la convicción de los que siempre vivieron en la institución. "Es verdad que no hay familias judías observantes, que no hay *mikve*, que no hay colegio, pero el motivo por el cual estamos ahí es justamente para poder estar sentados en una mesa de *Púrim*, poder cumplir con las *mitzvot*. Justamente, poder hacerlo allí donde nadie más lo hace", dice el rabino, y continúa con el eje de la reunión que es la conferencia anual de emisarios que tuvo lugar hace pocas semanas.

La experiencia del encuentro masivo sirve de construcción comunitaria: "Éstos somos, esto es lo que hacemos". Es el *Kinus HaShluchim*: una vez al año en Nueva York, todos los emisarios dispersos por el mundo se juntan en un mismo salón, olvidando todas las preocupaciones del año, uniéndose bajo un mismo techo. Las fotos de las reuniones muestran una marea de sombreros y sacos negros, de barbas canosas y jóvenes, de botellas de vodka en la mesa, y luego baile.

Tawil se refiere a Gaby Holsztein, el rabino de Jabad que fue asesinado junto con su mujer Rivke en el atentado de Bombay en 2008, y menciona que lo conoció cuando el muchacho pasó por Buenos Aires para estudiar. Los homenajes a los mártires de Jabad han sido la segunda gran referencia de la noche. "Dejó su vida literalmente por los *iehudim*, no tenía ni casa ni coche, esa es la verdadera vida, ése es el verdadero *iehudí* que se preocupa por los demás. Ese es uno de los efectos, uno de los verdaderos efectos del *Kinus*. Si de verdad tengo que decir lo que para mí significa, es una carga de batería, yo me siento nuevo, renovado, cada vez que vuelvo del *Kinus*, me dan ganas de llegar y dar vuelta la ciudad de Salta, en el buen sentido. Vengo con muchísimos proyectos y ganas de hacer y creo que eso es algo que la gente percibe y se los puedo trasmitir".

El rabino sigue contando la historia de una pareja francesa de judíos que compartió su última mesa de *shabat* y cuenta el modo en que ellos se conocieron viviendo en Indonesia, y dice que por la forma casual en que se conocieron debió haber habido una intervención divina. "Quiero terminar —dice— haciendo un *lejaim*, entonces, para que este *farbrenguen* pueda impactar en nosotros para todo el año y que realmente *HaShem* vea el esfuerzo que cada uno de nosotros hace y de una vez por todas mande al *Mashíaj*, mande esta *gueulá* (redención), y que todos juntos podamos volver al *Beit HaMikdash* con el *Mashíaj*. ¡Lejaim!" El rabino recibe un aplauso extendido, y cuando termina Grunblatt se sube al escenario para anunciar que se va a pasar un video conmemorativo acerca de las víctimas de Bombay.

Empieza la proyección del video y aprovecho para levantarme y dar una vuelta, alejándome del hombre que estaba a mi lado.

Camino por entre las sillas y veo parado al lado de una columna a un hombre que hace pocas semanas me explicó a los gritos que los lubavitch son todos narcotraficantes, tratantes de blancas, drogadictos y enfermos. Él también me ve pero se hace el desentendido.

Salgo del salón principal. En el lobby hay una gran cantidad de hombres y mujeres mezclados, y un *jasid*, ayudado por su mujer e hijos, vende porciones de pizza, crepes y panqueques desde atrás de una mesa.

Vuelvo a entrar cuando está empezando la conferencia principal de la noche, la va a dar el rabino Natán Grunblatt, hermano del rabino Tzvi. Me siento mareado. El vasito de vodka, el calor, la cantidad de gente, ruido, las piernas cosquilleantes de tanto tiempo sentado escuchando los discursos. Me cruzo con un rabino que ya tuve la oportunidad de conocer. Me saluda:

—¡Ah! El periodista —me dice.

Primero no entiendo de qué me habla ni quién es, pero lo voy reconociendo de a poco. Está distinto. Cuando yo lo conocí no llevaba saco negro, estaba más de "entrecasa" y acá está con todo el "uniforme" de gala y sosteniendo a uno de sus hijos entre los brazos.

Esto es un *farbrenguen*. Esto es una reunión donde los que están en la comunidad se encuentran como una gran familia y los que no, obtienen un buen vistazo de lo que pasa adentro.

Termino de saludar al rabino y pienso por un momento en volver a conseguirme un lugar, la conferencia del rabino Natán está empezando. Pero no puedo más, salgo del salón, atravieso el lobby lleno de gente con cara de cansancio y me escabullo para la calle.

Jabad Lubavitch se llevó a mi bebé

Familias desgarradas porque un hijo abandonó la educación que le fue dada para abrazar la religión. Personas que pasan de un día a otro del más militante ateísmo a la más fervorosa fe ortodoxa judía. Cambios radicales.

El mito del lavado de cerebro tiene su base de verdad: es cierto que muchas personas que provienen de familias con tradición de judaísmo asimilado han encontrado un nuevo camino al acercarse, primero en forma gradual y luego total, a la ortodoxia judía y a Jabad Lubavitch como institución que los estimuló en este cambio y luego los recibió en el seno de su comunidad.

"Ahora, cuando voy a Buenos Aires, veo a un montón de gente y me pregunto: '¿Éstos quiénes son?' Ha crecido muchísimo la comunidad. Y sigue creciendo", me dijo un rabino lubavitch que se desempeña en el interior del país.

¿Por qué a Jabad Lubavitch le interesa que cada día más judíos se hagan observantes de las leyes y preceptos judíos? Samuel Heilman y Menajem Friedman ofrecen una buena síntesis de este punto: "El propósito de semejante proselitismo no es sólo hacer creyentes o traer de nuevo al rebaño a los hijos pródigos o siquiera el hacer posible la observancia para aquellos que se han ido muy lejos de sus casas judías. En el núcleo de las creencias lubavitch se encuentra la de que éste es un modo esencial para llenar la visión mesiánica que comenzó con el Baal Shem Tov..." (Heilman, S. y Friedman, M., *The Rebbe*, p. 2). Es decir, aquello que el Besht había dejado consignado en una carta en la que relataba un encuentro en el cielo con el Mesías: allí, éste le habría dicho que bajaría a la Tierra cuando el mensaje del jasidismo hubiera sido propagado a todos los judíos.

El objetivo último sería hacer de nuestro mundo un lugar santo a donde pueda bajar el Mesías e iniciar su reinado, de la forma menos traumática posible. La teología que está detrás de esto es la que indica la necesidad de volver a reunir todas las chispas de Dios dispersas sobre la Tierra, una idea base de la mística judía.

El rabino Moshé Blumenfeld, director de Leoded, uno de los programas de asistencia social de Jabad Lubavitch en la Argentina, sostiene: "La expectativa que tiene cualquiera que esté en Jabad, cualquiera que siga al Rebe, es que venga el *Mashíaj*. Todo lo que estamos haciendo es para concretar lo que en la *Torá* se considera como el objetivo de la creación, la redención. Es decir, el reloj de la historia se acabó; por primera vez en la historia, los judíos estamos dispersos por todo el planisferio, la historia llegó a su fin y esto es un poco más allá. El verdadero éxito, para alguien que se educa en Jabad y trata de transmitir su mensaje, es devolver la presencia de Dios al mundo".

Entonces, ¿cómo hace Jabad para cumplir su objetivo? ¿Qué factores intervienen en el fenómeno de los *baalei teshuvá*, los retornantes, los que se convierten en ortodoxos?

El fenómeno mesiánico no es exclusivo de Jabad Lubavitch, pese a que ha tenido buena parte en su constitución. Estudiosos que abordaron el tema concuerdan en determinar, como germen del proceso, un clima de época, ubicable aproximadamente a comienzos de la década de 1960, con los cambios político-sociales que vivió la sociedad occidental.

Los movimientos contestatarios y contraculturales surgidos en Estados Unidos como respuesta a la guerra de Vietnam, y, al mismo tiempo, la canalización de esa energía juvenil por parte del Rebe de Lubavitch para ponerla al servicio de un revivir del judaísmo luego de la catástrofe del Holocausto, parecen haber sido unos de los pilares de este fenómeno.

La antropóloga brasilera Marta Topel, que analizó el fenómeno de la ortodoxia en su libro *Jerusalem & São Paulo: a nova ortodoxia judaica em cena*, lo explica: "La idea de *teshuvá* en su acepción moderna nace como resultado de la conexión establecida por el rabino Joseph Isaac entre la desaparición física de la judería europea y la pobreza espiritual del judaísmo norteamericano. Desde su nueva residencia en Brooklyn, el Rebe apeló a los judíos de los Estados Unidos para que asumieran su responsabilidad ante el destino trágico de sus correligionarios en Europa y por un proceso de *teshuvá* colectivo, contribuyeran a la inmediata redención, más precisamente, para la llegada del Mesías" (Topel, M. F., *Jerusalem & São Paulo*, p. 38).

Por lo tanto, por un lado encontramos la necesidad de los refugiados judíos ortodoxos del Holocausto en los Estados Unidos de empezar a formar un movimiento de regeneración de las tradiciones, costumbres y vidas perdidas, y, por el otro, una juventud contestataria en busca de respuestas.

El judaísmo ortodoxo, como señalan muchos teóricos, se caracteriza por ser una forma de religión ortopráctica antes que ortodoxa; es decir, tiene una serie ritualizada de normas que se ponen incluso por encima de los dogmas de fe. Puede entenderse como una forma o un estilo de vida que, además, provee respuestas a las preguntas existenciales.

Como señala Topel: "El modus vivendi ortodoxo, tan diferente a los valores y las reglas de la sociedad moderna 'superficial y materialista', se irguió como una alternativa seductora para centenas de hombres y mujeres ansiosos por mudar de forma radical el rumbo de sus vidas" (Ídem, pp. 106 y 107).

El judaísmo como proveedor de una forma de vida fue el impulso inicial que llevó a muchísimos jóvenes a ingresar a la ortodoxia. Ellos constituyeron la primera frontera de un movimiento que puede pensarse integrado por dos límites: uno interno, donde los miembros cumplen con todas las *mitzvot*, preceptos y leyes que determinan la forma de vida adecuada para el judío observante, y una externa, donde se ubican aquellos que empiezan a acercarse de forma lenta y pausada, seducidos, quizás, por la consistencia en la forma de vida de aquellos rabinos y miembros de la comunidad de la frontera interna.

La mecánica de la doble frontera es una de las características principales del trabajo de *keruv* (acercamiento) de Jabad Lubavitch hacia el resto de los judíos seculares: se permiten correr la frontera externa al máximo de las posibilidades, intentando siempre mantener una línea mínima de exigencia a aquellos que empiezan a acercarse, pero adecuándose a las necesidades del que está afuera. La socióloga Jésica Azar (UBA), que analizó algunas características del funcionamiento de la institución, lo señala: "Se mezcla un poco lo que es la tradición de Jabad Lubavitch con aprovechar un momento histórico cuando justamente la gente está buscando lugares de pertenencia. Es una estrategia de marketing, claramente, el permitir que la gente entre sin tener los límites precisos. Es una forma institucional para ganar gente. La manera que encuentra Jabad para crecer institucionalmente es no poner límites tan estrictos con respecto al cumplimiento de las leyes, acorde a lo que es la época post moderna, donde nada está claro. Entonces el pibe que se acerca a los cursos o actividades de Jabad no tiene claro qué está haciendo ahí. Así logran combinar esa única respuesta y visión del mundo con otras actividades con que la persona se puede identificar. Si vos al pibe le das solamente *Torá*, y esperás que se identifique sólo con eso, es complicado. Distinto es si le decís: 'Vos seguí con tu vida habitual, fragmentada, viendo la tele a la noche pero, de paso, estudiá algo de *Torá* con nosotros'".

El modo de operación de Jabad Lubavitch para que una persona pase de la secularidad al cumplimiento de las *mitzvot* es gradual, lento y no necesariamente completo. Es decir, no cualquier persona terminará convirtiéndose en observante.

Sin lugar a dudas, una de las acciones de marketing más eficaces que ejerce Jabad Lubavitch, y que incide en este proceso, es modificar la percepción que hay de la ortodoxia judía en el gran público. Mostrarse abiertos, modernos, metidos en el mundo cotidiano, compartiendo las mismas preocupaciones y muchos de los gustos de aquellos a los que quieren acercarse. Así, un día de la semana lleno de duras restricciones como el *shabat* (no tocar dinero, no trabajar de ningún modo, no prender fuego, no prender o apagar interruptores de luz, no desplazarse en un medio de locomoción) puede pasar a ser, en palabras de un lubavitch, un día por semana en el Club Med; un espacio para descansar donde no hay que preocuparse por cosas mundanas, con la posibilidad de oxigenarse y reencontrarse en paz con el propio espíritu. El discurso lubavitch da vuelta lo que aparece como carga y restricción y lo transforma en una ventaja, en un descanso, de hecho, la única forma de descanso obligado y posible en una sociedad hipertecnificada y llena de preocupaciones como es la que vivimos, aun los fines de semana.

Así todo va cambiando su apariencia en el discurso lubavitch: una festividad con miles de reglas y protocolos no es una carga, sino una herencia del pueblo judío, una forma de conectarse con costumbres que los antepasados realizaban en Europa, un recuerdo del *zei-*

de (el abuelo) o la *bobe* (la abuela), una instancia de reafirmación de la identidad individual a partir de la pertenencia a una pequeña colectividad en medio de un colectivo mucho mayor y en cierta medida ajeno, como es el resto de la sociedad gentil, no judía. Sin dudas, esto se funda también en la dificultad de retener el sentido de lo que significa hoy ser judío por parte de otras corrientes más ortodoxas (que parecen demasiado inflexibles para los no iniciados) y menos ortodoxas (el reformismo, el conservadurismo, el sionismo aparecen como formas de identidad judía en decadencia por no lograr ya ser concentradores de un sentido de lo judío realmente fuerte).

El rabino Damián Karo conoce muy bien la mecánica de la doble frontera que emplea Jabad: esta cuestión de mostrarse abiertos para la gente de afuera y cerrados, estrictos en el cumplimiento en el interior de su propia comunidad. Karo estuvo pivotando entre ellas, acercando gente de la frontera externa hacia la interna. Él comenta que uno de los secretos del "método Jabad", una de las fórmulas de su éxito consiste en ganarse la confianza, la amistad del sujeto a quien se quiere traer hacia la observancia. Explica el procedimiento haciendo una analogía con el método que se emplearía como eje de trabajo para la recuperación en un caso de anorexia. Dice: "Pongamos el caso de una persona al borde de la desnutrición que se ve en el espejo obesa. ¿Cómo se recupera a una persona así? Lo primero es ganarse su confianza, hacerse amigo. Se establece un vínculo de confianza, no importa cuánto tarde. ¿Seis meses? ¿Un año? No importa. Ahora, cuando tengo su confianza, le digo: 'Mirá, quiero que me hagas un favor personal. Quiero que comas este octavo de tomate. Te juro que no vas a engordar.' Es largo, es arduo, pasan dos meses y logro que se decida a hacerlo. La fe en mí que construí durante ese tiempo le va a permitir comer ese octavo de tomate, y me va a permitir, después, decirle: '¿Viste? Comiste ese octavo de tomate y no engordaste. Estás igual'. Yo sé que con eso no se salva y que en estos seis meses que pasaron hasta que logré convencerla se pudo haber muerto. Pero ahora que se comió ese octavo de tomate, vamos a tratar de que lo coma otra vez. Dos veces por semana, tres veces por semana, después con un poquito de lechuga y así, hasta que logre comer normalmente. Ese es un formato que usan algunos de Jabad".

A continuación da un ejemplo concreto de su propia forma de trabajo durante sus años en la *ieshivá* de Jabad: "Yo hacía una campaña que la llamaba *Shabat Shalom* y que consistía en pararme los viernes en la puerta del colegio ORT para tratar de ponerle *tefilim* a los chicos, darles velas a las chicas para que prendan, darles folletos para que leyeran *Torá*. Cuando los pibes pasaban, no querían ni hablar con nosotros. Entonces les decía: 'Perdoná, perdoná', y ellos respondían: 'No, no, no'. Entonces les respondía: 'Pero perdoná, sólo te quería decir *Shabat Shalom*. ¿Te molesta?'; 'Eh, no, bueno'. A la otra semana lo mismo. Perdoná, perdoná'; 'Mirá que no me quiero poner *tefilim* ni agarrar folletos'; 'Sólo te quiero decirte *Shabat Shalom*. ¿Puedo?' Y así: '*Shabat Shalom;Shabat Shalom*', hasta que los chicos ya se acostumbraban a nuestra presencia, pasaban y te sonreían: 'Hey, *Shabat Shalom*', eran ellos los que te lo decían. Hasta que un día ese chico que no quería saber nada conmigo vino corriendo y me dijo: 'Che, tengo examen de matemática. ¿Me pongo los *tefilim* a ver si Dios me ayuda?'. Le respondí: 'Mirá, uno no se los pone por eso. Pero si vos te los querés poner, yo te ayudo'".

Pablo Hupert es licenciado en Historia (UBA) y un estudioso de cuestiones de judaísmo contemporáneo. Él entiende que la configuración social global es el componente fundamental para entender el éxito de los movimientos de *teshuvá* encabezados por Jabad Lubavitch. Dice el historiador: "Se habla en la actualidad de la incertidumbre de la cultura contemporánea, de una crisis permanente, que es el modo de ser del capitalismo actual. No es un accidente que en los últimos diez años haya habido crisis económicas similares en diversos lugares del mundo. Cada vez que ocurren son cataclismos, y las calmas entre las crisis no borran la incertidumbre. ¿Qué seguridad subjetiva puede tener uno cuando no sabe qué es lo que va a permanecer en su vida? La seguridad es algo que se puede conseguir cuando hay permanencias, pero si ni siquiera sabés si vas a quedar firme en tu trabajo, es muy difícil." El historiador entiende que ante el avance de estas fuerzas centrífugas hay otras que se le contraponen, que él llama centrípetas, y que intentan nuclear, cohesionar y generar comunidad. Jabad Lubavitch sería un ejemplo.

Dado el contexto de falta de certezas vitales, surge el terreno fértil para el renacer de las religiones que se ha venido observando, en general, desde las últimas décadas.

Ingresar a la comunidad lubavitch no sólo puede resolver la angustia vital de muchísima gente, sino que también le da un marco de contención social y afectiva, así como un espacio de beneficio mutuo. Como señala Marta Topel: "Formar parte de una vida ortodoxa no se reduce a la incorporación de una nueva visión de mundo. Implica también —y sobre todo— integrarse en una comunidad cohesiva que otorga ayuda a todos aquellos dispuestos a unirse a un grupo pero no disponen de los medios necesarios para llevar una vida de *Torá y mitzvot*" (Ídem, p. 120).

Es decir, que ingresar en una comunidad como la de los lubavitch implica, por un lado, esa integración social, y otorga certezas para una vida un poco menos estresante, al tiempo que facilita a los recién llegados un aterrizaje suave en un montón de costumbres, tradiciones y rituales que parecen, en un principio, inabarcables. Es el cumplimiento cada vez mayor de las *mitzvot* y la adaptación del cuerpo a una serie de rituales lo que asegura un camino práctico para experimentar las seguridades: se le pone el cuerpo al proceso de transformación y se empieza a vivir en ese sentido. Ya no es un sentido ideal o que exige una fe sólo dogmática, sino que además incorpora al cuerpo como medio de canalización de la experiencia religiosa.

Esta es una característica que, señalan algunos teóricos, se ha perdido en las experiencias judías reformistas y conservadoras, porque su misma esencia implica cierto rebajamiento de las exigencias. Un modelo que ha resultado muy efectivo quizás en otros tiempos, pero que ahora no logra determinar un sentido de vida o una serie de certezas lo suficientemente fuertes para mucha gente que sí las encuentra en la ortodoxia. Esta, por el contrario, se presenta como una herencia directa e inmutable de las costumbres y formas de vida de los antepasados de Europa oriental para los judíos contemporáneos. Las capotas y sombreros negros, las barbas y las costumbres, aparecen todas ellas como experiencias *freezadas* de un pasado que se recuperan como herencia viva en la actualidad. Según la antropóloga brasilera: "En un mundo y una época caracterizados por el relativismo ético y por las múltiples identidades, a veces contradictorias entre sí, otras simplemente diferentes, que confluyen en un mismo individuo, no es difícil ver el sosiego que un manual de 'instrucciones para vivir' le otorga a los *baalei teshuvá*, para quienes todas sus dudas y preguntas tienen una respuesta, incluyendo lo que se espera de ellos como judíos" (Ídem, p. 244).

El doctor en Filosofía y profesor de Psicología Social de la Universidad de Buenos Aires, Gregorio Kaminsky, que ha estudiado cuestiones referidas a las organizaciones y las instituciones, insiste con la misma idea: "Estos movimientos planten una subjetividad compartida, instituida comunitariamente, que no es la del discurso racional europeo sino el americano. A mucha gente eso le hace muy bien, le calma los interrogantes del espíritu y a nivel de subjetividad implica cierto tipo de enamoramiento. Usan formas de convicción que implican entrega mediante horarios, rituales, consignas, ruidos, gritos, y liberación de la preocupación por otras cosas. Enamoramiento e hipnosis. No te actualizan los problemas sino que te dan las respuestas. Tienen consolaciones muy fuertes desde una concepción del mundo que lleva cinco mil años".

ALEJANDRO SOIFER, PH.D.

Jabad Lubavitch ofrece respuestas a las preguntas, es indudable. Pero ¿cómo es el proceso de adquisición de esas costumbres, rituales y preceptos que un judío ortodoxo debe cumplir? Después de todo, no es fácil modificar la vida de una forma tan radical de modo que en un período corto de tiempo se le incorporen 613 preceptos y todo lo que constituye una vida ortodoxa.

El camino de las *mitzvot* se suele iniciar con el respeto del *shabat* y luego pasa a la incorporación de una dieta *kasher*. Una cosa va a llevando a la otra. No es casual que el comienzo esté marcado por el *shabat*, una instancia muy aprovechada por los lubavitch para mostrar las bondades de una vida ortodoxa. Como explica Karo: "A alguien, que está afuera, lo invitan a una cena de *shabat* en una casa de uno de ellos. ¿Qué le van a mostrar? Una familia feliz y que *shabat* es el descanso y todo eso. Mucha gente entonces, cuando llega ahí, lo que ve es que gente que no lo conocía lo invitó a la casa a comer, le abrieron las puertas de su casa, lo hicieron sentir cómodo y vio una familia feliz del otro lado. Todo eso impacta. La persona que está buscando una respuesta puede llegar a decir que eso es lo que quiere para su vida. Ahora, si me preguntan si es verdadera esa imagen de felicidad, yo respondo que no. Son personas que viven igual que nosotros. El tipo tuvo que deslomarse para llegar a poner en la mesa lo que están cenando y la mujer tuvo que pasarse todo el día anterior cocinando de una forma desmedida y están cansados los dos, quizás hasta discutieron, tuvieron problemas con los chicos y lo que sea. Ahora, sí es verdad que son abiertos y que tienen la casa abierta y que tienen esta idea de brindar porque su Dios se lo dijo, y está en sus textos sagrados, sienten que así van a mejorar el mundo, van a traer al *Mashíaj*. Sí es verdad que ahora están felices con los invitados y con sus hijos y con *shabat*, pero también es verdad que están cansados y aburridos. Son verdad las dos cosas. Por supuesto que hablo de algunos casos, cada persona y cada familia es un mundo, no se puede generalizar".

La cena de *shabat*, con todo lo que eso implica a nivel de ritual observable y valores de descanso y felicidad, es una de las principales puertas de entrada a la ortodoxia, porque permiten vislumbrar uno de los costados más agradables de la vida observante, al igual que las fiestas judías. Estos dos componentes son los más explotados en la frontera externa: invitaciones a cenas de *shabat*, invitaciones a fiestas públicas, encuentros masivos.

La forma de funcionamiento de la institución puede pensarse en términos de *focus groups*, estudios de marketing para cada segmento del mercado judío al que quieren atraer. Hay una forma pensada para niños, una para jóvenes, una para adultos y una para tercera edad, y todas están calibradas para ajustarse a lo que cada uno de esos segmentos podría llegar a necesitar.

Una vez que se acercó el sujeto a la estructura de Jabad y empezó a interesarse por la nueva forma de vida que se les propone, empieza el camino lento de *teshuvá*.

Tzvi Grunblatt ofrece una visión del proceso de *teshuvá* desde el centro de la frontera interna de Jabad Lubavtich. Dice el rabino: "Cada persona es diferente. Hay gente que tiene su momento de 'inspiración' y se le prende a lamparita y pega un giro, y uno lo tiene que parar porque el tipo se acelera demasiado. Hay otros casos en los que hay que empujarlo y decirle: 'Che, no se puede quedar en primero inferior toda la vida. Hay que subir de grado'. Hay personas que entran al 'jardín de infantes' de su vida judaica y es un gran logro. Trabajamos con paciencia, escuchando a cada uno, pero con la convicción de que el judaísmo pertenece a cada judío. La gente tiene miedo a acercarse a la ley de Dios, al judaísmo, porque cree que le va a quitar comodidad o posibilidad de disfrutar de la vida. Pero esas cosas le van a enriquecer su disfrute de la vida. Puede quitar alguna comodidad pasajera, nada más".

En opinión del rabino Damián Karo, el proceso de aceptación de las leyes, ritos y costumbres es lento y se va incorporando como una rutina: "Es un proceso paulatino. No pasa de un día a otro. El ser humano tiene una gran capacidad de adaptación. Y cuando lo hacés con fe y tenés el sentido de la vida resuelto y puesto ahí, no te pesa. Te es más o menos trabajoso, como cualquier otra cosa de la vida. A quién no le pesa ir todos los días a estudiar o a trabajar. Es como la persona que está harta de hacer dieta y gimnasio e ir a tomar sol para verse bien y lo sigue haciendo. En realidad, no es que le interese verse bien, lo que quisiera es ser feliz y no tener que hacer más todo eso. Pero bueno, lo tiene que hacer porque los mandatos de la sociedad en la que se mueve se lo exigen, o los acepta o los quiere, no importa, lo hace igual. Molesta lo mismo que a cualquiera le molestan las normas de su sistema".

Jabad Lubavitch tiene una serie de dispositivos institucionales y equipos humanos entrenados para cumplir su misión, pero también provee una serie de facilidades para aquel que quiera ingresar.

Damián Setton sostiene que el concepto mismo de *baal teshuvá* es una noción difícil de comprender, en un sistema de fronteras flexibles y judaísmo líquido como el que propone Jabad Lubavitch: "¿Qué entendemos por *teshuvá*? ¿Es que empiezo a usar sombrero y como *kasher* y uso la capota de Jabad? ¿*Teshuvá* es que me pongo los *tefilim* pero sigo sin usar *kipá* en la calle? Desde el punto de vista sociológico, uno intenta ver qué es lo que los propios actores sociales definen. Y ahí te vas a encontrar con muchas definiciones dentro de la misma Jabad. *Teshuvá* es el tipo que entra a la comunidad pero también, para un lubavitcher, el hecho de que yo vaya a una clase de religión, aunque me estén pagando por eso, significa que estoy en el camino, o que algo se despertó en mí".

La dificultad de definir qué es ser *teshuvá* y qué es ser un lubavitch queda planteada, pese a que existe una evidencia objetiva incontrastable y es que es posible ver todos los días a más y más hombres caminando por las calles vestidos a la moda de Jabad y mujeres con cochecitos de bebés repletos, con polleras hasta los tobillos y pelucas.

En los próximos capítulos veremos de forma más detallada la composición institucional, las campañas y los métodos de trabajo que utiliza Jabad Lubavitch para conseguir que cada día se vayan sumando nuevos judíos a la observancia religiosa.

La conquista de la juventud

"Un joven es como el fuego. Con dirección y orientación, puede cambiar la forma misma del mundo. Sin dirección, en el mejor de los casos el fuego de la juventud se desperdicia, y en el peor puede volverse una fuerza destructiva, muy peligrosa. Llevar una vida plena de sentido significa encolumnar los fuegos de la juventud; para hacerlo, primero debemos entender el objetivo mismo de la juventud."

JACOBSON, S., *Hacia una vida plena de sentido*, p. 71

La muy moderna y bien diseñada página web del Grupo CHAT (Centro Hebreo Académico de *Torá*), dependiente del Beit Jabad Almagro, anunciaba sus objetivos y contenidos en la sección ¿Quiénes somos?:

CHAT
ENGANCHATE
PORQUE NO ES TODO LO MISMO
¿Quiénes somos?
El Centro CHAT viene a dar respuesta y conjugar dos necesidades que

surgen entre la gente joven (25-39) de nuestra colectividad: un marco de pertenencia que genere el ambiente ideal para conocer gente nueva, sociabilizar, vincularse e interactuar, y un espacio para el aprendizaje de la *Torá* en un formato dinámico, profesional y moderno, abordando las más variadas temáticas de candente actualidad, y explorando la fascinante sabiduría de nuestro pueblo.
Chat. Conjugando continentes y contenidos. Enganchate. Porque no es todo lo mismo.

¿Qué hacemos?
— Encuentros de estudio semanales | DJ Jew Music | Drinks | Appetizers.
— Encuentros semanales | Kabalat Shabat & Kidush Party.
— Conferencias y Debates con exitosos disertantes invitados.
— Salidas y reuniones sociales | Fiestas y eventos temáticos.
— Viajes semestrales a Nueva York, Washington, Miami, Disney.
— Próximamente: Talleres multidisciplinarios.
Fin de curso:
Verano 2010 - Vacaciones de fin de curso
¿Participaste? ¡Ganaste!
Exclusivos beneficios para los participantes de CHAT.
¿Estudiaste? ¡Tenés tu premio!
CHAT te invita a disfrutar del verano 2010 con unas vacaciones soñadas, Nueva York, Washington, Miami y Disney.

Luego de llenar un formulario en esa misma página, recibí a los pocos días el llamado de un rabino que me invitaba a tener una entrevista personal con él antes de poder asistir al grupo.

El 23 de junio de 2009, pasadas las siete de la tarde, llegué al templo. Lo primero que noté fue algo que hasta el momento no había encontrado presente en la página del grupo: la relación entre el grupo y Jabad Lubavitch. La encontré explícita en las letras que desde el frente del templo escribían "Beit Jabad Almagro".

Las puertas de madera me intimidaron un poco, pero desde las ventanas decoradas con estrellas de David salía una luz intensa. Toqué timbre y me abrieron directamente. Un guardia de seguridad con *kipá* me preguntó a qué había ido y tras comentarle me revisó el bolso. Fue a hacer una llamada y tuve que esperar un buen rato hasta que el rabino Jaim terminó una reunión de admisión previa.

Mientras tanto miré a mí alrededor. Varias botellas de gaseosas se agrupaban atrapadas en el plástico contenedor al lado de una puerta que daba a un pasillo. Un edificio pulcro, limpio y luminoso.

Me hicieron subir las escaleras y dudé acerca de si agarrar una de las *kipot* de la pila para los que no llevan, pero me sentí incómodo de ponérmela, como si estuviera por cometer una profanación o algo así. Pero también me sentí incómodo de no llevarla.

El rabino Jaim me comentó vagamente el proyecto CHAT: charlas sobre *Torá* focalizadas en generar un grupo de pertenencia en judíos de 25 a 39 años, en las que al final del curso, y como "postre", según sus propias palabras, se daba la posibilidad de acceder a un viaje a Nueva York, Washington, Miami y Orlando (Disney), con viajes y alojamiento a 999 dólares.

Cuando le dije que yo estaba porque me interesaba retornar a mis raíces y a mi judaísmo, movió la cabeza como si no le importara o pensara que le estaba mintiendo.

—Como te dije, el viaje es el postre de este curso. El objetivo es hacerte amigos... pasarla bien en un entorno judío, con amigos. ¿Vos estás soltero?

Le dije que sí.

—Buenísimo. Acá, te digo, seguro que conseguís novia.

No me pidió ninguna muestra de pertenencia al pueblo judío. Ni el apellido de mi mamá ni ningún papel que me acreditara dentro de la tradición judía. Me pidió que le anotara mi número de teléfono en una hoja suelta, a continuación de los de dos chicos que acababa de entrevistar.

Había una clase ese mismo día y el rabino me invitó a presenciarla. Empezaba en veinte minutos, por lo que me fui a dar una vuelta a la manzana y cuando volví tuve la sensación de que no iba a haber nadie, que iba a estar solo. Me metí en el templo antes de que cerraran la puerta. El guardia me indicó que lo siguiera por un pasillo lleno de cuadros con representaciones de escenas jasídicas de festejos, rezos y algunas fotos del Rebe.

En la parte trasera había un cuarto tapado con cortinas rojas y un olor a comida muy intenso. Espié por atrás de las cortinas y vi un comedor donde gente de aspecto desgarbado comía empanadas y otras cosas que les servían. Los hombres usaban *kipá*.

Una chica nos tomó los datos una vez más y nos regaló una birome con el logo de CHAT y un anotador que también tenía el mismo logo de fondo.

Subimos otras escaleras al lado de mozos que subían bandejas con empanadas, *knishes* de papa y masas finas.

El salón parecía una sala de velorios como los que se ven en los entierros evangelistas de las películas, con un sillón blanco de dos cuerpos en el centro de la sala y luces azules iluminando el techo, con columnas espejadas y un florero en cada punta de donde salían cañas verdes.

Frente al sillón, a izquierda, derecha y centro, hileras de sillas rojas, y atrás, las mesas con la comida y las gaseosas.

Me senté y esperé un rato. Una compañera de la silla de al lado comenzó a hablarme. Me comentó que era habitué de grupos de judíos y en especial de Jabad. Que siempre venía por el viaje pero nunca lograba soportar los cursos y abandonaba antes. Que esta vez estaba decidida a cumplir para poder viajar.

—Es una oferta difícil de rechazar —dijo—. No entiendo a los que vienen en serio. Pero igual, te digo, encontrás cada loco por acá.

—Al menos podemos aprovechar la comida —le dije, y me paré para buscar un *knishe*.

A eso de las 20:30, los tres rabinos que daban vueltas por el lugar se sentaron en el sillón y se presentaron: Baruj Jaim (el que me había hecho la entrevista de admisión) y Ariel.

Empezó hablando Baruj.

—Les voy a contar de qué se trata CHAT. Puedo empezar diciendo que CHAT nació en una pileta de natación en San Bernardo durante *Pésaj*, con el coordinador de eventos de Beit Jabad Almagro. La pregunta que surgió fue: ¿Por qué los grupos de estudio judíos se terminan a los treinta años? La respuesta es que a esa edad se supone que un joven ya está casado y ya ha armado una familia. Pero el otro día salió en el diario una nota en la que demostraban justamente que esto ya no era así. Que se puede tener treinta años y aún estar soltero. Entonces nace CHAT: el primer grupo para mayores de treinta. Y muchos nos han llamado y nos dijeron: "Hola, sí, llamaba por lo del viaje". Nosotros decimos: "¿Qué viaje? Acá no hay ningún viaje". Que quede claro: éste es un grupo para hacerse amigos o encontrar pareja, pero no es un grupo para viajar. El viaje es algo extra. Es como si ya nos conociéramos todos y dijéramos un día: "Che, ¿por qué no hacemos un viaje, ya que somos todos amigos?". Ésa es la idea. Que el viaje sea una forma de compartir en grupo. Acá estamos para pasarla bien, conocer gente, pero esto no es como ISEJ. No es una propuesta de un viaje, es pasarla bien en un grupo. Esto es lo que diferencia a este grupo de nuestros colegas de Morashá, por ejemplo. No queremos que éste sea un grupo aburrido, donde ustedes vengan por obligación y sientan que es algo pesado de hacer. Nosotros queremos que anhelen el momento del encuentro para pasarla bien.

El rabino le dejó la palabra a uno de sus colegas:

—La idea de CHAT es conjugar continentes con contenidos. En otros grupos se da la situación de que hay más contenidos y menos continentes o menos contenidos y más continentes. Nuestra idea es la conjugación de ambos: la experiencia de grupo con contenidos innovadores, temas urticantes desde la mística. La idea es que haya participación, que se metan ustedes mismos en esto, no que sea una charla aburrida. Vamos a trabajar mucho con la dinámica de los grupos, con el contacto y la interacción, llevarle dinamismo a los contenidos del judaísmo del siglo XXI, un judaísmo innovador, dinámico y copado, y, al mismo tiempo, que tiene que ver con la herencia milenaria del Sinaí.

El rabino Jaim toma la palabra:

—El tema del viaje... bueno, el tema es así, necesitan tener asistencia perfecta a las charlas. Esto quiere decir que para que ustedes puedan hacerse acreedores de la beca que les permitirá tener el viaje por 999 dólares tienen que venir a todas las reuniones. El tema del hospedaje en Nueva York va a ser en casas de familia, y en Miami, en hoteles. La idea del viaje es que sea una distracción, una vacación, y si bien va a haber actividades que vamos a hacer todos juntos, la mayor parte del tiempo van a tener libertad. La comida no está incluida salvo en *shabat* y la idea del viaje es que sea de vacaciones pero también de espiritualidad, por lo que vamos a arrancar temprano todos los días con una hora de rezos.

Cuando terminó de hablar se dio por concluida la reunión y la gente se empezó a levantar para irse, muchos se cruzaban saludos, habían ido juntos o se conocían de otros grupos judíos similares.

ALEJANDRO SOIFER, PH.D.

Juventud judía: divino tesoro

Grupos de estudio como el caso de CHAT, apuntados específicamente a los jóvenes, y con una recompensa de un viaje a los Estados Unidos al final de la "cursada", abundan dentro de la comunidad Lubavitch.

El más conocido de ellos es ISEJ (Instituto Superior de Estudios Judaicos), que a su vez es el heredero de un grupo de estudios anterior que se conoció como Morashá Universitarios.

Ese grupo anterior proponía una "beca de estudios" a los participantes, quienes recibían unos doscientos pesos por mes y debían someterse periódicamente a evaluaciones para dejar constancia de su aprendizaje. Morashá Universitarios se hizo famoso dentro de la colectividad judía por ser el primero en instaurar esta modalidad de pago a sus estudiantes, lo que llevó a algunos críticos a señalar que se estaba produciendo una suerte de "mercantilización" del judaísmo.

La propuesta actual parece pulida por la experiencia: ISEJ ofrece un viaje a Nueva York y Washington a un costo bajísimo a aquellos que asistan durante un año a un mínimo de dos horas de clase de materias judaicas por semana.

Apuntado hacia jóvenes que han quedado por fuera de una educación judía tradicional por asimilación o quiebre económico de las escuelas de la colectividad, ISEJ planteó y fue la norma sobre la que se constituyeron los otros grupos de estudio con jóvenes de Jabad Lubavitch en la Argentina, que ahora han adaptado también sus propuestas para convertir la ayuda económica mensual en una beca para un viaje a los Estados Unidos o Israel.

El rabino Damián Karo comenta: "Morashá surgió en la época más dura de la crisis de 2001, como una especie de ayuda para familias carenciadas porque terminaba siendo la posibilidad para los pibes de una merienda, actividades, estudio y unos pesos. En el fondo, la discusión teórica es: '¿Estamos prostituyendo el contenido?'. Ya decir que el judaísmo es gratuito es decir que no tiene valor. Decir que no sólo es gratuito, sino que además te tienen que pagar por ir, ya es otra cosa, por más que lo disfracen con la cuestión de la crisis y la ayuda. Pero, si yo te digo: 'Vení a estudiar que a fin de año te doy un pasaje a Nueva York', aunque me cueste más plata, es distinto, porque no todos los que empiezan terminan. La inversión es sobre los que se bancaron un año de estudio. Y la inversión sirve porque el impacto es grandísimo. Diez días de cofradía en el centro de Jabad Mundial, con toda la simbología, es muy fuerte".

La modalidad del canje de la ayuda económica mensual por un viaje subvencionado parece haber borrado en buena medida el foco de la cuestión, ya que no se trata ahora de un pago concreto, sino de una beca. Pero no es la única forma de "canje" que se presenta en estas organizaciones juveniles: los eventos que realizan suelen incluir un lado festivo, social y buen catering gratuito para los asistentes.

El Centro para la Juventud —ubicado en el Beit Jabad Palermo (pasaje El lazo 3133, Capital Federal)— organiza, semana por medio, diversas charlas sobre temas judíos enmarcados en un horizonte de interés para los jóvenes. Estos encuentros vienen acompañados por una cena gratuita de *shwarma*, *sushi* o cualquier otra propuesta culinaria.

Pese a la expansión de esta costumbre de dar educación judía a cambio de algo, todavía existen recelos en otras corrientes del judaísmo argentino, las cuales siguen viendo en ese beneficio económico una forma de competencia desleal, dado que ellos no cuentan con fondos para intentar algo similar.

Los grupos de estudios judíos que lleva a cabo Jabad Lubavitch, con sus distintas características y con las improntas propias de cada Beit Jabad o institución que lo organiza, ofrecen, por lo general, un menú similar, donde el viaje a Nueva York hace pie en los centros más importantes para el jasidismo lubavitcher: los cuarteles generales del movimiento en 770 Eastern Parkway, la tumba del Rebe y Crown Heights.

Las clases intentan un ambiente descontracturado, donde se permite la intervención crítica de los alumnos y el intercambio de ideas, obviamente dentro del marco de la enseñanza religiosa.

La propuesta de ISEJ incluye una oferta de estudios que se acomoda a las necesidades del participante, las clases son variadas y las franjas horarias amplias. Los estudiantes se anotan según sus necesidades e intereses, pudiendo optar por tres opciones de carga horaria: seis horas semanales, cuatro horas semanales o dos horas semanales, y sobre la base de la elección cambia el nivel de la "beca" que la institución otorgará: el costo del viaje será de 750 dólares para la primera opción; de 850, para la segunda, y de 950, para los que elijan la de menor carga horaria.

Organizado en módulos temáticos de libre elección (cada clase dura una hora), los alumnos durante el año 2010 pudieron elegir entre: *cábala, parejas casadas, pintura, coci-*

na judía, hebreo, grupos 30 +, inglés, Kabalat Shabat, parshat hashavuá, parejas, mashíaj, ciclo de vida, preguntas frecuentes del judaísmo y conceptos básicos del judaísmo.

La selección que realiza ISEJ es muy estricta y sólo pueden participar del programa aquellos que previamente hayan firmado una declaración jurada donde consignen ser hijos de madre judía (hijos de padre judío y madre no judía así como hijos adoptivos quedan fuera del programa porque no son considerados judíos por la ortodoxia).

En la primera reunión informativa de ISEJ, uno de los rabinos que dará los cursos y asistirá al viaje informa los lineamientos generales del programa y los destinos en los Estados Unidos, que incluyen los centros principales de Lubavitch, otros sitios de interés judaico y también centros de interés turístico seculares y otros espacios de recreación.

De este modo, ISEJ se plantea no sólo como un marco de estudios judíos superiores en un ambiente de franja etaria similar, sino también como un espacio donde se mezclan las enseñanzas y el estudio del judaísmo con temas e intereses amplios. Como si a un nene tuvieran que darle de tragar una medicina de sabor desagradable y para lograrlo sus padres lo mezclaran con algún dulce o comida que le gustase.

Una vaca roja y la interpretación (judía ortodoxa) de los sueños

Miércoles, 19:46. Camino por la zona de Abasto hasta el Beit Jabad Central, en Agüero entre Cabrera y Paraguay. No toco timbre del portón principal que siempre está abierto y entro en el patiecito donde está la garita de seguridad y algunos guardias.

Ya conozco el procedimiento y me siento cómodo entrando en el edificio que ya dejó de tener, en parte, ese aire intimidatorio de las primeras veces. Uno de los guardias me pide revisar la mochila. La abro, la palpa, husmea adentro y después de hacerme abrir también el neceser me deja pasar.

El espacio del Beit Jabad Central que siempre está ocupado por *jasidim* se ve "invadido" en las horas en que comienzan las clases de ISEJ por seculares que recorren sus pasillos con la insolencia de quienes se apropian de algo que no les pertenece.

Es un breve instante, en un espacio común, el hall, donde suele encontrarse *jasidim* sentados en los sillones, conversando entre ellos, o en las escaleras, donde uno se cruza con alguno subiendo o bajando, hasta que se llega al segundo subsuelo donde están las oficinas de los rabinos que dirigen el proyecto y las aulas donde se imparten las clases. Ya abajo, el uso de *kipá* para los varones es obligatorio y para los que no poseen una u olvidaron traerla, hay pilas de viejas *kipot* públicas, de papel-tela que sobraron de las macabeadas de 2007.

Esos momentos de contacto entre capote y ropa negra con chicas y chicos vestidos al estilo secular y occidental moderno me producen una impresión extraña.

Abajo, en el patio, algunos chicos en recreo juegan al ping pong, otros fuman, y se forman distintos grupitos que conversan entre sí. Hago la fila para pasar por el fichaje de huella digital en un escáner que es la forma de dar el presente. Al lado de la máquina, un cartel advierte que, de descubrirse a un alumno fichando para luego irse antes de finalizada la clase, se le cobrará ese mes unos cien dólares extra por el viaje y que, de reiterarse la conducta, el alumno será expulsado del programa. También explica la política de faltas permitidas (sólo mediante justificativo y reponiendo la clase a la que se falta yendo otro día de la misma semana).

El pasillo estrecho que comunica las aulas está copado por gente que hace tiempo hasta que empiece su próximo curso, o que sale de su clase de cocina judía con una viandita de aluminio y bolsa de nylon en las manos, apoyándose en las paredes pintadas de rojo, o en la cartelera, que anuncia en colores y diseño moderno los diferentes cursos y clases que se pueden tomar, o la posibilidad de colocarse un nombre en hebreo para aquellos que no lo hicieron (tradicionalmente se coloca el nombre en hebreo después de la circuncisión o al entrar al jardín de infantes) o no recuerdan el suyo.

En un corcho en la otra pared hay pegado un *flyer* con una foto de la banda Atzmus, que hacen heavy metal jasídico.

También, pegados en la pared, un anuncio de las próximas horas de clase, el aula y el rabino que les corresponden y una lista de recomendaciones del Rebe de Lubavitch para estos tiempos inmediatamente anteriores a la llegada del Mesías, donde se indica una serie de *mitzvot* a cumplir más fervorosamente para acelerar su llegada.

Al lado de la pila de *kipot* hay unas alcancías para *tzedaká* y una pila con ejemplares de las revistas *Jabad Magazine* y *Kids Vivan el Desafío*

Los chicos y las chicas se mezclan en el pasillo, conversan entre ellos, se conocen, son hermanos de..., primos de..., amigos de..., todos parecen tener a alguien en común, algún conocido que ya viajó, algún amigo que está viniendo con ellos, vienen en parejas, con los amigos del colegio, del club, de la facultad, nadie es una isla en ISEJ, y de los que están acá, la mayor parte lo hace porque quiere el viaje a Nueva York a un precio irrisorio.

A pocos minutos de las ocho de la noche entro al aula 2 que se va llenando lentamente de hombres y algunas pocas mujeres. Nos sentamos alrededor de una mesa rectangular, en un aula que a esta altura de la tarde tiene impregnada la presencia de los cientos de jóvenes que pasaron por ella durante el día, pizarra de metal contra la pared, unos estantes con libros judaicos y dos hileras de sillas alrededor de la mesa.

Entra el rabino.

—Buenas tardes, bueno, veo que éste se está convirtiendo en un curso de hombres nada más —estamos en la clase *Conceptos Fundamentales del Judaísmo*, que para alguien como yo, que nunca tuvo ningún tipo de educación judía, viene resultando esclarecedora de términos como *Torá*, *Tanaj* y *Talmud*.

Elegí la opción de cursar sólo dos horas semanales y acomodé mis clases para tener de ocho a nueve esta clase y de nueve a diez la clase de *FAQ: preguntas frecuentes del judaísmo*.

—Espero que ustedes, chicas, no se sientan incómodas.

—No —le responden las dos mujeres que quedaron de un curso que en las semanas anteriores mantenía un equilibrio de sexos.

La clase de esta semana es sobre las *mitzvot*. El rabino nos cuenta que existen tres tipos, algunas cuyo entendimiento aparece bien claro, especificado por la misma *Torá*, otras que se consideran "testimonios de hechos históricos", como son, por ejemplo, el precepto de comer *matzá* en *Pésaj* para recordar la salida de Egipto, y, por último, los decretos, cuyos motivos no aparecen explicados en la *Torá*, como, por ejemplo, la obligación de comer *kasher*. Antes de que alguien pueda objetarlo, el rabino aclara que la justificación que algunos encuentran para la prohibición de comer cerdo en la prevención de la triquinosis es una posible explicación, pero que al no estar explicada de ese modo en la *Torá*, se trata sólo de especulación y nadie puede estar completamente seguro.

Entonces comenta que, dentro del grupo de las *mitzvot*, se encuentra una en particular que nadie nunca pudo lograr desentrañar en su significado oculto, en su motivación, ni siquiera el sabio más grande que existió, el rey Salomón.

La *mitzvá* que ni siquiera él pudo entender se refiere al sacrificio de la vaca roja, anuncia el rabino con suspenso, y genera comentarios entre los presentes.

El rabino explica que en la época de existencia del Templo Sagrado de Jerusalén se les exigía a los peregrinos que no estuviesen impuros antes de entrar en él.

—Impuro es aquel que estuvo en contacto con un muerto. Esa impureza es contagiable. Por lo que si uno estaba impuro y tocaba a otro que estaba puro, ese otro pasaba a estar impuro también —explica.

La única forma de purificar a un impuro era mediante el sacrificio ritual de una vaca roja y la mezcla de la sangre del animal con cenizas y unas hierbas, para luego salpicar con algunas gotas del producto al impuro.

—Esto parece un rito satánico, lo sé —dice el rabino y sonríe—, pero no lo es.

Anoto todo lo que dice. Soy el único con un cuaderno abierto arriba de la mesa. Nadie parece tomar la clase más que como una charla informal.

—Con vaca roja me refiero a una vaca absolutamente roja. Con el pelaje rojo. Toda. Entera. La revisaban, veían que no tuviese un sólo pelito que no fuese rojo. Obviamente es muy, muy extraño que suceda algo así, que nazca una vaca de ese color. Según el *Talmud*, desde la edificación del Primer Templo hasta la destrucción del Segundo, sólo aparecieron nueve vacas rojas. La sacrificaban y guardaban la sangre para tener para otras ocasiones, ustedes se imaginarán. Ahora, ¿por qué Dios nos pidió esto? Nadie lo puede saber. Además, es una *mitzvá* de lo más extraña, porque el que le arrojaba las gotas de sangre de la vaca roja al impuro, pasaba automáticamente a ser él el impuro.

Interviene un alumno:

—Bueno, pero entonces otro le tiraba a él...

—Sí bueno, supongo que sí, pero ese otro pasaba a estar impuro y así. Y cuando digo impuro es no poder ni siquiera acercarse al perímetro del Templo. ¿Se imaginan lo difícil que era en ese tiempo estar impuro? Era terrible. Se convertían en parias sociales.

Yo había leído algo de la historia de la vaca roja en *El sindicato de policía yiddish*, la novela de Michael Chabon, y también recuerdo que en Israel me habían explicado que sólo se podrá reconstruir el Templo cuando aparezca una nueva vaca roja.

El rabino lo explica con claridad: hoy en día todos estamos impuros, porque de una forma u otra, todos fuimos contagiados de impureza, por lo tanto, ninguno de nosotros podría entrar al Templo. La aparición de la décima vaca roja será el anuncio de la inminente llegada del Mesías, que reconstruirá el Templo de Jerusalén.

La clase continúa y va desviándose de la no explicación de ciertas *mitzvot* a la no explicación de la existencia de Dios. El rabino dice que la fe, en el judío, viene por herencia, y sigue:

—Ustedes, cuando usan una computadora, la usan. No saben cómo está compuesta o por qué funciona. Ni siquiera se lo cuestionan. Lo mismo es con Dios. No se cuestionan por qué hizo el mundo o cómo lo hizo, simplemente tienen que saber que está. Alguien tiene que haber hecho el mundo, ¿no? ¿Cómo se explica, si no, que todo sea tan perfecto y ajustado? ¿Sólo casualidad? Uno no se cuestiona todos los días aquello que hace. Lo hace y listo. Cuando ustedes prenden una hornalla no se ponen a pensar cómo es que se produce el fuego. O piensen en un bebé cuando nace. No puede entender la realidad que ve. Sólo tiene la evidencia de lo que tiene enfrente.

Entonces cuenta una parábola que contiene a un rabino sabio en su visita a un rey extranjero. El rabino le pregunta al rey si cree en Dios, y éste le responde que de ninguna manera, ¿cómo va a creer en ese tipo de supersticiones? El rabino se va a su casa y dibuja un cuadro magnífico, arte para la que estaba dotado. A la semana siguiente le regala el cuadro al rey, quien sorprendido por sus cualidades le comenta: "¿Lo hizo usted?", y el rabino le responde: "No, yo lo único que hice fue disponer los elementos de pintura alrededor del bastidor. Luego las pinturas cayeron solas sobre la tela y por casualidad, se formó este cuadro". El relato termina con el rey aceptando la existencia de Dios.

Se generan algunos comentarios que el rabino responde con amabilidad y sigue sugiriendo que las ciencias no son tampoco irrefutables y que, por el contrario, no pueden poseer "una" verdad, porque cada cierto tiempo son refutadas.

—Y si todavía necesitan evidencia, testigos, ¿qué mejor evidencia que tres millones de judíos viendo la presencia divina cuando Dios nos entregó la *Torá* en el Monte Sinaí?

Si Dios se les presentara a los hombres todo el tiempo, no existiría el libre albedrío, porque su sola presencia impediría al hombre elegir entre el Bien y el Mal. Todos optarían por el Bien.

Concluye el rabino y pienso en la idea de poder hacer el Mal sólo por despecho con Dios y me hace acordar a la novela gráfica *Preacher*, de Garth Ennis y Steve Dillon, donde un pastor protestante poseído por el hijo bastardo de un ángel y una demonio decide buscar a Dios y pedirle explicaciones. Jesse Custer, el predicador, escupe en la cara de Dios. Lo rechaza aun teniéndolo éste agarrado de la ropa, en una especie de abrazo único entre el hombre y su Creador. Rechazar sólo porque se puede, por vocación del Mal absoluto.

Pero de eso no se va a hablar en la clase que ya está terminando, aunque queda tiempo para una enseñanza más.

—¿Para qué creó Dios este mundo? —pregunta el rabino—, para tener una casa en este mundo. ¿Y cómo se construye esa casa? Mediante *Torá* y *mitzvot*.

El rabino metaforiza la idea de casa y los comportamientos, señalando que uno en su casa se siente cómodo y por lo tanto se despreocupa, se relaja, se viste con ropa informal. En la calle uno tiene que fingir y mostrarse de otro modo, interactuar con los otros.

—Un rey —vuelve al tema—, cuando se presenta ante sus súbditos, tiene que seguir un protocolo. Tiene máscaras. Si nosotros no hacemos cómoda la casa de Dios, Él no se va a poner cómodo, no se va a mostrar como en casa, y va a estar escondido detrás de miles de máscaras. Cumpliendo *mitzvot* le hacemos más cómoda la casa, y entonces se nos presenta de una forma menos protocolar.

Sigue señalando que la forma de encarar las *mitzvot* parte de la práctica y, desde ahí, se gana el convencimiento, la conciencia.

Siempre hay una palabra bonita, una parábola amable para entender lo inentendible en el camino del héroe. Es el camino del Padawan hacia el Jedi. Para creer en la fuerza hay que experimentar la fuerza primero. No hay sables láser acá, hay *tefilim* y *kasher*.

Termina la clase.

Salimos de nuevo al pasillo. Falta un poco para las nueve de la noche, pero voy subiendo las escaleras hasta el templo del primer piso donde se mudó la clase de *FAQ* porque es un lugar más espacioso que recibe mejor a la gran cantidad de inscriptos que tiene el curso.

Paso por el mostrador al lado de la escalera que tiene un exhibidor del que se pueden agarrar folletos y revistas viejas; me agarro un par de entradas para el festejo de *Lag Baoemer* (una semifestividad que celebran los grupos místicos) que será en el Parque de la Costa, con conducción de Julián Weich.

Entro en el templo. Es el mismo lugar donde hice mi primera experiencia con Jabad, hace dos años, traído acá para pasar luego la celebración de *shabat* con un rabino y su familia.

Ahora entiendo que lo que vi en esa oportunidad fue una clase más de uno de los cursos del ISEJ de ese año.

El templo se va llenando y pasado un rato llega el rabino a cargo.

Hasta ahora dedicó los tres primeros encuentros a dar la visión del judaísmo acerca del aborto. Ahora va a empezar con un tema nuevo, dice, bastante más positivo y feliz: la interpretación de los sueños.

Pregunta si alguien de los presentes estudia psicología, y al comprobar que sólo una chica lo hace, sigue, aclarando que él desconoce la obra de Sigmund Freud, pero que tenía que ser un judío el que se encargara de esto, y que en el *Talmud* ya está presente la interpretación de los sueños.

—¿Alguien sabe qué significa, según Freud, soñar con que se te van a caer los dientes? Nadie responde.

—Significa que tenés miedo a la castración —glosa mal y exhala un "y bueno...", en tono burlón.

El rabino se pone a hablar del *Talmud* y muestra uno de los libros en sus manos, de donde —dice— extrajo las citas de las que nos hablará esta noche.

—Los sueños son considerados por el judaísmo como un intento del alma de alcanzar al Creador. Cuando uno duerme, dicen los sabios, experimenta un sesentavo de la muerte.

Entonces sigue diciendo que sólo aquellas personas que alimentan adecuadamente su alma pueden tener ese momento de acercamiento en sueños al Creador.

—¿Nunca tuvieron sueños tontos? ¿Pesadillas? Esos son intentos fallidos de su alma de elevarse. Intentan elevarse, no pueden, y aparecen esos sueños.

El rabino habla de sueños premonitorios, como una condición posible en las personas elevadas de espíritu que logran colocar su alma con Dios, donde no hay temporalidad. Y también dice que puede, una persona que no cuide tanto su alma, acceder a una elevación de su alma en vísperas de *shabat* o festividades, que son momentos especiales.

—Porque todos ustedes cumplen *mitzvot* —dice, y genera expectativa entre los alumnos—, ¿acaso alguno de ustedes mató? No matarás, ahí tienen una *mitzvá*. ¿Acaso no honran a su padre y a su madre? Honrarás a tu padre y a tu madre, otra *mitzvá*.

Cuenta sueños presentes en la Biblia y se detiene en el Sueño de Jacobo, un episodio del *Génesis*, donde se describe cómo el personaje se echó a dormir y soñó con una escalera por la que subían ángeles. Un primer ángel subía unos escalones y se caía. Un segundo ángel lograba subir unos escalones más y caía. Un tercer ángel subía y subía y no caía.

Entonces Dios le habría dicho a Jacobo que todos caerían, incluso ése que no se sabía cuándo iba a caer. La interpretación talmúdica del sueño señala que los ángeles representaban imperios enemigos del judaísmo que subían pero estaban destinados a caer. El último ángel que subía y no caía en el sueño sería en la interpretación el Imperio Romano.

—Que todavía no cayó —dice el rabino—, ¿acaso no vivimos en un país "apostólico, católico y romano"? Cuando caiga, será la hora de la llegada del Mesías y la reconstrucción del Templo.

Pienso que hoy las dos clases parecen concordadas en algunos temas o cuestiones, como la insistencia de las condiciones premesiánicas. Y, sin embargo, es casualidad que esté cursando estas dos clases; a la hora de inscribirse se da libertad para tomar cualquier curso que se desee, sin importar el grado de conocimiento previo del alumno.

El rabino comenta que se prenden velas para representar a las almas de los que no están, y sigue con el tema del significado de los sueños, ahora aquéllos en los que aparecen familiares o amigos fallecidos.

—Si a ustedes les aparece alguien querido ya fallecido en sueños tienen que fijarse en cómo está vestido, en cómo se ve, en cómo habla. No importa lo que diga. Lo que importa es su aspecto exterior. Si lo ven bien, tranquilo, prolijo, eso significa que está en paz, que en el más allá la está pasando bien y es feliz por estar con Dios. Ahora, si lo ven mal, con mal aspecto, él les está tratando de comunicar algo, les está pidiendo que lo ayuden. ¿Cómo lo pueden ayudar desde acá? Haciendo lo único que ellos no pueden hacer allá. Ustedes son los brazos y las piernas de los que no están acá, ustedes pueden cumplir *mitzvot* a su nombre. Esa es la forma de ayudarlos.

"Yo les voy a confesar algo, yo soy ortodoxo, acá me ven, con barba, creo en la *Torá* porque creo que es la Verdad. Sin embargo, estos aspectos talmúdicos de los sueños... a mí nunca me cerraron del todo. Así como me ven, ortodoxo y todo, en eso, a decir verdad, nunca creí. Hasta que un día yo estaba muy cansado y me tiré a dormir una hora de siesta. En mi sueño vi al padre de una alumna que me decía: "¿Vas a venir a verme?". Me desperté y apenas un segundo después recibí un mensaje de otro rabino de acá, del ISEJ. Era para avisarme que el hombre que había aparecido en mi sueño acababa de morir. Es decir, que se me había aparecido en el momento mismo en el que se estaba muriendo. Esto es creer o reventar. Por supuesto que asistí al entierro y todo el ritual.

La clase queda inconclusa, dice que la concluirá la semana que viene.

Empiezo a pensar en la gente muerta que me apareció en sueños. El que más se me apareció es mi abuelo ¿Cómo apareció en mi sueño? ¿Estaba bien o mal? Ni siquiera fue religioso en vida, ¿podría pedirme después de muerto que haga una *mitzvá* por él?

Bajo las escaleras para volver a pasar el dedo por el escáner de huellas y fichar la salida.

Me coloco al final de la cola, y mientras espero aburrido doy un vistazo a mi alrededor. En la pila de *kipot* para que agarren los que no tienen hay una *kipá* en particular que me llama la atención. Es negra, con unas palabras bordadas en hilo dorado.

No me gusta usar *kipá*, pero llevo siempre unas tres en la mochila. Ahora estoy usando una de ésas. Miro la que está en la mesada, me acerco y la reconozco. Es mía. Es la *kipá* que me dio mi abuela hace dos años, la que tiene la inscripción del Hotel Savoy de Jerusalén y que me dio ella para ir a mi primera reunión de BRIA, la misma que usé para venir esa noche en que conocí Jabad, y que pertenecía a mi abuelo fallecido.

No entiendo. Esa *kipá* no abandona nunca mi mochila, la debería tener ahora ahí. Busco adentro y no está. Esa *kipá*, puesta en el lugar de las *kipot* públicas, es la mía, la que era de mi abuelo.

Me invade una sensación extraña y empiezo a pensar en lo que escuché recién decir al rabino y pienso que ponerme la *kipá* de mi abuelo sería como hacer una *mitzvá* por él. La agarro y pienso por un momento en ponérmela. Pero me lo acuerdo ateo y anticlerical y la estrujo, la guardo en un bolsillo. Ficho la salida, y mientras voy subiendo las escaleras para salir del Beit Jabad me saco la *kipá* que tengo puesta y también la guardo en el bolsillo.

¿Espacios de convergencia o de choque?

Damián Setton, que analizó el funcionamiento de Morashá Universitarios, sostiene que estos espacios de convivencia entre judíos seculares y judíos ortodoxos generan un proceso de negociación constante, dado que la misma institución promueve límites porosos y poco claros, en su afán por lograr la asistencia de los jóvenes.

Pero no sólo hay una negociación de espacios, sino que las mismas clases están pensadas desde la perspectiva de la posibilidad de atraer y seducir a un público naturalmente desconfiado y reacio, a insertarse, intentando acomodar los temarios de modo tal de generar un interés auténtico, buscando formas de lo judío en lo contemporáneo. Por ejemplo, el cronograma de clases de 2009 del Grupo CHAT incluyó algunos temas como: "Second Life. Develando los enigmas de la reencarnación de las almas y de tus vidas paralelas" o "¿Le perdonarías una infidelidad? ¿Él/ella te la perdonaría a vos? ¿Cómo seguir cuando la confianza cruje y se resquebraja? Un debate acerca de deslices, traiciones, perdones y reparaciones". Todas estas clases enfocadas desde la perspectiva de la *Torá*, con alguna otra francamente bizarra como: "Los enanitos verdes: ovnis y extraterrestres ¿Existe vida en otros planetas? ¿Podemos contactarnos con seres extraterrestres? Mitos y verdades de un intríngulis irresuelto".

El calendario académico de 2010 incluyó muchos de los mismos temas con los títulos de las clases levemente cambiados, e incluso reservó lugar para clases que pueden despertar mucho interés, más allá de la propuesta humorística: "Carlos o Jeniffer. Pegame y decime Marta".

Jabad Lubavitch sabe aprovechar muy bien el contexto social en el que se inserta y no teme plantear temas o debates que, *a priori*, parecen lejanos a las discusiones judías ortodoxas. Por caso, el Centro para la Juventud organizó la charla "Homosexualidad: El matrimonio gay. ¿Qué pensás?" el 22 de julio, en plena efervescencia del debate por la ampliación de derechos sociales a las parejas del mismo sexo.

Las temáticas, nombres y descripciones de las clases se ubican en ese espacio de negociación y convergencia, en el cual la institución aparece flexible, como una suerte de judaísmo líquido que admite una cierta apertura a la sociedad en la que está inmerso, y coloca al judío ortodoxo a la par de cualquier joven judío secular. Jabad Lubavitch genera un dispositivo comunicacional que apela a los jóvenes como pivote para transferir a un público más amplio —y desconfiado— su particular mezcla de ortodoxia y pragmatismo.

"No son distintos a nosotros"

El anuncio en el grupo en Facebook de El Lazo, Centro para la Juventud, propone un *Púrim* al estilo Las Vegas, con juegos de *Texas Hold'em Poker* (estilo de juego puesto de moda por astros de torneos televisados como el de nombre poco sutil Chris *Moneymaker*), ruletas con *croupiers* profesionales del casino del Tigre, blackjack, comidas típicas estadounidenses y barra de tragos libre.

Teniendo en cuenta que la fiesta de *Púrim* presenta como obligación (es una *mitzvá*, uno de los preceptos) que los adultos se emborrachen, la oferta parece muy tentadora en relación a las de otros Batei Jabad, que en los últimos días también han desplegado una campaña moderada de propaganda de sus propias celebraciones.

Púrim al estilo italiano, con pasta y barra libre en el Beit Jabad Almagro-Abasto, *Púrim* con espectáculo para chicos en el Beit Jabad Once, cada sede de Jabad tiene algo para ofrecer con motivo de la fiesta.

Otra de las costumbres de esta fiesta es la de disfrazarse. Disfrazados y borrachos, *Púrim* es lo más parecido a un carnaval judío, donde los roles sociales se invierten. Es común ver, por ejemplo, en comunidades con mayor grado de observancia y tradición, a judíos disfrazados de enemigos históricos del pueblo hebreo, como egipcios, cosacos, etcétera. Incluso en alguna comunidad ultraortodoxa de Israel, no sería raro que alguien, siguiendo lo que este año recomendaron los extremistas antisionistas del Neturei Karta (partido que pertenece a la rama Satmer del jasidismo, enemigo histórico de Jabad), se disfrace de nazi, que siempre es preferible para ellos que disfrazarse de soldado o policía del Estado Sionista, al que desprecian con revulsión.

Llego al Centro para la Juventud y en la puerta un tipo me pregunta si quiero cenar. Es del restaurante *kasher* que está pegado, en este túnel que es el pasaje El Lazo, a cinco cuadras de mi casa. Donde ahora está el restaurante *kasher* antes había un barcito donde mi vieja tomaba un café mientras yo, de chico, gastaba el *Super Street Fighter II* en la sala de arcades que estaba enfrente, y que ahora es una casa de ropa.

—No, no, venía a la fiesta de *Púrim*.

—Ah, eso es arriba —me dice señalándome una puerta blanca que no invita demasiado a pasar.

Si hasta ahora no me acerqué al centro, a pesar de quedar tan cerca de mi casa, es en parte porque siempre me dio una rara impresión la puerta que da a un piso primero, en una estructura de viejo mercado de frutas. Una puerta que no está custodiada por nadie, que no invita a pasar, que aparece como un pasaje para entendidos.

Todo hasta esta noche, que bajo la excusa de la subversión de valores que impone lo carnavalesco y el disfraz, me atrevo a subir la escalera que tiene sus paredes decoradas con naipes pegados y signos de dólar recortados en plástico dorado y plateado.

De fondo suena una canción que dice: "Pluma, pluma, Israel".

Hay unos pocos chicos y chicas delante de mí, que se acomodan en la parte superior de la escalera, retrasados porque antes de terminar el último tramo de escalones, luego del descanso, hay unas dos o tres chicas tomando notas de todos los que pasan, pidiéndoles sus datos personales.

La edad de los invitados va de los 18 a los 28 años, ni más ni menos. No todos llevan disfraces, pero aparece algún karateka, algún hip-hopero y entre ellos van formando la fauna festiva.

Noto un cartel en la ventana del descanso que da a una panorámica de techos cubiertos de los quinchos de los otros bares y restaurantes de la cortadita El Lazo. El anuncio dice: "Hombres trabajando para un nuevo Centro para la Juventud."

El Centro para la Juventud Pasaje el Lazo es dirigido por el rabino brasilero Shlomo Levy, quien antes de desembocar aquí era el encargado del Beit Jabad La Plata.

Fundado en 1994, empezó con unas pocas actividades. Para marzo de 1995 estableció cenas de *Kabalat Shabat* semanales. Pronto se corrió la voz en el barrio de que en este lugar se enseñaba judaísmo de una forma dinámica y atractiva y que también era posible sociabilizar y conocer a otros chicos de la colectividad.

El Lazo es una de las instituciones más visibles y activas de Jabad Lubavitch en Buenos Aires y organiza actividades y fiestas temáticas dirigidas con especificidad para jóvenes. También tiene su propio programa de viajes a Nueva York, como lo tiene ISEJ o el Grupo CHAT, y algunas otras propuestas propias de cada Beit Jabad.

El centro actúa como un Beit Jabad dirigido a gente joven y moderna, con inquietudes y perfil palermitano, barrio donde se encuentra enclavado, a pocas cuadras del Jardín Botánico.

Las propuestas suelen incluir cursos sobre cábala relacionada con los negocios o el amor; en una cena de *shabat* del grupo CHAT (alrededor de octubre de 2009) unas chicas me contaron que solían venir acá buscando relacionarse con otros chicos judíos jóvenes y que habían participado hacía poco de una *peguishá*, seminarios de cuatro días en algún centro recreativo con estudio y estímulo a la interacción entre los jóvenes.

La experiencia de estas chicas había sido positiva, pero aburrida. Habían ido a un hotel en una pequeña ciudad de la costa y recordaban las actividades dirigidas pero sobre todo las horas libres por las noches, donde las reglas de los rabinos se flexibilizaban.

Uno de los objetivos que no ocultan en absoluto las organizaciones juveniles de Jabad es que los jóvenes judíos se emparejen con otros jóvenes judíos, por lo que la tradicional separación de sexos queda anulada en la mayor parte de las instancias de los festejos y actividades que realizan.

Ahora la música cambia a *Chop'em down* de Matisyahu, el ex jabadnik estadounidense que hace un reggae fusión con hip-hop y letras religiosas.

La cola empieza a moverse y llego hasta la chica que toma mis datos en una *notebook*. Nombre, apellido, apellido materno, teléfono, dirección postal y dirección de e-mail. Terminada la breve burocracia y pagados los diez pesos de entrada, me entregan una tarjetita que no es más que el *flyer* colgado en la página de Facebook del Centro para la Juventud, pero impreso en un cartón delgado.

Entro en un amplio loft con dos divisiones, una de oficinas y cocina, y otra al fondo con una vidriera. Todavía no hay demasiada gente. Apenas pasaron las diez de la noche. Diviso unas dos mesas de blackjack, una mesa de poker y una ruleta donde se concentra la mayor parte de la gente.

Además hay mesas con botellas de gaseosa y vasitos de plástico blanco.

La música alterna entre Matisyahu con alguna otra canción alegórica sobre Israel y hay un mago dando vueltas, asombrando con trucos simples a quienes lo quieran ver.

Doy una vuelta, bajo unas escaleritas hacia una especie de anexo que durante la semana funciona como biblioteca. Es la trompa del edificio, justo arriba de la entrada del Blockbuster de la esquina, frente a la plaza. El espacio está alfombrado y tiene aire acondicionado, mesas fijadas al piso, ventanas que dan una vista a la heladería Persicco.

A la derecha está la barra de tragos, que es un verdadero barcito, y a la izquierda están las estanterías con libros judaicos editados por Jabad.

En el centro de la habitación hay un metegol y algunos grupos de amigos se sientan dispersos en las sillas y almohadones.

Veo muchos grupitos, gente que se conoce, presumo, de encontrarse acá mismo. No parece haber gente que no conozca de qué se trata o que haya llegado tentada por la idea de una barra libre a diez pesos.

Me acerco a unos chicos que intentan asomarse a la barra y les pregunto cómo llegaron y qué buscan:

—¿Cómo te enteraste del evento de hoy? —le pregunto a un muchacho.

—Porque me llamó el rabino Shlomo Levy y porque como viajé a Estados Unidos, ya estaba en El Lazo.

—Viajaste, y lo conociste a Shlomo. ¿O lo conocías desde antes?

—Lo conocí desde antes de que se organizara el viaje a Estados Unidos, pero mi relación con él creció en ese momento.

—¿Y cómo llegaste en un principio a Jabad Lubavitch?

—Por la novia de mi hermano.

—¿Y cómo fue que tuviste ese primer interés por el que decidiste seguir viniendo, participar del viaje y conocer a la gente?

—La verdad, por lo que decidí seguir viniendo es porque me gustó la calidad humana que hay acá, los cursos me parecieron muy didácticos y no los sentía como una carga, los disfrutaba.

—No lo sentías como una *carga*. ¿Y antes te imaginabas que iba a ser una carga?

—No me imaginaba nada, porque yo estudio *Torá* en la semana y sé lo que es un curso de *Torá*, me pareció muy bueno esto.

Le pregunto a la novia del chico:

—¿Cómo es que te enteraste de este evento que se hacía hoy en El Lazo?

—Me dijo mi novio y me enteré por Facebook, y también por una amiga.

—¿Hace mucho que tenés contacto con Jabad, o es la primera vez que venís?

—Desde el año pasado, que venía a las charlas para ir a Estados Unidos.

—¿Y fuiste a Estados Unidos?

—No, todavía no, el año que viene, bah, este año.

—Más allá del viaje, ¿hay algún otro motivo por el que te interese Jabad Lubavitch?

—Sí, porque son todos buena onda —Su novio dice desde atrás, en tono de chiste, "porque yo lo digo"—. Aparte porque mi novio viene acá y mis amigos también... Es como una gran familia —agrega— me hacen sentir cómoda. *No son distintos a nosotros*.

Vuelvo al salón principal y veo pasar a un muchacho ataviado con *talit* llevando unas bandejas con hamburguesas con una rodaja de tomate. Las apoya en una de las mesas con gaseosas y servilletas.

Me agarro una y le pongo mostaza, el único condimento que hay.

Siento la carne reseca, son hamburguesas caseras y por un momento trato de diferenciar su sabor, como si el hecho de que estas hamburguesas sean de carne *kasher* implicara que tienen que tener un sabor distinto al de las hamburguesas que como en cualquier momento de mi vida diaria.

De hecho, para la filosofía de Jabad, que yo esté en este momento comiendo una hamburguesa *kasher* significa que no estoy comiendo carne no apta. Todo vale, todo suma, como judío estoy realizando una *mitzvá* y eso es lo importante para la mentalidad jabadiana. No todo el resto de mi contexto. No importa que mañana vaya a comerme un sándwich de jamón y queso. Importa que ahora no lo estoy haciendo y todo el tiempo que puedan retenerme acá, en esta fiesta, comiendo hamburguesas y luego los panchos que van llegando, que son toda comida *kasher*, será tiempo en el que no esté comiendo *taref* (no *kasher*), y si además como mucho *kasher* y me empacho de *kasher*, quizás mañana pueda pasar por alto el desayuno y así, comer menos *taref*.

El rabino Shlomo Levy (al que reconozco por su inconfundible larga barba y porque se la pasa abrazándose con muchachos que le muestran un gran afecto) está vestido con ropa negra y una peluca colorinche de payaso coronada con una *kipá*.

Son las once y diez de la noche y habrá unas ciento cincuenta personas en la fiesta.

Recorro un poco más el lugar, viendo a la gente que ahora no deja de llegar, muy pocos están disfrazados y entre ellos, la más llamativa, no por la calidad de su diseño ni sus materiales, es una chica que lleva una tela en forma de empanada y un cartel escrito en birome arriba de su cabeza que dice: "Empanada de soja".

Me detengo en una cartelera que se encuentra cerca de la entrada, alrededor de unas sillas de plástico y un grupito de chicas que conversa.

Hay fotos y noticias de los viajes a Nueva York.

Pasadas las once y media intento acercarme a la mesa de poker, porque después de todo soy una víctima más de los torneos televisados por ESPN.

Le pregunto a una chica que está jugando en la mesa desde que llegué cómo puedo hacer para cambiar fichas.

—Con la tarjetita que te dieron a la entrada.

—¿Qué hago con eso?

—Se la das al *croupier*.

Me siento a su lado y le paso el papel al hombre que reparte con evidente profesionalismo las cartas. Me la cambia por trescientas fichas.

Gano la primera mano, que juego con un par simple, y después pierdo sistemáticamente hasta que me aburro y me voy.

Los altoparlantes hacen sonar música de los ochenta hibridada con temas judaicos en el salón principal, mientras que en el saloncito con la barra se vive apenas más chill-out.

Empieza a hacer muchísimo calor, acorde a la cantidad de gente que ya desborda el lugar. El cruce entre ortodoxos y no ortodoxos se expresa de una manera especial. La inmensa mayoría de los presentes no lo son, y los que sí, no aparecen como una figura de autoridad tan amenazante como podrían resultarlo en una ceremonia de *Kabalat Shabat* en un templo de Jabad.

La música para y el rabino Levy se coloca en el lugar del DJ para anunciar con micrófono que en el saloncito anexo en breve se leerá la *Meguilat Ester*, el rollo de Ester, donde se cuenta la historia de *Púrim* y otra de las *mitzvá* de esta noche (es una *mitzvá* escuchar la lectura).

Bajo al saloncito, me meto entre el desborde de gente que se amontona para conseguir un trago en la barra y después de pasar un rato largo consigo un destornillador que es puro jugo de naranja y una pizca de vodka Smirnoff.

En el revoltijo que es la espera del trago, me saluda un muchacho que no reconozco hasta que me dice que es un amigo de mi hermano, con quien acaba de viajar a BRIA, y luego a Europa. Nos saludamos. Está con otro amigo suyo que me cuenta que ya viajó con ISEJ y que ahora tiene la intención de viajar con El Lazo.

—Son todos lo mismo —concluye.

El amigo de mi hermano me dice que se va a anotar él mismo en ISEJ porque quiere tomar el curso que dan para aprender hebreo.

—Che, ¿y allá cómo es la cosa? —le pregunto al que ya viajó.

—Nada, tranquilo.

—¿Pero no hay mucho rezo y todo eso?

—Nah... poco.

—¿Los *tefilim*?

—Ellos dicen que te los ponés si querés, pero, bueno, estando allá, no es que te obligan... pero casi.

Un rabino desenrolla el rollo de Ester pero el ruido ambiental es muy grande y los micrófonos no funcionan. Después de unos intentos infructuosos y algunas consultas con el Levy, desiste y lo vuelve a guardar en su funda.

Me levanto y doy unas vueltas más por el salón. Apoyo el piloncito de fichas de casino que me quedaron en una mesa, al lado de la bandeja con hamburguesas ya frías.

Esta noche, el contenido religioso quedó a medio camino; mientras tanto la bolita de la ruleta sigue girando y yo emprendo la retirada.

ALEJANDRO SOIFER, PH.D.

Sushi, Shawarma, McDavid's, y bebida libre: alimentando a los jóvenes judíos

Las fiestas judías, como *Púrim*, son ocasiones en las que Jabad Lubavitch como institución organiza diversas celebraciones. Cada Beit Jabad propone la suya, y los grupos juveniles tienen su propia forma de celebrar con sus alumnos.

Pero no sólo en fiestas específicas se producen estas actividades dentro de los grupos de estudio para jóvenes, sino que también se organizan fiestas temáticas. El Grupo CHAT, por ejemplo, como parte de su plan de actividades anuales de 2009, organizó la "Megafiesta Tu Beav, el Día de los Enamorados Judíos, en el panorámico salón del piso 24 del Sheraton Hotel. Cóctel, show de humor y *romantic music*". En 2010, el mismo grupo organizó un festejo de *Lag Baomer* en un crucero por Puerto Madero.

Estos programas juveniles de Jabad arreglan también sus propias celebraciones de *shabat*, que no responden a ninguna festividad judía particular, sino que se presentan como espacio de asentamiento de las relaciones entre los concurrentes a los cursos, espacios de amistad e intercambio, donde las restricciones ortodoxas en lo que respecta, por ejemplo, a la separación entre sexos se aflojan hasta desaparecer.

El Centro para la Juventud parece buscar estar a la vanguardia de la desestabilización de la imagen que del judío ortodoxo puede tener una persona que mira desde afuera.

En un trabajo realizado por las sociólogas Jésica Azar y María Schwartzer (UBA), una cita del rabino Levy parece aclarar el asunto. Dice el rabino: "Cuando viene un joven el viernes, por ejemplo, viene no por su esencia, viene para encontrar chicos y chicas y para comer bien. En el medio se le transmite algo de judaísmo en relación a la vida cotidiana, y dice: 'Qué interesante, me siento identificado', y, sin quererlo, ahí se le prendió la primera llamita. Si es un tipo perseverante, después va a querer más respuestas, porque va a decir: 'Acá me van a enseñar cómo llevarme mejor con mis padres, mi pareja, conmigo mismo'. Entonces ahí verá que el judaísmo no es sólo una religión que habla del rezo, del *shabat*, sino que habla de su realidad" (Azar, J. y Schwartzer, M., *Las formas en la transmisión de la religiosidad*...). En la entrevista, el rabino reconoce que ofrecerle a los jóvenes una imagen más integrada a su propio mundo les resulta una vía de entrada más apropiada y cómoda.

Según las sociólogas, entonces, el Centro plantea una "*multioferta* de actividades que se adapta claramente a los tiempos modernos, en los cuales el individuo que consume (que acude a los cursos) no puede definirse a través de un consumo homogéneo". (Ídem)

Además, sostienen que es posible "encontrar actividades netamente vinculadas con la temática religiosa (cursos de *Bar y Bat Mitzvá*, cursos de cábala), relacionadas con la formación profesional (cursos de líderes, charlas con economistas, historiadores) o con la vida social (eventos en bares, cenas en hoteles con shows). Los cursos son muy variados y se dictan con mucha frecuencia, lo que permite tener fecha de inscripción durante todo el año". (Ídem)

Los grupos juveniles de Jabad trabajan con la impronta de atraer desde un lenguaje limítrofe, donde todo puede repensarse desde la *Torá*. La técnica de seducción se sostiene en un marketing de la mezcla entre elementos ortodoxos y seculares, y muchas de las visiones estructurales de los rabinos a cargo de estos espacios se condicen con programas políticos conservadores.

Las investigadoras Cynthia Fidel y Tamara Weiss, afirman por su parte: "El Lazo pone en marcha un complejo andamiaje comunicacional, especialmente focalizado en transmitir una imagen 'flexible y descontracturada' de la Casa. Estos mensajes que transitan por diferentes carriles, permiten a los jóvenes saber si se identifican o no con la Casa. Los medios más utilizados son el sitio de Internet www.jovenesjudios.com.ar, correo electrónico, folletos que se distribuyen en las reuniones y por correo, y, principalmente, llamados telefónicos. Podemos afirmar que El Lazo utiliza todos los recursos y aplica toda la tecnología que está a su disposición para llegar al *target* a través de un lenguaje coloquial que utiliza mucho el 'vos'. Las imágenes no muestran personas claramente identificables con el estereotipo ortodoxo. Los colores vivaces en conjunto con las frases y fotos elegidas, transmiten atributos relacionados con el festejo permanente, diversión, amigos, novedad, juventud. [...] Es común el uso de isotipos, logotipos y 'frases del mundo' de las marcas para difundir, invitar y 'seducir' a sus destinatarios" (Fidel, C. y Weiss, T., "Marcos para jóvenes judíos en edad universitaria...", pp. 77 y 78).

El Lazo genera un maridaje entre el campo secular y el campo religioso, lo que da al público asimilado y a los rabinos ortodoxos cierto horizonte de expectativa común.

El trabajo con los jóvenes es el espacio que permite ver con mayor claridad esta suerte de contradicción que ofrece el trabajo de Jabad Lubavitch.

Las primeras tres clases del curso *FAQ: preguntas frecuentes sobre judaísmo*, a las que asistí en ISEJ durante el primer cuatrimestre de 2010, versaron sobre la visión judía del aborto. Un tema de actualidad con una visión que se pretendió alejada de la polémica, donde el rabino desarrolló durante esas tres horas diversos datos, estadísticas y, también, las visiones y consideraciones del judaísmo respecto del tema, las que claramente coincidieron con una visión política de centro derecha.

De ese modo, los contenidos que se trabajan desde estos cursos y estudios intentan apuntar a la integración de la visión judía del mundo y la realidad contemporánea, para que los asistentes conozcan las respuestas que a los problemas del mundo actual da el judaísmo. En su trabajo, Azar y Schwartzer citan al rabino Levy: "La gente busca marketing, la gente busca conocer gente. Cuando traemos gente del mundo, como economistas o el dueño del shopping, o uno de los directores del Conrad, ellos trasmiten su experiencia y nosotros, la nuestra. Vino un sexólogo, un psicólogo, un científico, un economista; el judaísmo habla también de todo esto. Es transmitir al judío que ser judío no es cambiar o mudarse a otro mundo, sino traer judaísmo a su propio mundo [...]. Él no tiene que dejar de estudiar, dejar de trabajar, tiene que continuar trabajando como judío, estudiar como judío y pensar como judío, dentro del mundo en el que se encuentra, y para esto tiene que estudiar judaísmo" (Azar, J. y Schwartzer, M., *Las formas en la transmisión de la religiosidad...*).

Para Jabad hay un fondo innegociable, que tiene que ver con los valores y convicciones de los rabinos: "Nosotros no transmitimos que la gente sea igual a nosotros, queremos que la gente sea ella misma. Que cada uno sea uno. Pero en nuestra vida particular nos entregamos al judaísmo completamente. De acuerdo a la cábala, hace falta la barba, pues las barbas son emanaciones divinas especiales. Nosotros nos ponemos dos pares de *tefilim*, cumplimos *shabat* un poquito antes del tiempo y después del tiempo, pero esto es en nuestra vida privada. No podemos trasmitir nivel diez para un joven que está empezando, y tampoco podemos transmitir nivel dos a un joven que ya está en el nivel seis. O sea, cada uno tiene la posibilidad de tener su judaísmo", señala el rabino Levy. (Ídem)

La idea de "integrar" primero, sin precondiciones, es un aire fresco que se ofrece desde la ortodoxia y una de las características más llamativas de Jabad Lubavitch. Porque si todo está permitido (no usar pollera, no dejarse la barba, no llevar *tzitzit*, viajar en *shabat* para ir o volver de la cena, en fin, no llevar una vida observante), la misma definición de ortodoxia parece perderse, irse hacia el conservadurismo o reformismo.

La influencia del trabajo del Centro para la Juventud es palpable en un barrio que poco a poco empezó a verse modificado en sus hábitos y costumbres: en dos manzanas a la redonda del pasaje El Lazo se localizaron un restaurante de *sushi* y una parrilla *kasher*, la heladería ubicada frente a él incorporó sabores *kasher* y un restaurante perteneciente a una cadena de comidas al estilo estadounidense (*ribs*, barbacoas) modificó su cocina y su menú para convertirse totalmente en *kasher*. El salón de fiestas de la vuelta es escenario de casamientos, *Bar y Bat Mitzvás* y encuentros varios para la comunidad lubavitch local, y es común ver durante el día *jasidim* caminando por el barrio.

La *kasherización* de la zona aparece como un aspecto evidente de un proceso lento pero continuo. Los responsables del Centro para la Juventud y de Jabad Lubavitch saben que no lograrán que todos los judíos se vuelvan ortodoxos (y no es tampoco su objetivo), pero sí que incidirán en pequeñas batallas ganadas a la asimilación.

Las cenas de *shabat*, los cursos sobre judaísmo y sobre temas no estrictamente judíos, con su reinterpretación a partir de la *Torá* y las festividades públicas orientadas a los jóvenes son espacios donde se negocia nuevamente, por un lado, la inclusión de un joven en un contexto de celebración ortodoxa que por lo general desconoce y, al mismo tiempo, el aflojamiento de las restricciones que permiten la entrada a la institución: sin restricciones por sexo, sin demasiado control, aunque sin resignar lo estricto de algunos aspectos como el *kashrut* y el intento de que todos cumplan con el ritual del *Kabalat Shabat*.

Siguiendo esta lógica de consumo, cabe señalar al grupo destinado a adolescentes, Aieka ("¿Dónde estás?"), dirigido por el rabino Ionatan Sirota y ubicado cerca de una de las sedes de la Escuela Secundaria ORT, que desarrolló una tarjeta de beneficios, AIE-KArd, para sus miembros, con la cual ellos pueden sumar puntos según las acciones de acercamiento a la observancia que realicen (comer *kasher*, asistir a charlas y conferencias dadas por los rabinos del grupo, etcétera), pudiendo eventualmente canjear esos puntos por premios como consolas de videojuegos.

Aieka es un espacio que se define, según el rabino Sirota, en un corto institucional de Jabad.tv, como "un lugar de encuentro y comida *kasher*", donde se ofrecen platos y menúes económicos a los chicos en la hora del almuerzo del colegio, pero también se ofrecen charlas con rabinos, actividades extraescolares y estudios judaicos. Se organizan, además, partidos de metegol y torneos de fútbol, así como celebraciones e invitaciones a los chicos a pasar las cenas de *shabat* en las casas de los distintos rabinos.

No todo joven que se acerca a los cursos de ISEJ, CHAT, El Lazo, o cualquier otro grupo para jóvenes judíos organizado por Jabad Lubavitch, crea necesariamente su pertenencia y su "cambio de hábito".

Dice Setton: "El hecho de estar asistiendo a un grupo ortodoxo no es visto como una separación de un pasado en el error, sino como un momento más que no supone una transformación radical en la relación con las instituciones judías. En el futuro, es posible volver a consumir judaísmo reformista o conservador. Este sujeto responde a la categoría del consumidor, poco vinculado a una autoridad y poco comprometido con alguna ideología o movimiento" (Setton, D., *Instituciones e identidades en los judaísmos contemporáneos*, p. 62).

La oferta de actividades que ofrece Jabad Lubavitch a los jóvenes judíos desde sus grupos, entonces, van desde las cenas de *shabat* temáticas, las citas rápidas entre judíos (*fast dating*), las celebraciones tradicionales y formas nuevas de llevar a cabo esas celebraciones, torneos de fútbol con rabinos y toda una gama de productos que entremezclan el modo de consumo de las sociedades contemporáneas con la religión, presentado todo en un formato seductor, atractivo, descomprometido, placentero y rápido.

Participá de Jánuca y ganate una PC

Son pasadas las seis de la tarde de un domingo y sobre el fondo de Avenida del Libertador, una *janukiá* (un candelabro de *Jánuca*, de nueve brazos) dorada se alza varios metros. La plaza Alemania parece un retorno a la feria. Al fondo, donde se reflejan los juegos de luces, los balcones de algunos de los departamentos más caros de Buenos Aires.

Los festejos públicos de *Jánuca* son una costumbre arraigada de Jabad Lubavitch y por impulso del Rebe se extendieron del mismo modo en que sus *shlujim* colonizaron el mundo. Donde haya un Beit Jabad habrá un festejo público de *Jánuca*.

Hay un escenario montado, y en el fondo un cartel rectangular extendido desea una feliz fiesta a todos por parte del Beit Jabad Pasaje El Lazo.

Jánuca es también conocida como "la fiesta de las luminarias", recuerda un milagro en tiempos del Segundo Templo de Jerusalén (siglo II a. C.). La tierra de Israel estaba ocupada por el imperio seleucida, un desprendimiento helénico de la caída del imperio de Alejandro Magno.

En 174 a. C llegó al poder Antíoco IV. Con intención de unificar su reinado, intentó un proceso de helenización que eventualmente llevó a la prohibición de las costumbres y leyes del pueblo judío.

En el año 167 a. C., una insurrección comenzó en Modín, cuando las tropas de Antíoco intentaron obligar el culto a Zeus al gran sacerdote Matatías.

Matando a un judío helenizado que había adorado en público a los dioses griegos, el líder y sacerdote inició la rebelión y se exilió en las montañas de Judea con su familia. A su muerte, en 166 a. C., su hijo, Judas Macabeo, lideró una guerra de guerrillas que no sólo luchó en el plano militar con éxito hasta lograr replegar el ejército de cuarenta mil hombres de Antíoco, sino que también batallaron por la supervivencia del judaísmo, destruyendo los altares paganos de los pueblos y haciendo *brit milá* a los niños.

Con el triunfo y el retorno a Jerusalén, se produjo el famoso milagro de *Jánuca*: los macabeos recuperaron el Gran Templo, lo limpiaron de ídolos profanos y cuando el 25 de *Kislev* de 139 a. C. quisieron consagrarlo se encontraron con que no había aceite de oliva sagrado que no hubiese sido profanado. Excepto una sola vasija que serviría para una noche de encendido. Se utilizó ese aceite que duró ocho noches en vez de una, el tiempo necesario para que pudiera producirse nuevo aceite de oliva puro y sagrado. Ese fue entonces el milagro que demostró que Dios había vuelto a proteger a su pueblo.

El festejo de *Jánuca* es una celebración de ocho noches en las que se recuerdan estos sucesos.

La historia viene contada en la revista *Kids Vivan el Desafío*, la que cualquiera puede tomar en forma gratuita de la pila que está colocada en la mesa de manteles blancos que recibe a la gente que va a llegando a la plaza.

La revista —que se maneja en un registro que mezcla el ideario *boy scout* con la modernidad de una *Billiken* judía de estos años, todo esto destilado por iconografía de la cultura pop estadounidense— anuncia en sus primeras páginas un sorteo de quinientos pesos *guelt* —es una costumbre en *Jánuca* entregar dinero (*guelt* en *iddish*) a los chicos como forma de reforzar la *mitzvá* de la *tzedaká*— o la posibilidad de ganar unas "Botas antigravedad" (unas modernas zapatillas), un "rollo de vela de cera de abeja" y una "máquina pochoclera", la cual se describe con el siguiente epígrafe: *"Jánuca* nos habla del milagro del aceite. Invitá a tus amigos a tu fiesta de *Jánuca*, ellos nunca olvidarán esta auténtica máquina de aceite caliente para hacer pochoclos".

La revista explica los componentes básicos del festejo, las costumbres (trae recetas para hacer *latkes* de queso, un bocado frito típico de la cocina *ashkenazí*), la historia, con un diseño lleno de dibujos, curiosidades y aspectos relevantes de la fiesta.

Bajo el título "Maravillosos milagros: la historia de *Jánuca*", una nota recorre la historia de la festividad, desde el aspecto de su milagro y el de la liberación judía, en un lenguaje ameno para los chicos, con superhéroes de cómic reconocibles pero transformados por retoque en superhéroes judíos: Superman con *kipá*, una estilizada letra hebrea *Shin* en el escudo de su pecho y barba sin recortar, el doctor Doom (enemigo de los Cuatro Fantásticos en el cómic de Marvel) convertido en "El Malvado Rey Antíoco", el Capitán América con barba y la letra hebrea *Mem* en el escudo como Judas Macabeo luchando contra los ejércitos seleucidas del cuál sobresale un Increíble Hulk. El personaje que por otra parte es conocido, en el ámbito de los cómics, como *El Goliat Verde* y fue creado por un reconocido judío estadounidense: Stan Lee. Aunque no creo que esto tenga algo que ver con su aparición como ilustración de la historia de *Jánuca*.

Estamos a 13 de diciembre de 2009 (26 de *Kislev* de 5770) y unas doscientas personas recorren la plaza o se aseguran ocupar alguna de las sillas blancas de plástico disponibles frente al escenario. Unos payasos de repertorio pobre (repiten dos veces un chiste relacionado con dar la mano y el gobernador de la provincia de Buenos Aires, Daniel Scioli) entretienen a los chicos mientras que algunos padres les compran pochoclo y algodón de azúcar *kasher* a sus hijos en el carrito de *Kol Simjá* ("Todo Alegría").

La misma mesa larga que recibe a la entrada de la plaza con revistas de *Kids Vivan el Desafío*, también exhibe kits de *Jánuca* que incluyen *janukiá* y paquete de velas. Un lubavitcher de no más de once años pasa entre las filas de gente sentada repartiendo perinolas (*dreidels*) para un juego típico de esta festividad.

En la misma mesa de recibimiento, una bandeja ofrece bolas de fraile para compartir entre los que pasen. Como la fiesta celebra un milagro relacionado con aceite, cualquier comida que se cocine frita es propicia para la ocasión.

Gente ajena a la festividad se acerca, agarra su bola de fraile y se va.

Llevar *kipá* puesta es una diferencia. El rabino Shlomo Levy se me acerca y me desea un "Bienvenido".

LOS LUBAVITCH EN LA ARGENTINA

No es el único, varios lubavitchers me desearán unas felices fiestas mientras estemos recorriendo las mesas que venden desde pretzels israelíes hasta artesanías judías, como imanes con la inscripción "*Baba* te Amo" y cadenitas pasando por el estand pochoclero donde en una mesa se exhiben a la venta *janukiot* de peluches, juegos de *tefilim* para niños y rollos de la *Torá* de peluche también, todo para el pequeño lubavitcher.

La delimitación de los espacios para este evento no está signada por ningún tipo de señalizaciones que marque una diferencia. Cualquiera, judío o no, puede entrar y recorrer la feria.

Al fondo de la plaza, en el monumento y fuente Riqueza Agropecuaria Argentina, se ubican los espectadores que presumo *goyim* —no judíos— o que observan de lejos, sin *kipá* en sus cabezas y sin interés en lo que sucede en el escenario.

Un lubavitcher de unos quince años, más o menos, me encara para saludarme por las fiestas y me pregunta si me coloqué los *tefilim* esta mañana. Llevar *kipá* parece una regla implícita, si bien la fiesta es abierta, al estilo Jabad, sin presiones, no se ve a ningún hombre dentro del perímetro que enmarca el festejo que no lleve algo para cubrir su cabeza. Están los *jasidim* de Jabad, reconocibles por su ropa negra con camisa blanca, *tzitzit* y sombrero, están los niños de Jabad que se reconocen por llevar *kipá* y *tzitzit* con ropa "civil" y por último el resto de los hombres, que llevan todos *kipá*.

Entonces, yo llevo *kipá* también y esa es la contraseña que le permite al muchacho acercarse e intentar que se cumpla una *mitzvá* más.

Este lubavitcher que ahora me intercepta cumple entonces con lo que ordenó su rebe: "Te expandirás", la base de funcionamiento de Jabad Lubavitch.

Me hace correr a un costado, al lado de la grúa que van a usar más tarde para subir hasta la altura de los brazos de la *janukiá* gigante y encender las velas. Contiene la emoción mientras me va dictando las oraciones en hebreo que repito por imitación fonética. Un hombre me empieza a tocar el hombro, lo miro extrañado, me señala que tengo que mirar hacia el Este y taparme los ojos. No habla. Es un tipo grande, canoso de pelo corto, con una *kipá* negra que le cubre casi toda la cabeza, una camisa azul suelta del pantalón y *tzitzit*.

El lubavitcher que me está haciendo cumplir con la *mitzvá* de los *tefilim* se pone un poco nervioso y ahuyenta al hombre. Hubo algo de perturbador en su intervención. Acercarse a la complicada red de costumbres, leyes, preceptos y conocimientos, que implicada en la tradición que no se tiene por ser un judío asimilado, conlleva una tensión: pronunciar bien el hebreo, realizar un acto codificado de forma estricta, con una regularidad y formas de cumplimiento establecidas, implican una violencia en tanto se le indica a esa persona que la forma en que vivió su judaísmo toda la vida es una forma errónea y que hay otra que es la verdadera. El proceso de sumergirse en esas reglas implica una instancia de aprendizaje adulto que de no ser llevado a cabo de a poco, con lentitud y paciencia, espantará al candidato a reencontrarse con su judaísmo porque el acto no deja de tratarse de un programa de alfabetización (en judaísmo, en hebreo) para personas adultas con todas las dificultades y tensiones que esto implica. El hombre que insistía con sus gestos silenciosos y estertóreos para que mirara hacia el Este y me tapara los ojos pudo haber tirado por la borda los esfuerzos del lubavitcher. Cuando termino el *Shemá Israel*, me dice: "Acabás de hacer una *mitzvá* muy pero muy importante". Me pregunta si estoy prendiendo las velas de *Jánuca* y le digo que no, que "recién me estoy acercando al judaísmo".

—Podés ir allá que te van a dar una *janukiá* y las velas —dice señalando la mesa donde ya casi no quedan bolas de fraile para agarrar.

Voy hacia allá y pregunto cómo se prenden las velas, en qué orden, de qué modo y terminan dándome un kit completo de *Jánuca* a cambio de una pequeña donación.

La gente se acomoda en las sillas, frente a la pantalla móvil que ahora pusieron.

Un locutor anuncia el programa de la noche con sorteos, insiste en que la gente llene un papel que varios lubavitchers se encargaron de ir repartiendo a toda la gente. Era una ficha en la que había que llenar los datos personales y luego meterla en la urna del concurso. Una buena forma de conseguir una base de datos de nuevos judíos a los que intentar acercar.

Pasan un DVD por la pantalla que cuenta la historia del milagro de *Jánuca*.

El video está manufacturado en otro país y viene en varios idiomas, es un material que se puede encontrar en alguna de las páginas web de Jabad. Los materiales didácticos como éste se producen en los cuarteles generales de Jabad en Crown Heights 770, Brooklyn, y se reparten en los distintos sitios donde Jabad tiene representación como si fueran parte del paquete o la franquicia.

Las campañas públicas de celebración *Jánuca* comenzaron en la plaza Union Square de San Francisco, Estados Unidos, en 1975, bajo el impulso ganado en la ocupación del espacio público y las calles de manifestaciones multitudinarias como las de oposición a la guerra de Vietnam y el paso del hippismo como hecho fundamental de la cultura de masas estadounidense. El productor musical Bill Graham se inspiró en estas demostraciones públicas como modo de darle publicidad a Jabad Lubavitch y programó los primeros festejos de *Jánuca* en las plazas los cuales dieron buen resultado (Hoffman, E., *Despite*

All Odds). La Lubavitch Youth Organization de Nueva York pronto empezó a enviar sus *mitzvá tanks* con *menorot* de varios metros de alto a lo largo de Estados Unidos.

Algunos sectores del judaísmo se resistieron y aún hoy presentan objeciones a este tipo de festejos, que entienden que por un lado hace pública una celebración que debe ser privada y al mismo tiempo pierde de vista la separación Estado-religión, en particular porque es común que en el encendido de las *janukiot* participen figuras políticas renombradas.

La resistencia a las celebraciones públicas llegó en los Estados Unidos a estrados judiciales en varias ocasiones, y Jabad Lubavitch llegó a recurrir al argumento de que los candelabros no son un símbolo religioso, sino un símbolo universal de Libertad. Curiosa vuelta de tuerca para un grupo que pregona la observancia religiosa y muestra de la elasticidad política con la que se mueve la organización.

Nada de eso sucedió en la Argentina más allá de algunos pequeños contrapuntos en 1984 cuando tuvieron que lidiar con funcionarios municipales que no se atrevían a firmar las autorizaciones.

En el video que están pasando se habla del milagro de *Jánuca* como el de la liberación y de paso se menciona la opresión que el pueblo judío debió sufrir durante el período de existencia de la Unión Soviética: "Como una estrella fugaz en la noche, la cortina de hierro cae y la tiranía cede paso a la democracia", indica el video mientras pasa imágenes de la Caída del Muro y la gente vuelve a aplaudir "...sin disparar un sólo disparo, millones son liberados de la opresión. Con vitalidad renovada, el judaísmo resurge de la noche a la mañana a todo lo largo de lo que fueron países comunistas. Un verdadero milagro de *Jánuca*". Concluye el video con una secuencia en el que el propio ex presidente ruso Vladimir Putin enciende un candelabro.

El locutor vuelve al escenario e insiste una vez más en que llenemos los papelitos y los pongamos en la urna para el sorteo. Anuncia que el premio es una computadora que han donado y sigue con un breve discurso que emparenta la globalización como el enfrentamiento a los "más poderosos" con la gesta macabea, "la lucha no sólo en las armas, sino en lo cultural, en la cabeza, que son de las invasiones más complicadas de combatir".

Abajo del escenario, un lubavitcher ata a los caños que sostienen la estructura una bandera mesianista.

"Mantener la identidad judía es un milagro", dice el locutor en el escenario y da paso al rabino Levy que saluda y dice: Recién venimos de un momento muy interesante, fuimos a prender junto al rabino Iosi Baumgarten una *janukiá* en la cancha de Boca Juniors y por el milagro fue que ganó. Y más milagro es que Palermo hizo los dos goles. El milagro de *Jánuca*." sonríe y la gente aplaude. "La esencia de *Jánuca* es la esencia del pueblo judío: es esta llama que nadie nunca pudo apagar y que nadie nunca podrá apagar."

El discurso del rabino reclama el lugar de pertenencia como posición de resistencia en el sentido de un pueblo presente, en esa plaza, en ese momento, que sobrevivió a todo tipo de masacres, como mostró el video, y a todo tipo de intento de borramiento identitario. Hacer una *mitzvá* como forma de encontrar iluminación en tiempos de oscuridad. Siento que hay una interpelación a gente que se puede sentir reconfortada en el ámbito familiar del grupo cerrado, que se sentirá cuidada y hermanada con los demás hombres y mujeres acá presentes por medio del hábil discurso del rabino que se dirige a la plaza con el manejo escénico de un político en campaña. "La única luz que tenemos es *mitzvá*. La única luz que tenemos es la acción; el sentimiento es importante, pero la acción es lo que cuenta."

Siento que es consecuente con la forma en que Jabad Lubavitch se maneja: pragmatismo en todo sentido, con el objetivo de generar *mitzvot* y lograr que cada día más gente empiece a realizarlas. "Esa es la enseñanza de *Jánuca*, todos nosotros tenemos que vernos como *iehudim* que sí estamos cerca del judaísmo y de la práctica. Cuando me encuentro con un *iehudí* que me dice: 'Yo no como *kasher*' yo le digo: 'Es mentira. Porque comés arroz, tomate, Coca-Cola, agua, todo eso es *kasher*. Entonces no digas que no comés *kasher*. Quizás tenés que comer más, tenés que mejorar'", sigue Levy.

Decirle a la gente que ellos también están cumpliendo con la *mitzvá* de comer *kasher* es el gran golpe de efecto de su discurso y sigue la lógica operativa de Jabad que pregona hacer común, hacer accesible lo que claramente no lo es, como los preceptos (*mitzvot*) altamente codificados por sus reglas de realización correcta.

El rabino Levy aclara que las *mitzvot* no son obligaciones, sino actos de amor, como el amor que Dios tiene al pueblo judío y por lo que realizó el milagro de *Jánuca* "¿Y por qué?", se pregunta el rabino: "Porque *Mashíaj* está cerca. ¿Y cómo invitar a *Mashíaj*? Con actos de amor y de bondad".

El rabino termina su discurso con la frase que caracteriza a Jabad Lubavitch desde hace años "¡*Mashíaj* ya!".

La gente aplaude. Me suena irreal estar en el año 2009 en una plaza de Palermo escuchado un discurso que asegura que el Mesías está realmente en camino y llegará en cualquier momento, lo siento un elemento irreductible, algo que nunca podrían convencerme de creer, un pensamiento medieval, sabateísta y no me figuro todavía cómo es que logran convencer a tanta gente de creer también en ese aspecto de la fe. Si el judaísmo esperó siempre un Mesías salvador que redima las almas de su pueblo, Lubavitch lleva esa esperanza a la inminencia apocalíptica de lo que sucederá en cualquier momento, a la vuelta de la esquina.

El locutor menciona nombres de hombres para que se acerquen a la grúa al lado de la *menorá*. Son los que acompañarán al rabino Shlomo Levy hacia la altura para prender las velas. Luego le dan paso al rabino Iosi Baumgarten que explica algunas costumbres de la festividad de *Jánuca* como el sentido del *guelt* de *Jánuca* y las comidas como "el *sufganiot* de masa, la bola de fraile".

Termina su discurso y el rabino Shlomo Levy se sube a la grúa junto con un hombre y un nene, van a encender las velas de la *janukiá*, mientras el rabino Baumgarten recita las *berajot* (bendiciones) correspondientes desde el escenario.

La grúa sube y baja y carga a diversas personas que fueron mencionadas antes para participar del encendido, las velas se van iluminando en lo alto. Alrededor del candelabro de metal pintado de un dorado opaco, el público celebra y se reúne para contemplar el evento.

Termina el encendido con aplausos y empieza la hora del festejo.

Pero antes, unos chicos son llamados al escenario para leer fragmentos de la *Torá*. El rabino Shlomo Levy dice: "Una cosa que el Rebe enfatizó mucho es que los niños son los soldados de Dios. Los soldados de *Tzviot HaShem*, aquellos que hacen lucha realmente con su pureza y su alegría. Ellos van a enseñarnos ahora algunos versículos y nosotros tenemos que repetir palabra por palabra con toda la fuerza, porque esta pureza llega a lo más elevado y lo más profundo y esto es lo que tenemos que hacer ahora".

Le pregunta el nombre al nene que dice llamarse Ariel y empieza a gritar palabra por palabra en hebreo esperando que el público repita con él.

Pasan algunos chicos que repiten el procedimiento, y cuando terminan el locutor anuncia en el escenario a la banda de música Kef ("Estar bien, diversión").

Hacen una música en hebreo y festiva, con algunas invocaciones mesiánicas como en su tema "Waiting for Mashíaj" de su segundo disco, *Extra Kef*. El tema es un *mash up* de una melodía clásica de Los Pericos con una letra en hebreo y alegría jasídica.

El festejo se contagia. Las primeras filas de sillas se corren y los lubavitchers se trenzan en bailes en círculo, trencitos de sombreros y sacos negros, algún padre con *kipá* que sostiene a su hijo en los hombros. El festejo parece ser sólo Lubavitch, la gente mira desde afuera, sentada en sus sillas, escuchando la música, entonando al *Ava Naguila*, la melodía "que sabemos todos" cuando suena.

Me aparto del centro, me acerco al monumento del fondo, donde pocas personas dispersas estuvieron viendo todo el acto sin participar. Casi no hay *kipot* acá, no hay ningún lubavitch, no hay judíos podría pensarse.

Una pareja a poca distancia fuma un porro.

El set de Kef dura unos cuarenta y cinco minutos movidos en los que los *jabadniks* no dejan de bailar y festejar, incitando incluso al público a sumarse, que por lo general desiste de la invitación.

Cuando termina el mini recital se anuncia el arribo del rabino Tzvi Grunblatt y vuelvo a tomar posición en las primeras filas de un público que vuelve a estar aplacado y expectante a lo que sucede arriba del escenario con la magnética presencia del director general de Jabad Lubavitch en la Argentina.

"El mensaje [de *Jánuca*] es que frente a la adversidad de la fuerza física, aunque sea muy numerosa y poderosa, cuando está la fortaleza de la fe en *HaShem* y la fortaleza y la fidelidad a nuestras raíces, a nuestras tradiciones, ahí nadie puede doblegarnos y los pocos pueden superar a los muchos", dice y despierta aplausos entre el público.

Sus palabras apelan al mismo tiempo al judaísmo como tradición y a la fe religiosa, lo entrelaza con cuidado, la apelación al acercamiento a la *Torá* y a la fe en Dios están presentes, pero la dosis podría considerarse baja si se toma en cuenta el peso específico del hombre que las pronuncia. Su discurso continúa, apela al sentimiento sionista cuando relata que el costo de todos los armamentos de Israel es en vano cuando un sólo judío se aleja de su pueblo e invoca a lo contrario: "Cada chico que empieza a recibir educación de *Torá* es una batalla ganada, cada hogar que se suma es una luz que se enciende".

Lo que sigue es el sorteo de algunas *menorot* de peluche y el gran premio, una PC. La gana una mujer de uno de los puestos de venta de souvenirs judaicos.

Estallan los fuegos artificiales y el locutor anuncia que la fiesta para los jóvenes sigue en el Beit Jabad del pasaje El Lazo, con una Fiesta de *Jánuca Techno*.

Yo me vuelvo a mi casa.

Las futuras generaciones: Tzivot HaShem y Gal After School

"Un niño es como un árbol. Nutriéndolo desde muy pequeño con conocimiento verdadero, con valores profundos y enseñanzas que hagan florecer su alma crecerá sano y firme. Tendrá profundas raíces en qué basarse. Un tronco fuerte que sustente su desarrollo. Dará frutos y producirá la simiente de la que nacerán nuevos árboles de la misma especie. La continuidad del pueblo judío depende de nuestros hijos, y ellos dependen de nosotros. Este libro es para verlos crecer, aprendiendo la historia de *Pésaj* mientras juegan."
De la contratapa de *Camino a la libertad*, libro de material didáctico que se utiliza en los cursos Gal After School

Jabad Lubavitch tiene programas de educación judaica orientados específicamente para chicos menores a su edad de *Bar/Bat Mitzvá*.

Por un lado, se desarrolla la versión local del programa Tzivot HaShem ("Soldados del Señor") creado por el Rebe en 1981, coordinado en su filial local por el rabino Israel Kapeluschnik.

El grupo se plantea como una especie de juego de ejército, donde los chicos obtienen puntos por el cumplimiento de *mitzvot*, lo que les permite acceder a diferentes "rangos".

La introducción del lenguaje militar estuvo a cargo del Rebe, quien utilizó estos términos por primera vez cuando habló de una "lucha espiritual" contra las fuerzas seculares, el ateísmo, el materialismo, y todo los otros *-ismos* que alejan a los jóvenes judíos de la tradición. Por otra parte, no hay en estos programas, entrenamientos militares, y las únicas armas con que cuentan los chicos y los lubavitchers en general en la batalla por las almas judías es la persuasión y los programas atractivos de los que se valen. El enemigo es interno, la "inclinación maligna" dentro de cada ser humano.

La idea de rangos, premios, beneficios aparece presente entonces en la base de estos programas, aunque siempre como una forma de adaptación a una realidad contemporánea que se maneja con unos códigos donde el estudio judaico extraescolar por sí mismo, no es un estímulo suficiente.

Dice el rabino Kapeluschnik: "La idea es congregar a todo chico judío, ya sea de hogares observantes y no observantes y reforzar su judaísmo desde chiquitos, desde la base. Ése es el concepto fundamental. ¿Cómo? A través de las diez campañas que sacó el Rebe, a partir de los doce versículos que el Rebe pidió que cada chico judío supiera de memoria. Doce versículos o dichos de nuestros sabios, para que todo el tiempo tenga la cabeza pensando cuestiones judaicas, para que la habitación de cada chico sea un espacio donde esté rodeado de temas judaicos, por ejemplo teniendo libros judíos, teniendo una alcancía, influyendo para que los chicos hagan obras de caridad. La idea es no esperar a que el chico sea grande, sino ir formándolo ya desde chiquito y esto es toda una campaña, con premios y con rangos en los que los chicos van creciendo y se van formando para el día de mañana ser los futuros líderes de Israel. Hoy en día tenemos gente casada, trabajando acá, que de chicos recibieron a la gente de Jabad con las distintas campañas que nosotros hacíamos en esa época".

Tzivot HaShem tiene reuniones semanales los sábados a la noche y además organiza colonias de invierno y verano. En esos encuentros se realizan actividades educativas y también recreativas, pero se inculcan, sobre todo, valores judaicos en una especie de suplantación de la educación judía que los hogares ya no brindan y los colegios de la colectividad plantean de modos no ortodoxos. "Por ahí se los lleva a patinaje sobre hielo, a un bowling", señala Kapeluschnik, "y se les enseña versículos, se les cuenta una historia, depende el nivel de cada chico. Para las fiestas organizamos actividades especiales: para *Pésaj*, invitamos a los chicos a hacer una matzería, una fábrica de *matzá*. Los chicos vienen, les ponemos un delantal, un gorrito, le damos un palito, ellos arman y amasan y hornean su propia *matzot*. Para *Rosh HaShaná* hicimos una fábrica de *shofar*. Traemos cuernos medio crudos y se los trabaja delante de los chicos. Con *Sucot*, yendo con la Sucamovil a la escuela o a lugares céntricos para que los chicos participen. Es un plan abierto para todos los chicos de la colectividad."

La mujer del rabino Kapeluschnik, Miriam, se encarga, entre otras cosas, de los programas Morashá que a partir de 2009 han sido renombrados como Gal After School.

El proyecto original surgió en 2001 y fue producto de una unión entre Jabad Lubavitch y otras dos instituciones judías: Sucat David y el "templo de Camargo" (Asociación Comunidad Israelita Sefaradí de Buenos Aires). En el período de la crisis económica y social que vivió nuestro país, muchas escuelas y colegios judíos se vieron obligados a cerrar sus puertas así como muchos padres optaron por dejar de mandar a sus hijos a las que permanecieron de pie en función de nuevos planes de ahorro forzados. La preocupación de estas instituciones por preservar en el judaísmo a esos chicos que estaban empezando a quedar por fuera de la red escolar comunitaria coincidió con el surgimiento de dos grandes donantes (un argentino y un donante del exterior) que quisieron aportar para evitar esa situación. El rabino Grunblatt ideó entonces una red de institutos de educación judía no formal en horario extraescolar que se asentó en un principio en siete centros pertenecientes a las instituciones participantes, cinco en Capital Federal, uno en Morón y uno en Martínez.

Hoy, el programa cuenta con unos doscientos chicos y unos costos operativos de alrededor de cien mil pesos por mes.

El programa se apuntaló sobre tres ejes de enseñanza: hebreo, historia judía y tradición.

Las actividades que desarrolla Gal After School son variadas e incluyen recreación y talleres como *rikuddim* (bailes típicos judíos) pero también partidos de fútbol y ajedrez. En época de vacaciones el programa se articula con lo que se llama la Colonia de Morashá que también organiza su marido y que ha llegado a tener hasta mil doscientos chicos en el club CASA.

Las *morot* (maestras) de cada centro Morashá son provistas por sus coordinadores con material didáctico especialmente diseñado por Miriam Kapeluschnik y su reducido grupo de asistentes. La impronta de Jabad Lubavitch de llevar el campo de lo religioso al público amplio puede observarse en este tipo de materiales. Álbumes de figuritas con personajes bíblicos, un cuadernillo llamado "Googleando a HaShem en cada cosa" y que imita la tipografía y modos del famoso buscador, con actividades que mezclan la recreación con la especificidad de la educación religiosa pensada desde la perspectiva de los chicos. En el interior del cuadernillo hay relatos y parábolas con personajes del Antiguo Testamento, grandes sabios y rabinos, y se enseña el valor de los matrimonios entre judíos o se estimula la idea de la presencia de Dios como determinador absoluto de la vida humana.

El material didáctico también incluye una serie de librillos impresos por la editorial de Jabad Lubavitch, Kehot.

Camino a la libertad: Shorashim (Raíces) 2, por ejemplo, es —como anuncia en su portada colorida con dibujos orientados a niños que ilustran escenas del Éxodo— "la historia de *Pésaj* en relatos y juegos". Con juegos de ingenio, sopas de letras, ejercicios de completar frases, descifrar códigos y otra serie de situaciones lúdicas, se mezclan glosas bíblicas con comentarios y actividades mientras se enseñan las reglas y la historia de la celebración de *Pésaj*. En la misma línea, el librito *Alef-Bet: mis primeros pasos con las letras hebreas* presenta las letras hebreas con fondo hueco para colorear, se provee un alfabeto entero con ejemplos de palabras asociadas a las *mitzvot* (por ejemplo: la letra hebrea *Fei* tiene como ejemplo de fonética en castellano la palabra *tefilim*) y un glosario al final donde se aclaran términos claves en el discurso de Jabad Lubavitch como *shabat, mashíaj* y *mitzvá*.

Miriam Kapeluschnik cuenta que hace unos años incluso organizaron un concurso literario de cuentos de ciencia ficción y policiales basados en temas de la *Torá* y que la ganadora se llevó una computadora. "Tratamos de hacer algo que en la escuela no hagan", dice.

El programa Morashá permitió el inicio del programa Morashá Universitarios, el cual fue pensado para dar asistencia a los chicos que con diecisiete años "egresaban". Morashá Universitarios devino en ISEJ y así también Morashá en Gal After School como una forma de cambiar de imagen.

Después de casi diez años de funcionar de modo gratuito e ininterrumpido, se ha instalado el prejuicio en la comunidad de que Morashá es un programa para chicos pobres. Kapeluschnik se lamenta: "Muchos te lo expresan así. En realidad el programa es para chicos que son pobres en conocimientos judaicos. Puede ser un chico que esté yendo a un colegio privado y pagando muchísimo dinero pero que es pobre en conocimiento judaico. El no cobrar nos ha perjudicado. No sólo nos perjudica porque cada vez es más difícil conseguir los fondos, es más difícil cumplir con nuestras obligaciones, con nuestros acreedores, que esa es una cosa muy seria, sino que, además, no es valorada. Normalmente cuando alguien te dice: '¿Cuánto te debo?' y le decís: 'No, no es nada', lo tomás como: 'Ah, es un regalo, no debe ser tan importante. No debe valer tanto'. Entonces queremos revertir un poco esto. Nosotros sabemos lo que nos cuesta, no vamos a cobrar el costo, pero sí a partir de ahora queremos que la gente aporte algo para que tenga más compromiso. Por eso también le cambiamos el nombre. Para que el padre vea esto de '*after school*' que no es la escuela, para que vea que tiene una oportunidad, luego de la escuela, de pasar un rato divertido y de paso estar dentro de la comunidad".

Con el nuevo posicionamiento empieza a revertir la posición en la que Jabad Lubavitch se colocó con respecto de los jóvenes durante los últimos años: ofrecer algo material a cambio del tiempo de estudio judío.

Miriam sigue apostando con toda su fuerza al programa porque entiende que es la única manera de que cientos de chicos judíos accedan a conocer cuestiones judías, razón principal de la misión de Jabad Lubavitch.

Dice categórica la maestra: "Toda nuestra idea es: 'Ésta es tu herencia. Esto es tuyo. No es nuestro. Es tuyo. Hacé lo que quieras con eso, pero conocelo'. Podés rechazar algo cuando lo conociste y decís: 'Esto no es para mí', pero no antes de tener acceso. Nuestra idea, entonces, es ésa: llegar, a través de cosas copadas, lindas, atractivas, a que conozcan el judaísmo. Soy una convencida de que si las personas se dan la oportunidad de conocer el judaísmo no lo van a dejar, porque es hermoso. Porque es algo muy especial. Pero lógico, hay que darse la oportunidad".

Vendedores de Dios

> "Algunas corrientes se ven a sí mismas como los policías de Dios. Nosotros nos vemos como los vendedores de Dios."
> Efraim Mintz, director de *Placement Services and Adult Education* en la *Shlichim Office* de Crown Heights.
> Citado por Fishkoff, S., *The Rebbe's Army*, p. 55

Miriam Kapeluschnik no sólo se encarga de los programas educativos de Jabad. Mientras habla, resuelve cosas pendientes, le da indicaciones a su asistente, saluda a su marido que pasa por su oficina y le dice cómo tiene que hacer para arreglarle la computadora al rabino Grunblatt.

El primer subsuelo de Jabad Central, en la calle Agüero, parece un búnker y es un hormiguero permanente, donde se ven pasar a los principales rabinos de la institución, los que manejan los asuntos más importantes a nivel global de todo Jabad en la Argentina.

Y ella no es la excepción. El espacio le queda chico. Se levanta, va, viene, busca carpetas, materiales, revistas viejas, responde cientos de e-mails de gente que escribe desde la página oficial de Jabad (www.jabad.org.ar) acerca de la que pide que la anoten con cuidado para que nadie se confunda, mientras prepara sus vacaciones y se da un espacio para contarme lo que hace.

Es la encargada de la página web y además edita la revista *Jabad Magazine* y *La Enseñanza Semanal*, un folleto que se imprime y distribuye por los Batei Jabad y otras instituciones judías, así como se envía por e-mail, con enseñanzas, lecturas de *Torá* de cada semana y algún cuento jasídico. De modo que ella y el rabino Ioshua Birman, quien es el productor del sitio www.Jabad.tv (un portal de videos institucionales) y del programa de Jabad que salió durante años en televisión, son los que manejan las comunicaciones de la institución.

El programa de Jabad de televisión empezó en 1995 en la pantalla de ATC, llamándose *Ventana al judaísmo* y luego pasó al cable, en el canal Alef.

En una entrevista publicada en la *Jabad Magazine* número 118 (otoño 2009), Shaúl Hochberger, conductor de las emisiones refería: "...a partir de extensos e interesantes diálogos que mantenía con el rabino Tzvi Grunblatt, acerca de los temas y cuestiones de la vida, observados y analizados desde una perspectiva judía, empezamos a comprobar que la denominada 'caja boba' o 'chupete electrónico' puede convertirse también en un excelente medio educativo".

En 1999 el programa pasó a llamarse *Un pueblo* y desembarcó en la pantalla de Canal 7, de donde luego saltó a las mañanas de los domingos en América TV, hasta diciembre de 2008, al tiempo que se distribuía por Radio Jai y la señal MGM que lo retransmitía al resto del continente.

El domingo 26 de abril de 2009 se realizó la primera trasmisión del programa por el canal C5N el cual ya había hecho la trasmisión de la fiesta pública de *Jánuca* por Jabad en 2008.

Casi a fines de 2009 se lanzó el sitio Jabad.tv, el que con varios canales internos reemplazó el programa de aire, hizo accesibles los materiales de archivo y siguió produciendo nuevos, en una modernización que intenta, según comentarios internos, poner una vez más a Jabad en la vanguardia de la comunicación.

Esta concepción y manejo de las tecnologías modernas llaman la atención viniendo de un grupo religioso ortodoxo que posee muchas familias en su comunidad que ni siquiera tienen un televisor en su casa y mucho menos conexión a Internet.

El rabino Tzvi Grunblatt se encarga de despejar las dudas introduciendo los conceptos que desarrolló el Séptimo Rebe de Lubavitch: "Se basa en un principio judaico: 'Todo lo que creó Dios en el mundo es para enaltecer el nombre de Dios'. Utilizar la tecnología positivamente es enaltecer el nombre de Dios. La gente tiene la idea de que el judío ortodoxo vive en la Edad Media. Por ahí vive en la Edad Media en sus principios morales, porque son los mismos que en la antigüedad, porque 'no robar, no matar y no cometer adulterio' son los mismos".

Miriam Kapeluschnik, por su parte, apunta para la misma dirección: "Tenemos que utilizar todas las herramientas, —dice convencida—, eso es lo que nos enseñó el Rebe. Cuando en los comienzos de su liderazgo pidió a sus *jasidim* que utilizaran herramientas como la radio para trasmitir palabras de *Torá* y todo lo demás, o incluso trasmisiones vía satélite o a través de la televisión de las reuniones jasídicas, la gente, el judaísmo ortodoxo, se puso muy mal. El Rebe nos enseñó que todas estas cosas no son ni *kasher* ni no *kasher* (*taref*). Siempre existieron las ondas. No son ni buenas ni malas, son neutrales, son *parve*. Todo depende de cómo se utilicen. Entonces, si nosotros vamos a utilizar estas herramientas para trasmitir judaísmo, la televisión, la radio, la Internet, que se incorporó después, para llegar a cada judío, incluso al que está más alejado, entonces ya no es una herramienta que pueda hacer daño".

El mensaje del Rebe fue claro, y Jabad Lubavitch, a nivel mundial, fue pionera en el manejo de Internet. Basta con observar la sofisticada red de sitios interconectados que ha creado y su capacidad de respuesta al instante que los lleva a crear páginas *ad hoc* para casos específicos: pocos días después de la catástrofe causada por el tsunami en Haití en 2010, ya estaba funcionando la página web para unificar los esfuerzos de ayuda de Jabad en todo el mundo.

Pero no sólo eso, sino que los *headquarters* de Jabad Mundial tienen sitios web específicos para casi todo: para cada festividad, para *shabat*, para noticias internas de la comunidad de Crown Heights, para honrar la vida y obra de su Rebe y para educar en el judaísmo a quien quiera explorar el sitio, estando muchas de estas páginas disponibles en varios idiomas. Basta con explorar un poco el portal principal (http://es.chabad.org) para ver cómo se abren menúes desplegables que nos van conduciendo a cientos de contenidos específicos, muchos de los cuáles tienen un gran nivel de producción propia y algunos se orientan a un público en particular. El botón "Kids", por ejemplo, nos redirecciona a un portal especialmente diseñado para los niños, donde se ofrecen una serie de contenidos didácticos múltiples: allí puede encontrarse el *Show de Itche Kadoozy*, unas marionetas que explican *Torá* para niños, o ver los dibujitos animados de *Kabbala Toons*, o leer los cómics o ver los comentarios o escuchar los audios, o volver a la página del Rebe y ver sus cientos de videos o consultar fechas con el conversor de calendarios gregoriano-hebreo. Las opciones son tantas que abruman.

Con recursos más modestos pero el mismo espíritu de enseñar judaísmo a quienes entren al sitio, Jabad.org.ar existe desde hace unos once años, a instancias del rabino Natán Grunblatt, encargado de la filial local de la editorial Kehot Lubavitch, la cual se dedica a editar los libros fundamentales del jasidismo de Jabad y otros de temáticas judías en general.

Miriam recuerda cuando se hizo cargo de la administración del sitio: "Hace nueve años, o quizás diez, el rabino Tzvi Grunblatt me pidió que me hiciera cargo del proyecto. La página estaba en su génesis y había que tomarla, ya se veía que esto de Internet estaba creciendo muchísimo y había que dedicarse a ello. Junto con una compañera, trabajamos muchísimo hasta llegar al formato que queríamos."

El formato de Jabad.org.ar es una auténtica creación local. Muchos de los Batei Jabad en la Argentina tienen a su vez una sucursal web, pero como aclara Kapeluschnik son formatos prearmados por Crown Heights.

Comunicar, vender a Dios, llegar a la mayor cantidad de judíos posibles: ésos son los objetivos de Jabad Lubavitch y hay una comprensión cabal, ya desde el liderazgo de su último Rebe, del poder de la tecnología moderna para cumplir esta meta.

El alcance del sitio, señala Miriam, es enorme: "Nosotros decimos que es el Beit Jabad que recibe más personas de todos los Batei Jabad, los trescientos sesenta y cinco días al año. Está las veinticuatro horas abierto. Entonces por eso decimos que es un Beit Jabad por sí mismo, que recibe consultas de gente de habla hispana, principalmente, de todo el mundo. La mayor parte del tráfico viene de acá, de la Argentina, después de los países limítrofes, y también de otros países de habla hispana".

En un mundo donde otras ramas del judaísmo ortodoxo aborrecen los avances técnicos a los que consideran herramientas en el camino hacia la asimilación, los lubavitch entienden las posibilidades inversas del medio: devolver a los judíos a la observancia.

Eso está en la anécdota que cuenta Miriam: un hombre de unos cincuenta años, que estaba en una muy mala situación y necesitaba hablar con un rabino, buscando alguna punta por Internet llegó a la *webpage* de Jabad, envió un correo, que recibió ella y que lo reenvió a la vez a su marido.

El rabino Kapeluschnik tuvo una cita con el hombre, le dio consuelo y lo invitó a participar del *minián* de todas las mañanas en el templo de Agüero, y, con el tiempo, como el hombre siguió asistiendo, lo invitaron a estudiar *Torá* con un grupo de gente adulta luego del servicio. De a poco empezó a superar su crisis personal, generó un emprendimiento hasta que todo cambió: "El señor es una persona con un currículum muy importante. Lo llamaron de Coto. Hoy en día es uno de los gerentes más importantes de Coto de Buenos Aires. Y esta persona compró un par de *tefilim* porque quería seguir en contacto con esto, y viene los domingos que es cuando tiene el *minián* ése que lo recibe. Y todo esto gracias a la página". Miriam termina el relato con una sonrisa y cuenta otra historia, de cómo un hombre que vive en los Estados Unidos se comunicó con ellos a través de la *webpage* porque su madre se había suicidado en nuestro país y no tenía forma de encargarse del asunto y cómo fue una vez más su marido, quien se encargó de realizar los trámites necesarios en la AMIA y la Policía Federal.

Judaísmo práctico lo define Miriam: "Nuestra página no solamente es una página de estudios. Principalmente es una página de contenidos. Porque vos lo que vas a encontrar en la página es contenido judaico, todo lo que tenga que ver con las fechas festivas, con contenidos, con lo que vos necesités. Nuestro trabajo es relacionar la parte bíblica con cosas que tengan que ver con la vida normal de cada judío y la idea es traerle un halo de vida a la rutina, para que el judío, mientras esté haciendo lo que sea de su rutina, pueda incorporar también conocimiento y experiencia judía".

Con un promedio de veinticinco mil visitas mensuales, el sitio ocupa un lugar privilegiado dentro del aparato comunicacional de la institución, y es un territorio donde se permiten calibrar las propuestas. Miriam parece entender la importancia del sitio dentro del entramado comunicacional de la institución como un espacio de batalla: "Estamos viviendo en una época en la que el judío medio carece de información y formación judaica. Jabad es una institución que se dedica a esto: a difundir judaísmo. Para eso utilizamos distintas herramientas que nos permitan llegar. Un judío puede llegar a través de los Batei Jabad reales, pero también tienen la opción de un Beit Jabad virtual. Hay gente que nunca se va a acercar al real pero que, de repente, pone un dato en Google y encuentra lo que está buscando".

Dentro del aparato comunicacional de la institución, los folletos, de una excelente manufactura, ocupan otro lugar destacado: se entregan en las campañas de *tefilim* que los estudiantes de la *ieshivá* realizan los viernes y se esparcen por los Batei Jabad con indicaciones precisas para cada evento o los modos correctos de celebrar las festividades. Pero dentro de los materiales impresos, se destaca la *Jabad Magazine*, revista trimestral que edita la institución.

LOS LUBAVITCH EN LA ARGENTINA

El proyecto editorial es una continuación natural de una publicación anterior que había comenzado a realizar el pionero de Jabad en la Argentina, el rabino Dov Ber Baumgarten, el cual se llamaba *Conversaciones con la Juventud*, unos cuadernillos educativos que se editaron en dos épocas distintas.

En 1990 salió el número 1 de *Jabad Magazine*, la cual estaba dedicada a los cuarenta años de liderazgo de Menajem Mendel Schneerson con una foto suya a color en primer plano.

Había cambios fundamentales en el diseño y la experiencia de lectura. Se empezaba a conformar una auténtica revista con una presentación más eficaz. Kapeluschnik llegó al proyecto en el año 2000 y terminó de refrescarle la cara haciéndola de un formato atractivo para cualquiera.

La revista se distribuye en forma gratuita a sus doce mil suscriptores en mano y otros cinco mil por correo, pero también a través de los Batei Jabad, festividades y campañas. Sus páginas están compuestas por una mayoría de contenidos propios y de difusión. Es la publicación más "ligera" en cuanto a carga religiosa de todas las que integran la propuesta comunicativa de Jabad Lubavitch. Lo que no significa que no esté dominada por conceptos religiosos, pero se presentan en una forma *aggiornada* y didáctica para un público amplio, al que no se le exigen muchos conocimientos previos. Las cuatro ediciones anuales coinciden con cuatro de las festividades más importantes del judaísmo: *Pésaj, Shavuot, Rosh HaShaná* y *Jánuca*. También se hacen ediciones mixtas, cuando hay coincidencia de fechas con otras festividades como *Púrim*.

De ese modo, la revista opera buena parte de la impronta de Jabad Lubavitch Argentina en estas fechas: desde las tapas anuncian la festividad y llaman a su atención. En las páginas internas se dan consejos sobre el mejor modo de cumplir con los preceptos que se deben atender, a todo eso se le suman contenidos propios con anécdotas y parábolas, las que —a diferencia de la costumbre de Jabad— no suelen incluir cuentos jasídicos, sino milagros por intermediación del Rebe, anécdotas personales y experiencias de gente que se sintió tocada por la labor de Jabad y alguna nota de color asociada; todo enmarcado en un diseño en el que predominan las fotos a color y una caja de texto con muchos espacios en blanco que aligeran la lectura.

La revista se impone como un mecanismo más dentro de la frontera externa de Jabad Lubavitch: sin sofisticaciones técnicas para entendidos, pensada para pasar el tiempo y educar en cuestiones básicas de los ritos para las fiestas.

Kapeluschnik sostiene que sólo ella y un reducido grupo de colaboradores arman los cuatro números anuales y que una de las cosas que más la gratifican de ese emprendimiento es la posibilidad de recibir un *feedback* de la comunidad, que si bien no es mucho, cuando aparece resulta satisfactorio: "Hace poco entrevisté a una persona, una chica que vino del Chaco que se presentó para una entrevista de trabajo. Ella era de papá no judío, de mamá judía, y estaba muy interesada en estudiar judaísmo, por eso se vino para acá. Le pregunté: '¿Cómo fue que te contactaste con el judaísmo?', y me respondió: 'Mi primer contacto con el judaísmo fue con *Jabad Magazine*.' Ella ni sabía quién era yo, que hacía o no hacía. Esperaba la revista como si fuera agua. Se la pasaba la vecina. No era que su madre estuviese inscripta a *Jabad Magazine*".

Miriam se queda unos segundos en silencio, pensando en lo que acaba de decir, recordando con satisfacción.

Serán los únicos segundos en que pare, porque luego seguirá con su ritmo habitual.

Sin ella y la impronta que le imprime a su trabajo, buena parte de los esfuerzos de llegada de Jabad al mundo judío externo serían muy distintos.

Renacidos de las cenizas: los templos revividos por Jabad Lubavitch

Villa Crespo, Barrio Lubavitch

"Fue la misma gente del templo la que me ofreció hacerme cargo", dice el rabino Mordejai Birman en su oficina en el Beit Jabad Villa Crespo, sobre la calle Serrano a la altura 69, sede del Templo Ahavat Israel, también conocido como "el templo de los polacos".

"Villa Créplaj" le dicen también, en un juego de palabras, al barrio caracterizado por su densa población judía, que se ve en la gran cantidad de escuelas judías y sinagogas de diferentes corrientes que se esparcen en pocas cuadras a la redonda: el templo de Murillo 649/661 (Comunidad Dor Jadash), el de Camargo 870 (Asociación Comunidad Israelita Sefaradí de Buenos Aires), el de Antezana 145 (Templo Berith Abraham) y también el colegio Scholem Aleijem, de origen socialista y sionista.

El rabino Birman cuenta que la comunidad tuvo su sede primero en la calle Velaztegui, luego en Thames y que por último se establecieron en su ubicación actual.

Cuando llegó al barrio, en el año 1986, el templo funcionaba solamente los sábados a la mañana: "Había cinco familias que se ocupaban de mantenerlo abierto los sábados al mediodía nada más", dice.

Pero entonces llegó el rabino, y con él, Jabad y toda su impronta de renovación. Hoy en día, y después de casi veinticinco años de trabajo, el templo recibe a unas doscientas personas en promedio por semana y funciona como Beit Jabad que está abierto todos los días; brinda cursos, espacio para rezar y es sede de una de las oficinas de asistencia social de la Fundación Jabad.

Ahavat Israel no es el único templo del que se hizo cargo Jabad Lubavitch en momentos en que los antiguos administradores no pudieron seguir manteniéndolos abiertos.

La asimilación, la explosión del sionismo y los clubes sociales como centros de la vida comunitaria durante el siglo XX fueron haciendo menguar a las comunidades ortodoxas que pronto se vieron cercadas, con menos gente cada día, hasta el momento del quiebre.

Ubicado en medio del barrio de Abasto, otro centro neurálgico de Jabad con varios templos e instituciones en las cercanías, el Beit Jabad Almagro/Abasto era antes de ser recuperado y puesto a nuevo por los lubavitch, la Asociación Israelita de Culto y Beneficencia "Baron Hirsch", un centro de vida comunitaria y templo en ruinas, casi abandonado, el cual fue refaccionado cuando llegó Jabad en 1994.

En la segunda planta funciona actualmente el Gan Jaia, un jardín de infantes para sesenta chicos, y el Beit Jabad también cuenta con un comedor comunitario que alimenta a cientos de personas carenciadas que se acercan todos los días, y organiza el grupo juvenil CHAT, entre otras actividades.

El Templo Iarjo Jabad Lavalle, abierto en 1993 por el rabino Rafael Lapidus, también supo ser un templo en quiebra hasta que llegó la salvación económica y la reapertura de mano de los lubavitch, que lo reconvirtieron en centro para alojar y alentar a los judíos a reencontrarse con sus raíces.

El masivo retorno a una búsqueda espiritual que tan bien ha sido capitalizado por Jabad Lubavitch los ubicó en el centro de una escena en la cual muchas comisiones directivas de templos e instituciones quebradas aceptan encargarles la administración como única salida para evitarla.

Damián Setton analiza la situación: "Lo que yo creo es que Jabad tiene una imagen de eficiencia en una época donde ése es un valor muy fuerte. Nosotros pasamos por el neoliberalismo, el mundo pasó por una etapa en la que la filosofía sobre la cual se organizaban las relaciones sociales estaba basada en la idea de eficiencia. Entonces, es lógico que una institución que parece garantizarla sea bien vista. No quiero decir con esto que Jabad sea neoliberal. Pero sí que si yo soy una comisión directiva y quiero que mi templo reflote, y estoy de acuerdo con la línea ortodoxa, voy a llamar a Jabad".

El mito juega a favor de Jabad y, como todo mito, reducidor de la realidad, no señala que, en verdad, la presunta eficiencia o no de cada Beit Jabad depende del rabino que está a cargo y de las posibilidades que tenga de conseguir los fondos para hacerlo funcionar.

El mismo rabino Birman empezó, antes de llegar a la actual sede de su Beit Jabad, en el Templo Etz Hajaim, que desde hace cinco años también mantiene como anexo de su centro y que responde a un rabino de Jabad. "Cuando empecé en Julián Álvarez [el Templo Etz Hajaim], tenía algo de gente. Quizás eran diez o doce viejitos, pero había alguien. Era muy difícil porque no conocíamos a nadie en el barrio, donde tampoco se veían caras religiosas como hoy. Nosotros éramos los bichos raros. Era difícil cuando queríamos empezar algo y no sabíamos si íbamos a tener convocatoria o no".

Desde hace cinco años, mandó a trabajar en ese templo, anexo de su Beit Jabad, al rabino Iejiel Frenkel: "Es un chico del barrio que después fue a estudiar a la *ieshivá*", explica Birman: "Allá recibió el título de rabino, volvió, se casó, formó una familia y trabajaba acá conmigo hasta que le dije que fuera para allá a hacerse cargo. Agarró un templo que estaba caído, cerrado. Hoy, en un sábado, habrán unas ochenta persona en *shabat* por la mañana, organiza también un *Kabalat Shabat* muy lindo, ahí funciona un centro Morashá, creo que habrá unos setenta chicos toda la semana".

En el año 1986 se instaló, entonces, de la mano del rabino Birman, el Beit Jabad Villa Crespo, que fue el cuarto en abrirse en todo el país (luego del Beit Jabad Tucumán, el Beit Jabad Concordia y el Beit Jabad Bahía Blanca), y el primero en la Capital Federal.

El trabajo que realizan los rabinos que reviven templos conlleva la pregunta: ¿por qué ellos pudieron lo que las comunidades anteriores, que también eran ortodoxas, no pudieron?

Los rabinos no ofrecen respuestas terrenales, se limitan a comentar anécdotas que ilustran lo que ellos consideran que era y es su misión divina, aunque siempre anclada en el trabajo cotidiano que realizan: "Me acuerdo del primer año, yo empecé un *kinder* sin conocer a nadie. Yo iba a ser el *madrij*, mi señora la *madrijá*, habíamos hecho unos panfletos y los pegamos por el barrio, pero no conocíamos a ningún chico. Cuando el sábado a la tarde salimos de mi casa, camino al templo, fuimos apostando cuántos chicos iba a haber. Lo máximo que esperábamos eran tres o cuatro. Pero cuando llegamos había doce chicos en la puerta. Ese *kinder* tuvo mucho éxito porque fue la base para conocer a muchas familias. Llegamos a tener casi cuarenta y cinco chicos. Esos chicos nos dieron un amplio conocimiento de muchas familias con las que empezamos a trabajar, que a sus vez acercaron a otras".

El lugar se lo tienen que ganar los rabinos, uno a uno, desde su lugar de trabajo, con la gente de la comunidad local, y eso representa un desafío. "Es difícil —reflexiona Birman—, pero creo que hoy en Scalabrini Ortiz y Corrientes no hay nadie que nos vea pasar y no nos conozca. Es más, los chicos de la *ieshivá* de Jabad Central vienen todos los viernes a poner *tefilim* y repartir folletos. Yo siempre cuento que vivo a mitad de cuadra y cuando los chicos de la *ieshivá* no vienen, me tocan el timbre a mí para pedirme los folletos de la *Enseñanza Semanal*. Es gente del barrio que, quizás, está esperando el viernes pasar por ahí y recibir el folleto. Gracias a Dios, hoy yo camino por el barrio y me saluda medio Villa Crespo. De todas formas no estoy satisfecho, porque siento que deberíamos hacer mucho más, que se puede hacer mucho más y, si Dios quiere, lo vamos a hacer".

Topadora Jabad

El rabino Aharón Stawski me recibe en su oficina del primer piso del Litvishe Shul - Beit Jabad Once y me ofrece un vaso de agua en un día de calor pegajoso de comienzos de enero de 2010.

La centenaria congregación en la que estamos se ubica en Uriburu 348 (entre Corrientes y Sarmiento), en un pulmón esencial de la comunidad judía de Buenos Aires. Rodeados de negocios cuyos dueños pertenecen a la colectividad, se encuentra a tres cuadras la casa del rabino Dov Ber Baumgarten, a la vuelta de la sede de la Sociedad Hebraica Argentina y en un perímetro de no más de cinco cuadras a la redonda, se encuentran la sede de la AMIA y los templos Anschei Galitzia (Uriburu 234) y el Jevre Mishnaiot (Tucumán 2186).

De hecho, debido a un acuerdo histórico, los tres templos comparten un *minián* que se realiza por las tardes, de lunes a jueves en este Litvishe Shul y los domingos y feriados en el templo galiciano.

Hay algo doblemente sorprendente en estar hoy en un templo lituano administrado desde 1996 por Jabad Lubavitch.

Primero que nada porque "lituano" es el gentilicio con el que se conoce no sólo a los provenientes de Lituania, sino a quienes, cuando surgió el jasidismo del Baal Shem Tov, más férrea oposición le presentaron, adoptando el nombre de *mitnagdim*.

El segundo motivo por el cual resulta sorprendente estar hoy acá es porque el Templo Litvishe Shul, antes de ser un Beit Jabad, se estaba viniendo literalmente a pique. El mobiliario se estaba cayendo, el descuido era absoluto y los pocos fieles que continuaban acudiendo al templo se habían visto llevados a la necesidad de cerrar las puertas por falta de fondos y feligresía.

El rabino Stawski cuenta: "Este templo es uno de los más importantes para la ortodoxia, porque los grandes rabinos de la comunidad venían aquí. Cuando empezó lo que se llama 'la traslación' de la población judía hacia lugares de la zona norte, el público que concurría se empezó a ir a lugares más prestigiosos. Así pasó que muchos templos se empezaron a vaciar, porque los padres seguían viniendo al templo pero los hijos se mudaron. Este templo también sufrió lo mismo que muchos otros. Pero así como muchos grandes decidieron hacer cambios para que empezara a volver la gente, este templo decidió que no los iba a hacer, que se iba a mantener ortodoxo. Llegó un momento en que se hizo muy difícil mantenerlo. Después de muchas idas y vueltas —digo esto porque no fue la primera opción que viniera Jabad—, cuando ya no tenían más remedio y estaban a punto de cerrar, aceptaron que viniera Jabad, porque garantizaba la continuidad ortodoxa".

Que el edificio se esté viniendo abajo no sé si es por la antigüedad de la construcción o porque en el vestíbulo de entrada unos obreros no dejan de martillar, con una constancia monótona y regular, los marcos de las puertas internas, convirtiendo, de a poco, las paredes históricas en poco más que polvo.

"Siempre estamos haciendo arreglos y cosas nuevas. Hicimos un salón arriba, estamos terminando una *mikve* de hombres, estamos arreglando la entrada", dice el rabino Stawski con felicidad.

En verdad, aclarará más tarde, su trabajo de destrucción y reconstrucción comenzó hace cuatro semanas, una después de la muerte del "último mohicano", como llama al ingeniero Daniel Rubinstein, un fiel que asistió a este templo toda su vida, desde la infancia, y que fue quien terminó de decidir que la única forma de mantenerlo abierto y ortodoxo era llamando a Jabad Lubavitch para que se hicieran cargo.

"Era un hombre muy bueno, pero obviamente estaba en desacuerdo con todos los cambios físicos que se le hicieran al templo, porque él quería recordarlo como era cuando venía de chiquito. Ahora que falleció empecé a tirar todo abajo. Pero tuve que esperar como siete años. Nosotros no somos arribistas que venimos, tiramos todo abajo y no nos importa nada".

La congregación necesitaba arreglos, eso se hace evidente cuando se ve, ya desde afuera, unos portones de madera cerrados que dan la sensación de ser un espacio cerrado, abandonado, sin nadie en su interior. También cuando se pasa por el pasillo lúgubre que une el vestíbulo con el templo y se ve a un costado el viejo armatoste de madera gastada que servía de biblioteca, con unos libros polvorientos de páginas humedecidas y amarillentas que ahora se acumulan en un cuartito de depósito. Cuando el rabino Stawski enciende las luces renovadas del templo y queda a la vista la biblioteca con los relucientes libros de rezos editados por la editorial Kehot de Jabad, o cuando recorremos los bancos que fueron lustrados y refaccionados se nota que hay un aire de nueva vida en este enorme edificio con frente de piedra descubierta que lo asemeja a una cueva.

El rabino me señala los bancos y me dice: "Cuando yo llegué, a los dos o tres años se hizo un reciclado de estos bancos. Eran los bancos típicos, grandes, macizos de un *shil*. El carpintero sacó todo, y se volvió a lustrar. Había unos laterales que tenían varillas. Sacó las varillas y encontró que en dos o tres bancos estaban cinceladas unas esvásticas. Los carpinteros de la época en que se construyó el tempo, o alguien más, habían puesto las esvásticas y arriba las taparon con las varillas, pero como diciendo: las esvásticas están. Claro, el templo se construyó en el año '45, '46".

El Litvishe Shul fue fundado en el año 1898. En 1920 recién se compró la propiedad, la cual consistía en una caballeriza que todavía alquilaba animales para tracción, una casita sencilla adelante y un galpón. En la casita funcionaba el templo, hasta que en 1945 se derribaron todas las construcciones y comenzó la edificación de la estructura actual, que incluye el templo. La inauguración fue en 1947. Las esvásticas grabadas en los laterales de los bancos coinciden perfectamente con la época en que fueron manufacturados y colocados en el templo. Parece una historia de viejos embrujos, fascinante y perversa, durante sesenta años de funcionamiento de uno de los templos ortodoxos más importantes de Buenos Aires, el signo de odio se burlaba en silencio de los fieles.

El piso de arriba cuenta ahora con un moderno salón para conferencias, proyecciones y actividades, y está equipado con cocina, dos baños y lo que el rabino señala como lo más importante: una parrilla en la terraza. "Esto fue lo primero que hicimos", dice Stawski, mostrando orgulloso el trabajo: "El señor Rubinstein no lo vio, creo que subió una sola vez y nunca más".

El salón está decorado en tonos pastel, suaves, es amplio y ahora que está vacío da una sensación de mucho espacio, pero no cuesta imaginarlo lleno con unas ciento cincuenta personas, que es lo que calcula el rabino que juntan aproximadamente durante las fiestas (*Sucot, Púrim, Jánuca, Pésaj, Rosh HaShaná*), para las que siempre ofrecen opciones.

Le pregunto si la llegada de un grupo jasídico tan prominente como Jabad Lubavitch no significó choques con la comunidad lituana, a quien pertenecía el templo, pero lo niega con total franqueza: "No, ése es un enfrentamiento histórico que en verdad ya tendría que estar terminado. Y, de hecho, estuvo terminado hasta los años setenta, cuando se volvió a generar algo de revuelo por un rabino lituano en Israel que revivió el odio y generó mucho lío. Este templo nunca tuvo nada que ver con esas cosas. Fue creado por los inmigrantes lituanos que empezaron a llegar a principios del siglo pasado a Buenos Aires, no eran del ambiente de las *ieshivot*, que fue donde surgió ese enfrentamiento histórico ya terminado".

Es interesante lo que señala el rabino Stawski en relación con una imagen que tiene Jabad Lubavitch en la comunidad como administradores eficaces, resucitadores de instituciones al borde de la desaparición o gente con mucha plata que podrá poner a salvo centros de vida comunitaria judía.

Así lo explica él: "El hecho de que Jabad viniera acá fue para resucitar algo que no se podía mantener. Y digo más, no es que vino Jabad y puso plata. Vino un rabino, quien empezó a trabajar como en cada Beit Jabad: de forma independiente para conseguir sus fondos. No es que vino la multinacional y puso el dinero. Ésa es una fantasía. Vino el rabino Shaúl Moshé Elituv, quien estuvo acá, creo que desde 1996 hasta 2001".

Pero cuando le pregunto cuánta fue la inversión que desarrolló desde que está al frente del templo, contesta con una evasiva y evita dar cualquier tipo de precisión numérica.

Con Jabad Lubavitch al frente, el templo evidentemente renació. No sólo desde las refacciones edilicias y los nuevos libros en la biblioteca, sino que adquirió la forma de trabajo amistosa para el judío secular de la ortodoxia de Jabad.

"Fundamentalmente cambió la gente", me dice el rabino Stawski, mientras me conduce al baño ritual (la *mikve*) en construcción que está a punto de ser finalizado, junto con duchas y un vestuario masculino. El pozo se abre en la tierra más de sesenta metros y tiene un complicado mecanismo de tuberías que garantizan que el baño ritual sea *kasher*. "Este templo es muy particular. Primero porque está en el Once y acá está la mayor comunidad religiosa. Un Jabad que está en un barrio alejado tiene que tener jardín de infantes, fundación de ayuda social, actividades para jóvenes y chicos, tiene que tener todo. Nuestra labor, en cambio, está orientada a la educación de adultos. También tuvimos una época en la que trabajamos con solos y solas, de treinta a cincuenta años. Trabajamos todas las fiestas y tenemos un rabino que trabaja con los negocios de la zona. Los visita, se presenta, coloca *tefilim*, deja folletos, se fija en las necesidades de los judíos de los negocios, lo que sea. Acá no vive gente joven, ya hicimos un estudio de mercado. La gente judía que queda es gente mayor".

El templo cumple una función bien ejecutiva: un espacio de paso para que los judíos que trabajan por la zona tengan la posibilidad de satisfacer sus necesidades espirituales y estimular, como en todo Beit Jabad, el estudio de la *Torá*.

Uno de los planes que tiene el rabino es un proyecto llamado *Torá Lunch* con empresarios: "Todo el mundo tiene que almorzar, ¿no? Un empresario tiene que almorzar, no se queda todo el día en la caja facturando. Entonces, hago el curso. Vienen acá, tres veces por semana, una vez por semana voy a una escribanía en el Once, y hacemos *Torá Lunch*. Estudiamos *Torá* y comemos *kasher*. Pedimos *delivery* o cocinamos acá. El que puede dona algo, el que no puede, no importa".

El rabino Aharón Stawski nació en Uruguay y al igual que la mayoría de los rabinos de Jabad, su hogar no era religioso. Por el contrario, su abuelo era comunista, aunque empezó a ir al templo a edad avanzada: "De mayor iba al *shil*, como todo judío. Cuando las papas queman... Más vale tarde que nunca". En ese templo fue donde Stawski tuvo contacto por primera vez con el rabino Eliezer Shemtov, el emisario del Rebe para Uruguay.

Era 1986 y Stawski acaba de volver de Israel, donde había descubierto su vocación espiritual de retorno a sus fuentes judaicas: "Estuve buscando en muchos lados, *Baruj HaShem*, no tuve que entrar en ninguna cosa rara, ni en sectas ni en nada. Y me di cuenta de que buscaba mucho intelectualmente. Fui a la universidad pero no encontré lo que yo buscaba. Estudié filosofía en la Universidad Hebrea, pero para lo que yo buscaba, eso era una mentira. Yo buscaba algo verdadero, y la verdad sólo la pude encontrar en la *Torá*. Empecé a los veinte años, en Israel. No conocí a Jabad allá, lo conocí en Uruguay".

Después de volver a Montevideo y conocer a Jabad Lubavitch, el rabino viajó a la *ieshivá* principal de la institución en los Estados Unidos. Estudió para rabino, se casó y volvió a estudiar otros cinco años más, hasta que, en 1998, el rabino Tzvi Grunblatt lo trajo a Buenos Aires como emisario. Una vez instalado en esta ciudad, trabajó en la Central de Agüero hasta 2002, cuando se hizo cargo de este Beit Jabad: "Cuando llegué a Buenos Aires en 1998 quería hacer algo que nadie hubiera hecho todavía. Estudié el asunto y me di cuenta de que nadie se estaba ocupando de los solos y solas. Entonces me puse con eso. Hay que hacer lo que hace falta, no sólo lo que a uno le gusta".

Estamos de nuevo en el templo, con las luces encendidas: tiene una presencia impactante.

Me estoy por ir y me pregunta si me coloqué los *tefilim* hoy a la mañana. Le digo que no, me propone ponérmelos, acepto y cuando termino las oraciones me hace repetir con él: "*We, Want, Mashíaj, Now!*".

—¿Sabés inglés?

—Sí —le respondo.

—Bueno —dice, y sonríe sin agregar nada más.

Enrolla las tiras de cuero y antes de volver a guardarlas les da un beso.

—Te voy a contar algo, yo estaba en Israel cuando me llamó mi padre para contarme que había fallecido mi abuelo. Nos pidió a mí y a mi hermano que si podíamos rezáramos por él en el *kotel*. Fuimos, había un puestito para colocarse *tefilim*. De Jabad. Yo sabía colocármelos, había hecho el *bar mitzvá* y todo. Me acerqué al puestito, no estaba todavía en Jabad ni mucho menos. Les dije que me los quería colocar. Me preguntaron si necesitaba ayuda y les dije que no, pero cuando intenté colocármelos, me había olvidado la forma... por lo que me ayudaron a ponérmelos. Al día siguiente me desperté y supe que no quería pasar un día más sin ponérmelos. Empecé a colocármelos diariamente. Como no tenía los míos propios, iba hasta lo de mi hermano todos los días a la mañana y me los colocaba. Era un gran esfuerzo. Eso fue hasta que pude conseguir los míos.

"No era una persona religiosa en ese entonces. Le digo siempre a un amigo: "No te vas a hacer religioso por hacer una *mitzvá*. Ponete los *tefilim* que si querés yo te hago un certificado de que no sos religioso".

La historia me resulta levemente simpática. El rabino me acompaña hasta la salida.

Adentro del templo me había olvidado de que era un día muy soleado y caluroso.

—¿Puedo venir acá a algún *Kabalat Shabat*? —le pregunto.

—Vos con esa cara no tenés problema —me dice socarrón—. Es que acá hay muchos *goyim* que quieren venir. Se meten, quieren rezar. Les tenemos que decir que no, que éste es un lugar para judíos. En la fiesta de *Jánuca*, yo estaba prendiendo acá, tengo todas latas con kerosene —señaña una *menorá* dorada contra la reja de la entrada— y vino un coreano, un chino, impecablemente vestido. A las ocho estaba anunciada la fiesta y eran las ocho menos diez. Entonces el tipo viene y yo le digo: "Hola, ¿qué tal?" y me dice: "Vengo por la fiesta de *Jánuca*", hablando bien español, pero con un poquito de acento. Entonces le digo: "No, mirá, no lo tomes a mal, pero es para judíos". Entonces me dice: "¿Me estás discriminando?", y yo le digo: "No, no te estoy discriminando. Éste es un templo judío y las fiestas que hacemos son solamente para judíos. Discriminar sería si no te dejo entrar por tu raza, pero esto es sólo para judíos". Se dio media vuelta y se fue. Los *goy* quieren entrar, les interesa, quieren ver qué es esto. Hay otra gente judía que invita a no judíos porque están interesados, porque tienen hijos *goy* en escuelas judías. Hay una señora que tiene a sus hijos en el Natán Gesang, porque el padre es judío, pero ella es *goy*. Vino una o dos veces, pensé que era *sefaradí*, pero después me enteré de que no era judía. Entonces le dije a mi señora que le hablara. Fue, le habló, y la señora insistía en que quería venir porque se sentía judía. Tuve que decirle que estaba muy bien lo que sentía pero que este lugar es para el judío, nada más. Es paradójico, a los que no son judíos les interesa y por otro lado hay muchos que sí son judíos y que no quieren saber nada de su judaísmo.

Educando en Torá

> "Así nos enseñaron a nosotros, de chicos nos enseñaron a ser tercos."
> Rabino Rafael Tawil

La revolución comienza en Belgrano

Lo primero que siento al entrar en el Centro de Educación Judía Menajem M. Tabacinic - Colegio Wolfsohn es un agradable olor a *guefilte fish*, el pescado relleno que comemos en lo de mis abuelas cuando viene la fiesta de *Pésaj*. Es cerca del mediodía y el comedor está preparando la comida que alimentará hoy, como durante toda la semana, a cerca de doscientos treinta alumnos.

Es algo llamativo que la escuela Wolfsohn (como se la conocía hasta 2004), uno de los colegios judíos más tradicionales de Belgrano, con una historia que se remonta a 1963 y que pertenece a una comunidad que hunde sus raíces mucho antes, en 1906, esté abierto y renovado, con los pasillos llenos de chicos judíos que aprovechan los últimos minutos de recreo.

Mi propia abuela materna, Diana, hizo carrera alrededor de estas mismas paredes que ahora están remodeladas. Era otra la situación. Ella entró en marzo de 1970 como maestra, en 1978 fue ascendida a vicedirectora y en 1979 la nombraron directora hasta que se fue en 1982.

Pero ahora es diferente, y eso es lo llamativo. Lo primero que, supongo, le llamaría la atención a una persona como mi abuela al reingresar luego de tantos años al edificio sería la foto, al fondo del pasillo, de Menajem Mendel Schneerson, el Rebe, a cuyo ejemplo de vida e inspiración se le dedica la obra de reconstrucción.

Porque ésta fue siempre una congregación del ala conservadora, y pensar que un grupo ortodoxo jasídico llegaría algún día a colocar la foto de su Rebe en algún sitio de esta escuela era impensable.

Hablamos de milagros, entonces, porque, además, el colegio se salvó de lo que era un cierre y demolición asegurados. Como muchas otras escuelas judías, la crisis económica no había dejado otra posibilidad más que bajar las persianas.

Pero eso no sucedió.

Gustavo Dvoskin (computador científico por la UBA y especialista en Educación por la Universidad de San Andrés) es el nuevo director general del Wolfsohn desde que Jabad se hizo cargo, y me recibe en su oficina, subiendo varios pisos por las rampas centrales.

Él mismo no pertenece a Jabad Lubavitch y, de hecho, confiesa que antes de ser convocado, ni siquiera sabía quiénes eran los lubavitch.

"Jamás había tenido un diálogo con un rabino de Jabad. No conocía su obra en Argentina, ni en el mundo, ni cuál era su posición ideológica, nada", comenta. Una noche recibió un llamado, y una voz con acento *iddish* del otro lado de la línea le dijo que estaba hablando con el rabino Tzvi Grunblatt, si sabía quién era y que quería tener una entrevista con él por un proyecto educativo. El computador científico le confesó a su interlocutor que no tenía conocimiento de él pero que encantado mantendría la entrevista.

Fue el comienzo de lo que terminaría con Dvoskin sentado en esta cómoda oficina. En un colegio dirigido por ortodoxos, el director general no se distingue de cualquier otro judío secular o cualquier otro hombre no necesariamente judío: no lleva *kipá*, ni sombrero, ni viste capota negra y lleva barba afeitada al ras. No es un *jasid* ni mucho menos y aclara que su puesto no le impone ninguna responsabilidad religiosa: "No me demanda ninguna cuestión más allá del horario escolar y dentro de los parámetros de la escuela, respetar y hacer respetar la normativa de la escuela, que es muy clara, pero no me obliga a ningún compromiso personal en mi vida privada. Incluso esto está firmado por contrato y propuesto por ellos. Fueron ellos mismos los que pusieron la cláusula sobre cuál era mi compromiso desde mi vida privada. Obviamente intento no ofender, intento no generar controversia, por ejemplo si en algún tema yo pienso algo que podría generar alguna molestia, intento obviarlo, pero de ninguna manera me impongo hacer cosas que no quiero o no hacer cosas que sí quiero. No tengo imposiciones de ningún tipo", aclara.

El leve zumbido del aire acondicionado es apenas interrumpido por algún grito de chicos jugando que se mete por la ventana que da al patio interno del edificio. Estamos a mediados de noviembre de 2009. Hace ya cinco años que Jabad Lubavitch se hizo cargo de esta escuela. A mediados del año 2004 el rabino que estaba a cargo de la escuela se dirigió a los padres de la comunidad y les dijo que la institución debía cerrar por falta de fondos, a cambio ofreció que los chicos siguieran en otro colegio conservador que él también dirigía.

Fue entonces cuando se hizo el contacto con el rabino Shlomo K. del Beit Jabad Belgrano, con más de veinte años de presencia en el barrio. La relación con Shlomo K. ya estaba establecida: en una ocasión anterior había alquilado un salón del colegio para celebrar las Altas Fiestas porque su propio Beit Jabad le estaba quedando chico.

Jabad Lubavitch analizó la posibilidad de hacerse cargo del colegio y aceptó la propuesta. No era en sí mismo el edificio lo que más le interesaba a los ortodoxos, sino el hecho de no dejar en banda, sin educación judía, a los hijos de ciento cincuenta familias.

No sólo no llegaron a cerrarse las puertas del colegio, que era el objetivo de los padres que acudieron a Jabad pidiendo su ayuda, sino que los lubavitch invirtieron aproximadamente un millón de dólares para reformar la infraestructura haciendo a nuevo los dos edificios que constituyen la escuela (jardín de infantes y primaria).

Todo esto se ve en los pasillos con pintura resplandeciente y diseño moderno que contrasta con algunos sectores de arquitectura más tradicional, que forman parte de la herencia edilicia.

Aparte de la inversión inicial, la sede central de Jabad Lubavitch Argentina aporta mensualmente unos treinta a cuarenta mil dólares, que es el actual déficit operativo de la escuela. "La escuela tiene un presupuesto de cien mil dólares por mes, con lo cual, si Jabad me da treinta y cinco o cuarenta mil dólares, los otros sesenta y cinco o sesenta mil dólares son recursos genuinos de la escuela. La idea es llegar al equilibrio y que Jabad se retire del aporte que hace para sostener esta escuela abierta. Si no fuera por Jabad, esta escuela hoy no estaría abierta", explica Dvoskin.

El cambio de manos de la escuela, del judaísmo conservador a la ortodoxia de Jabad, no conformó a toda la comunidad: muchas familias dejaron de mandar a sus hijos apenas se produjo el arribo. No aceptaron la nueva propuesta, ni llegaron a entrevistarse con el nuevo director general.

Dvoskin sostiene que esto es parte del cúmulo de prejuicios y temores contra Jabad, pero se alegra de poder mostrar que, así como hubo muchas familias que partieron cuando el colegio cambió de gestión, también muchas otras familias llegaron y confiaron en el proyecto cuando no era más que promesas y no se habían iniciado las obras de reconstrucción.

Pero los cambios no fueron sólo a nivel edilicio, y la presencia de Jabad, si bien moderada, es fácil de percibir, porque no hay tampoco intención de ocultarla. Dice Dvoskin: "Todo lo que se refiere a la educación judía fue modificado desde el vamos porque hay una impronta ortodoxa. Es una escuela donde la filosofía es una filosofía ortodoxa, pero no se demanda de la gente, en su vida privada, ningún comportamiento. Hay una normativa interna que no afecta la vida privada de los alumnos. Obviamente no es una escuela ortodoxa como puede haber otras. Es una escuela para familias no ortodoxas que se sienten cómodas con una educación ortodoxa. No hay presiones, no hay imposiciones, cada familia afuera vive como quiere".

La educación en el Wolfsohn está bajo una impronta ortodoxa, pero se la dosifica con cuidado, de forma tal de que no se convierta, en el imaginario de los padres judíos con mayor o menor grado de secularización que confían en la escuela, en lo que, según sus concepciones del judaísmo, podría ser una amenaza para la educación de sus hijos.

En el Wolfsohn no hay separación entre sexos de los chicos, ni se los obliga a utilizar *kipá* a los varones (aunque sí es de uso obligatorio en las horas de educación judía, y optativo durante la mañana, cuando se desarrollan los contenidos de la educación oficial) ni vestir polleras largas a las nenas.

Durante las horas de la mañana se brindan los contenidos y materias que dispone el calendario oficial, mientras que a la tarde se desarrollan los contenidos estrictamente judaicos: "La tarde se compone de veinte horas cátedra, a razón de cuatro horas por día. De esas veinte horas hay ocho de inglés, ocho o nueve de educación judía y el resto se reparten en actividades como computación, plástica, música... que a veces tienen una orientación hacia la religión, y, a veces, hacia el idioma. La clase de computación, por ejemplo, tiene una connotación de clase de inglés, en plástica hacen cosas relacionadas con las fiestas, *mezuzot*, candelabros", comenta Dvoskin. A la mañana, los chicos realizan un rezo cuando llegan, hacen las bendiciones antes y después de comer, y un nuevo rezo cuando comienza la tarde. El modelo del colegio, según Dvoskin, es algo inédito, "una pólvora nueva", dice, porque entiende que el Wolsohn "es una escuela con impronta ortodoxa para familias no ortodoxas. Hay escuelas de Jabad y de otras corrientes jasídicas u ortodoxas mucho más cerradas. Nosotros no nos metemos en cosas que van por fuera del horario escolar. No nos metemos en la comida de la casa, en la intimidad en general, no juzgamos el comportamiento de las familias y su grado de compromiso por fuera de lo que exige la escuela. Acá nadie cuestiona a otro por trabajar un sábado. Si hay alguna persona que tiene estos conflictos, lo invitamos a que piense si hay una escuela que esté más cerca de su manera de vivir".

La escuela se inserta así dentro de las instituciones de Jabad que parecen estar en la frontera exterior: la línea de bienvenida a los judíos que por procesos históricos se apartaron de la observancia y se encuentran en cierto grado asimilados. Este mecanismo de no intrusión, esta *ortodoxia light* que abre los brazos a todos los judíos para mostrar un camino es, sin dudas, una de las características más sobresalientes de Jabad Lubavitch.

"No es una escuela para chicos de Jabad", sostiene tajante Dvoskin: "El rabino Grunblatt se burla de mí, me dice: 'Yo jamás mandaría a mis hijos a su escuela', y yo le respondo: 'Y yo tampoco mandaría a los míos a la suya'. Ellos tienen su escuela para sus hijos. Está la escuela de Agüero. Para las nenas está la escuela de Oholey Jinuj y hay otras opciones ortodoxas dentro de Jabad".

El rabino Damián Karo, conocedor de las estrategias de acercamiento (*keruv*) de Jabad Lubavitch desconfía: "¿Cuál es el objetivo de los colegios Jabad abiertos? Dar un pasito más. Que los chicos den un pasito más. El sistema de pensamiento que hay detrás es: 'Durante el tiempo que están ahí los chicos comen *kasher* y aprenden judaísmo genuino. Con los años, esto se va a ir intensificando. Esos chicos no llegarán a ser todos observantes como nosotros, pero en algún porcentaje sí. Con otro porcentaje por lo menos, se logrará que no nos discriminen y que nos acepten. Probablemente logremos que no estén en un casamiento mixto. Esa primaria después abrirá una secundaria, y de esos chicos, ¿a cuántos llevamos a la *ieshivá*? Así funciona".

Donde sí hay un fuerte control ortodoxo dentro del Wolfsohn es en la comida. El *guefilte fish* que cocinaban cuando entré es parte del menú estrictamente *kasher* que se sirve todos los días, cuya supervisión depende del rabino Feigelstock y del rabino Grunblatt en persona, y un tercer rabino que se ocupa de la supervisión de las actividades diarias en el colegio. En la escuela está prohibido el ingreso de todo tipo de alimento del exterior, y aclara Dvoskin que no es sólo por la preservación del *kashrut*, sino por algo que consideran fundamental en su proyecto escolar que es la buena alimentación. "En noviembre de 2007 se terminó el ingreso de todo tipo de alimento a la escuela, con lo cual, se acabaron las viandas. Desde entonces ha mejorado muchísimo el nivel alimenticio de los chicos".

En la cuestión de los contenidos que se les brindan a los chicos, es común que surjan diferencias entre sus posturas y los programas que diseña el Estado. Temas como la Teoría de la Evolución o la Tierra como parte del universo y no su centro, se dan ajustados a lo que los programas oficiales señalan, pero se contrastan con los conocimientos emanados de la *Torá*, y el docente a cargo suele dejar en claro con cuál de esas versiones se siente más a gusto. Otro tema delicado es la postura con respecto al Estado de Israel. Como la mayoría de las corrientes jasídicas, Jabad Lubavitch se opone ideológicamente a la existencia de un Estado de Israel fundado por manos humanas y no por el Mesías. Aunque, a diferencia de otras posturas, no es extremista. Dvoskin aclara que el Wolfsohn, "no es una escuela sionista. De hecho, Jabad no se define como tal. Pero en la oficina del director general tenemos la bandera de Israel, hemos recibido al embajador de Israel hace menos de dos meses, nos honró con su visita. No hay ningún padre sionista que mande a sus hijos a esta escuela que pueda decir que no tenemos una posición pro Israel, la mínima indispensable. Nosotros tenemos docentes ortodoxos y sionistas, que no son de Jabad. Son gente religiosa, por ahí son *sefaradim*, que no son lubavitch y sí son religiosos".

El equilibrio parece delicado: ¿Cómo hacer una escuela que sea ortodoxa pero al mismo tiempo atraiga gente no ortodoxa? En esa delgada diferencia se maneja Jabad con soltura y el Wolfsohn aparece como una de sus empresas más exitosas, en la que es posible ver con claridad su desempeño.

"En el colegio no hay verdades absolutas —dice Dvoskin—. Es decir, por ejemplo, no se dice 'comer cerdo está mal', no está bien visto (como en otros colegios más ortodoxos), pero uno puede decir: 'a mí comer cerdo me hace mal'. Lo mismo sucedió con el tema de la guerra en Israel. ¿Qué postura tomar? Contraria a la guerra, la escuela estaba a favor de la paz y se rezaba por la salud y el bienestar de los soldados israelíes".

En estas delicadas aguas transita la vida de la escuela que no exige a sus docentes un certificado de judaísmo: de hecho, los que se encargan de la educación oficial pueden no pertenecer a la colectividad. No así los que dictan las materias que tienen que ver con la vida judía, a quienes sí se les exige pertenencia.

Y si bien cuando la nueva gestión se hizo cargo se les dio la posibilidad a los chicos no judíos que ya estaban adentro del colegio de quedarse, a partir de entonces la escuela acepta únicamente a chicos judíos, entendiendo por esto a hijos de vientre judío, por lo que hijos de matrimonios mixtos también son admitidos si la madre es judía.

Tocan timbre, es hora del almuerzo. No puedo más que imaginarme todo el *guefilte fish* que se estará sirviendo en unos instantes mientras salgo al sol de la mañana primaveral.

El rabino del Wolfsohn en acción

Una semana más tarde, vuelvo al Wolfsohn a entrevistarme con Shmuel K., el rabino del colegio. Tiene cerca de treinta años y además del rabino es el director comunitario de la Escuela Wolfsohn. Es hijo de Shlomo K., el rabino del Beit Jabad Belgrano, y presidente de la sociedad de este nuevo Wolfsohn revivido gracias a Jabad Lubavitch. Me recibe en la oficina del rabinato de la escuela. Me hace sentar mientras termina de tipear un e-mail y me ofrece un vaso de agua.

No lleva sombrero ni capota, tiene una *kipá* ornamentada con un diseño que mezcla colores y algunas flores, formando una circunferencia que sigue la forma de la prenda, una camisa blanca y un pantalón gris con rayas.

Me va a decir que él no es de llevar capota por lo general, que sufre mucho del calor. En *shabat* se la pone y se pone el sombrero también, pero en el día a día trata de no usarlos.

En un rincón del escritorio, un par de *kipot*, en el otro rincón, un portarretratos con una imagen del rabino con su mujer y sus dos hijas. Es un tipo de fotografía familiar que vengo viendo bastante seguido, casi idéntica en otros casos de rabinos de Jabad: el hombre a la derecha, la mujer a la izquierda en un plano anterior y los hijos de la pareja en primer plano, como si fuese una foto de equipo que acaba de salir a la cancha.

En la pared que está frente a mí cuelga un cuadro del Rebe en relieve, ataviado con *talit* y sin embargo parece una imagen más descontracturada que la omnipresente foto que lo presenta con el sombrero negro.

Un mueble negro lustroso contiene libros, algún libro de rezos, una *menorá* sin velas. Además, a la oficina la completan un televisor de unas veintinueve pulgadas, y luego de un rato distingo una Playstation 2 que deja de ser una cosa negra irreconocible cuando las lucecitas rojas me llaman la atención.

ALEJANDRO SOIFER, PH.D.

Le pregunto cómo es el trato a chicos que están en la escuela y provienen de situaciones de riesgo social y me dice: "Los que necesitan apoyo tienen *morot* (maestras) que les hacen seguimientos más específicos. Se les da atención a los que lo necesitan. Se les da mucho cariño acá, hay mucho afecto. Cada uno no es uno más, cada uno es un universo".

El rabino Shmuel K. es hijo de un *teshuvá*, me intriga cómo vive él la experiencia de ser primera generación nacida dentro de Jabad.

"Realmente no le pongo atención al hecho de ser hijo de un *baal teshuvá* o de haber sido hijo de alguien que ya era de Jabad. Es cierto que es diferente por el hecho de tener parientes que no son religiosos. De alguna manera tenés un campo de visión más abierto. No es que me relacione solamente con gente de Jabad. De chiquito siempre me relacioné con gente no ortodoxa. Te criás diferente, en otro ambiente, y eso te enriquece de diferentes formas. Todos mis primos o mis abuelos, por ejemplo, no son religiosos."

Me pregunto si jugará a la Playstation 2 o la tiene para ablandar a algún pibe, acercarse cuando vienen a hablar con él, hacerse más familiar. Los límites entre la ortodoxia y la vida secular son enormes, abismos, y el rabino Shmuel parece navegar entre los dos con cierta tranquilidad, como si no le representara una diferencia realmente grande. "Si un grupo de amigos se reúne a comer en un restaurante, yo no voy. Pero cuando se quiere hacer algo, se lo hace en un entorno *kasher*. Yo no tuve ese proceso de cambio porque yo ya entré acá. Pero el noventa por ciento de mis relaciones es con gente no observante, con gente religiosa tengo muy poca relación", dice y me resulta difícil entender que alguien pueda hacer sacrificios como dejar de ir a comer con su barra de amigos por convicciones religiosas.

El discurso de Jabad es poderoso y convincente para el que quiera oírlo.

Me pregunta si hablo inglés, le respondo que sí y me dice: "Ah, entonces tenés que entrar a Internet para ver videos del Rebe. Anotá: chabad.org", y se mete en su PC a la *webpage* del centro mundial de Jabad, busca la sección "Video", luego "The Rebbe" y ahí adentro, se mete en "Living Torah" donde hay videos del Rebe. Pasa uno hasta la mitad, pero es muy largo, entonces pone otro de noviembre de 1989, donde se lo ve hablando con un parlamentario del Knesset, el Parlamento israelí. El político le pregunta cómo puede hacer para brindarle más seguridad a su país. El Rebe le responde que lo que tiene que hacer es enseñarle a "la gente de la Tierra de Israel" que tienen que vivir allí no sólo desde la perspectiva física y geográfica, sino también espiritual. El parlamentario no parece muy convencido y le repite la pregunta, por lo que el Rebe vuelve a insistirle con el mismo consejo.

Después pasa un nuevo video donde se lo ve al Rebe cantando y aplaudiendo, junto con el acompañamiento de cientos de otros lubavitchers en una de las famosas reuniones jasídicas que sostenía.

Terminan los videos y me dice, espontáneamente, que en Jabad hay gente buena y gente mala. Que no es exclusivo de Jabad.

"El ser humano es como es en todas partes. No es perfecto, puede equivocarse. Uno intenta hacer todo lo mejor posible. Pero puede haber alguna gente que, en su falibilidad, no haga las cosas bien. Entonces después los señalan y dicen: 'Toda Jabad es así'. Eso no está bien. Es como cuando dicen 'los judíos son estafadores'. Seguro que hay estafadores judíos, pero no se puede generalizar. En cada comunidad pasa lo mismo."

Es la primera vez que un lubavitcher me dice que no tengo que confiar en todos los judíos por el sólo hecho de que sean judíos. Parece una especie de regla tácita: "Si es judío, es bueno", diría una frase de publicidad comunitaria. No me dice que puede haber "judíos malos", pero sí que el judío es un ser humano y, como tal, puede equivocarse, lo que es una forma bastante eufemística de advertirme sobre la posibilidad de que me encuentre con algo desagradable. Falta que algún lubavitch me diga: "Que sea bueno, que sea malo, mientras cumpla con las *mitzvot*...".

Algo así dice cuando me comenta: "Hay muchos que empiezan a hacer *teshuvá* en Jabad y después se van a otros lugares. Empiezan en Jabad, empiezan a crecer, y después se van a otras comunidades, con otros enfoques. Pero, *Baruj HaShem*, porque mientras la gente esté con la *Torá*, no importa si está acá o está allá. La idea es que haya realmente más *mitzvot* en el mundo. La finalidad es preparar el mundo para que venga el *Mashíaj*, en el sentido que haciendo *mitzvot* traemos la *shejiná* a este mundo. Cuánto más se haga, más se acelera la llegada [del Mesías]".

Los lubavitch estudian toda su vida en colegios propios, por lo que el Wolfsohn tiene esa característica híbrida que resulta extraña: un colegio que deja de lado ciertos aspectos para concentrarse en devolver a los judíos a sus orígenes.

Es evidente que el nivel de observancia ortodoxa que se da en el Wolfsohn no es tan grande como lo es en los colegios propios de Jabad.

El mismo K. estudió la primaria en un colegio de Jabad y cuando terminó rindió libre en una escuela del Estado: los colegios lubavitch de varones no tienen reconocimiento estatal en nuestro país dado que no se cumple con los contenidos básicos dictados por el Ministerio de Educación de la Nación. Es bastante común, entonces, que algunos de los lubavitchers más liberales manden a sus hijos a estudiar a sus propios colegios y luego los hagan rendir libre la primaria. Sin embargo, la secundaria la hizo en el Toratenu, un colegio ortodoxo pero oficial. En paralelo, iba a la *ieshivá* de los *sefaradim* de la calle Lavalle. Cuando terminó todo eso, tuvo dos años de *ieshivot* en Estados Unidos y uno en Australia.

No dice nada de Israel hasta que le menciono el pueblo de Kfar Jabad, me comenta algo acerca de uno de los rabinos que habrían fundado el pueblo y luego me dice que lo conoce, que estuvo un par de horas ahí, que esos son *jasidim* que están en otro nivel de espiritualidad, muchísimo más elevado. Siento cierto tono de admiración.

Entonces me cuenta que vivió otros seis meses en Safed, con su mujer, en un pueblo que se considera el lugar de origen de la cábala y del mencionado cabalista Isaac Luria, uno de los precedentes fundamentales del jasidismo. Con este antecedente no es raro que Safed sea uno de los lugares más religiosos de Israel, donde es incluso frecuente que los residentes corran con piedras a alguna turista que, inadvertida, rompa con las estrictas reglas del recato exigido, portando vestimentas no apropiadas.

Yo estuve en 2008 con BRIA. Es un enclave premoderno en medio de la montaña, con callejuelas y templos intactos desde hace siglos, todo pintado de celeste porque la creencia local dice que, así, los demonios que sobrevuelan se confunden y ven que lo que está de celeste también es parte del cielo, por lo que no bajan para entrar a las casas.

—¿Cómo ves desde Jabad a otras ramas del judaísmo, tanto más ortodoxas como menos ortodoxas? —le pregunto.

—Siempre hay diferentes formas de entender la *Torá* y hay diferentes personalidades también. A veces hay gente que encaja mejor en un movimiento y gente que encaja mejor en otro. Dentro de lo que es la ortodoxia, hay unos que necesitan de un estilo más rígido, más duro, otros que necesitan el enfoque del jasidismo. Esto es, una forma de servir a Dios que se basa más en el amor a Dios que en el miedo al castigo. Al conocer la grandeza de *HaShem*, la grandeza del Universo, uno automáticamente quiere acercarse a él a través de la *Torá* y las *mitzvot*. Otros pueden tener una actitud del tipo 'mirá, si no hacés esto Dios te va a castigar'.

No caben dudas de que K. se encuentra a gusto dentro del jasidismo de Jabad y lo reafirma cuando me comenta con admiración: "Ayer estuve visitando a un papá de la escuela, que me contó que fueron a China por una feria y que ahí, en un pueblito en medio de la nada, abrió Jabad hace seis meses, y que les pudieron servir *kasher*, pudieron hacer *minián*. Quiere decir que es como él dijo: [Jabad es] una máquina de hacer *mitzvot*. En el sentido de que se ocupa de que la gente pueda cumplir, esté donde esté".

Comentamos algo acerca de la Sociedad Hebraica Argentina y me dice que hace unas semanas estuvo asistiendo al curso de *Krav Maga* que dio el DAC (Departamento de Acción Comunitaria, oficina central de la DAIA contra la discriminación) en instalaciones del club.

—Me parece que lo hicieron para buscar voluntarios —me dice.

—¿Cómo?

—Sí, hacen ese tipo de actividades para buscar voluntarios.

—¿Buscan voluntarios? Pensé que era gente rentada...

—No, buscan voluntarios. Debe haber sido eso, porque eran cuatro clases, no se puede aprender nada en tan poco tiempo —dice, y trato de imaginarme a un rabino jasídico haciendo alguna de las tomas del que es considerado una de las artes marciales más violentas del mundo, desarrollado, para colmo, por el sionista Ejército de Defensa Israelí.

Se fija la hora en un celular mucho más moderno del que yo tengo y me dice que va a ir a ponerle los *tefilim* a un chico que está internado a pocas cuadras del Colegio. Alan es de Mendoza, sufrió un accidente con un auto y, ahora, luego de que los médicos aseguraran que no tenía posibilidades de sobrevivencia, despertó de su coma y está presentando mejorías neuronales.

El rabino de Jabad Mendoza intercedió para que la familia de Alan y él mismo sean recibidos por gente de Jabad en Capital.

Antes de salir llama para preguntar si puede pasar y le dicen que no hay problema.

Salimos a la calle. Caen unas pocas gotas de lluvia y Shmuel me pregunta si me molesta mojarme un poco, le digo que no, y sugiere que podríamos ir en auto pero ya estamos a medio andar, no vale la pena.

Me comenta que la familia de Alan está yendo a comer estos días al comedor del Wolfsohn, para ayudarlos con el gasto económico que les implica haber tenido que venirse desde Mendoza.

—¿El Wolfsohn tiene un comedor abierto?

—No, los martes estamos abriendo a la comunidad. Pero esta familia es un caso especial, un acuerdo especial.

Llegamos a la clínica de rehabilitación ULME en Doctor Pedro Ignacio Rivera al 2600, un centro de salud moderno, con un jardín al fondo y un equilibrio lumínico que lo vuelve confortable. El rabino K. parece acostumbrado a venir, no sigue las instrucciones que nos dieron en la recepción, y me lleva a subir directamente las escaleras hasta el primer piso, habitación 113. Adentro nos reciben la abuela, la madre, la hermana y el padre de Alan que está semiconsciente en la silla de ruedas.

La recuperación viene siendo lenta, pero prodigiosa teniendo en cuenta el diagnóstico médico. Alan ya es capaz de expresar afirmación o negación moviendo la cabeza. Más tarde, cuando empecemos a bajar las escaleras para salir, el rabino K. me va a decir: "Estos es gracias a la hermana. Ella no se rindió. Insistió. Con un diagnóstico del tipo que tenía Alan había dos caminos: la desesperación y aceptar que se muriera, o luchar día y noche para ayudarlo a mejorarse. Eso es lo que hizo ella".

La familia recibe al rabino con alegría y no preguntan en ningún momento quién soy yo y qué hago ahí.

Nos ponemos una bata de protección antiséptica. Distingo un dije de oro con la letra hebrea *jai* (significa también: vida) en el cuello de la hermana de Alan.

Mientras el rabino prepara las filacterias, la madre comenta que Eduardo Elsztain llamó para preguntar por la salud del chico.

—Nos llamó su secretaria, al celular. No sé cómo consiguió nuestro número —dice.

La hermana comenta con alegría: "Fue *HaShem*", y Shmuel le respondió que sin lugar a dudas fue obra de *HaShem*.

El neurólogo de Alan recomendó que se lo traslade al FLENI, donde podrá tener una rehabilitación más acorde a sus necesidades.

—Acá no le quieren hacer la rehabilitación con el resto porque dicen lo del bichito —dice la hermana, y yo le pregunto qué "bichito" tiene Alan.

—Uno que tiene el ochenta por ciento de la gente. Es decir que vos o yo seguro que lo tenemos. Pero acá no quieren que contagie a los que tienen las defensas bajas. Que son ellos mismos —me dice y no sé bien si se refiere a los médicos o a los otros enfermos, porque inclinó la cabeza señalando a un hombre que está en una silla de ruedas, al costado de Alan y que no había notado hasta entonces.

—¿Querés guantes? —me pregunta la mamá de Alan, y me sorprende cuando pensaba lavarme las manos, sólo porque el rabino se las lavó recién.

—No, no hace falta —le respondo.

—Es que si lo vas a tocar a Alan, necesitás guantes —me dice.

—No lo voy a tocar —le digo a la madre y me arrepiento.

La familia sale, quedamos solos con Alan y su hermana.

El rabino lo alienta: "¡Hola campeón! ¿Cómo estás hoy? ¡Llueve! ¡Es un hermoso día!", y mirándome me dice que a Alan le encantan los días nublados. Le coloca una *kipá* y comienza a pasarle las tiras de cuero por el brazo mientras reza en hebreo. Alan tiene los ojos semicerrados, la cabeza tirada para atrás y una almohadilla para el cuello. Los brazos cruzados. "¡Vamos Alan! ¡Ayudalo al Rab!", dice su hermana. Shmuel le termina de pasar los *tefilim* y reza en voz alta en hebreo.

—El neurólogo estaba asombradísimo ayer —me dice la hermana mientras el rabino termina la ceremonia—. Le preguntó a Alan si sabía jugar al truco. Le respondió que sí con la cabeza. Eso lo logramos nosotros. Antes no podía hacerlo. Y entonces le preguntó si se acordaba de los valores de las cartas, le preguntó por el ancho de bastos, y Alan guiñó un ojo. Eso es importantísimo. Significa que Alan no perdió la memoria. El truco tiene que recordarlo, no puede ser algo que haya adquirido ahora.

Lo veo a Alan, en la silla de ruedas, un tubito blanco que se mete por su nariz y está pegado con cinta en su frente, medias altas que le cubren las piernas hasta casi llegar a las rodillas. Atrás, el hombre mayor, que también está en silla de ruedas, con los ojos cerrados, emite sonidos.

—Hoy está vago Alan —se justifica la hermana ante el rabino por la poca colaboración que brindó —y eso que lo levantaron tarde.

Nos despedimos y la hermana de Alan le dice a Shmuel que lo ve hoy más tarde o mañana. Hoy a la tarde empieza *shabat*.

Apenas salimos de la habitación le pregunto al rabino si los invita a cenar a su casa por *shabat* y me dice que por lo general van al templo. Pero que van más que nada el sábado. Nos metemos por un pasillo hasta la sala de espera donde saludamos a la familia y bajamos las escaleras.

Afuera llueve con más intensidad que hace un rato.

—No importa —me dice el rabino K.—, la lluvia es una *brajá*, una bendición.

Caminamos de vuelta al Wolfsohn y le pregunto si Eduardo Elsztain está colaborando económicamente con Alan.

—No, no, solamente preguntó por él. Igual, el tratamiento lo cubre la obra social.

—¿Y vos, venís todos los días a colocarle los *tefilim*? ¿Ayudás a otros chicos?

—Todos los días no. Lamentablemente hay muchos casos más como éste. Hubo unos chicos del colegio... por ejemplo a un chiquito al que le encontraron un tumor. Ahora *Baruj HaShem*, ya está bien, lo operaron, pero bueno, se les dio contención a él y a su familia.

Parece de noche pese a que son poco menos de las doce del mediodía y la lluvia que cae es finita pero insistente.

—Rabino, ¿a qué se refiere con que la lluvia es una *brajá*?

—Es que el agua nutre todo, da vida, está en todas partes para nutrir. Y no la controla el hombre, la controla *HaShem*, él es sabio y sabe mandarla cuando se la necesita. Por eso uno tiene que pedirle que la lluvia sea en justa medida. Más no, porque provoca inundaciones, y menos tampoco, porque genera sequías.

Llegamos a la puerta del colegio y nos despedimos con un apretón de manos.

Trotsky, Freud y ortodoxia judía

La experiencia de la Escuela Wolfsohn representa una de las apuestas más ambiciosas de Jabad Lubavitch dentro de lo que es su filosofía de "acercar a los judíos al judaísmo", y la forma de implementarlo, desde la ortodoxia hacia la no ortodoxia. Sin embargo, no es el único colegio en el que Jabad arma una propuesta educativa que surge desde la ortodoxia y se dirige a familias judías con cierto grado de asimilación.

Diana M. es licenciada en psicología y durante más de veinte años estuvo al frente de la dirección de la primaria del Instituto Acuario, un colegio privado con una orientación pedagógica avanzada para su época. "Era un refugio de pensamiento libre en la época de la dictadura", dice en una mesa del bar Gildo, en Corrientes y Medrano.

Hace más de una década que trabaja en Jabad Lubavitch: comenzó en el Área de Asistencia Social hasta que le propusieron su actual cargo como directora de la Escuela de Hilel, en Villa del Parque. Un jardín de infantes y primaria que armó el Beit Jabad Villa del Parque / Devoto, a cargo del rabino David Stoler.

Diana M. comenta que, según escuchó, el rabino habría asistido espiritualmente al dueño del edificio, donde ahora se asienta el colegio, en una enfermedad muy larga, y que así habría conseguido que donara el espacio con la condición de que fueran reutilizados en forma de colegio.

El rabino Stoler armó el templo y abrió un jardín de infantes con ocho alumnos.

"Hoy tiene ciento veinte chicos en jardín y ochenta en la primaria, que no existía cuando él lo abrió —comenta Diana—. Empezó a crecer. Evidentemente, él había captado una necesidad en la zona. Pero, además, el jardín se fue armando fundamentalmente con chicos provenientes de programas sociales. Pibes a los que había que becar de familias judías en estado de vulnerabilidad social absoluta, judíos viviendo en villas. Con la consigna de Jabad, que este rabino hace propia, de que 'ningún chico judío tiene que quedar sin educación judía', es que se armó el jardín."

El proyecto empezó en 2004. Fue cuando Diana M. fue llamada por el rabino a una entrevista personal, contactada por un enlace que había hecho su directora en el centro de asistencia social de Jabad.

"Todavía no sabían que querían armar la primaria también. Tuvimos una entrevista y lo primero que me dijo el rabino fue: 'Mire, quería saber, ¿qué piensa usted del conductismo?' Yo le dije: '¿Qué me pregunta? Yo adhiero al psicoanálisis y a Piaget, no al conductismo'. Entonces me dijo: 'A ver, cuénteme'. Estuve hablándole, explicándole, casi le di una clase. Entonces me dijo: 'Bueno, a mí me gustaría que usted arme el proyecto de la escuela primaria. ¿Se anima?' Y a mí ahí se me vino todo encima. Armar un proyecto de escuela... Me dijo que me iba a presentar a una persona con la que ya había estado hablando que sería la responsable de la parte judaica, y que yo iba a quedar a cargo de la educación oficial. Le pregunté con qué condiciones y me respondió: 'Vuelen, sueñen, no importa'. Entonces me empecé a reunir una vez por semana durante cuatro meses con la chica que organizó el área judaica, con quien tuvimos un *feeling* inmediato, y con el rabino. Estuvimos laburando sobre el proyecto, los objetivos, armamos un esquema y lo presentamos a los padres de jardín."

Así se armó el jardín y, poco después, la primaria. De los primeros trece chicos que terminaron preescolar, doce se inscribieron en primer grado.

Diana M. guarda recuerdos cruzados respecto de su paso como directora de primaria del Instituto Acuario. Ese proyecto forjado en el idealismo progresista, llevado a cabo con amor y voluntad hasta desmoronarse en el frenesí menemista dejó una marca profunda en ella. Fue por eso que cuando el rabino Stoler le sugirió que quería que se encargase de dirigir la primaria que había ayudado a proyectar, su primera respuesta fue un no rotundo.

"Para mí el trabajo se había terminado ahí. Iba a seguir con lo mío. Ahí empezó el rabino a insistirme con que quería que fuese la directora. Yo no quería saber nada. Me insistió mucho, con esa insistencia característica de Jabad. Te buscan, te buscan, te insisten, te dan argumentos y te convencen."

A pesar de los argumentos que le daba el rabino, ella no quería volver a asumir la responsabilidad de dirigir un colegio. Buscó argumentos propios para rebatir al rabino, para incomodarlo desde el librepensamiento y su judaísmo no observante. Nada de eso funcionó. El rabino siguió insistiendo hasta que logró su objetivo. ¿Cómo lo hizo? Diana M. explica que fue una mezcla de situaciones, sentimientos entrecruzados e insistencia la que terminó por hacerla cambiar de opinión. "El rabino no me podía convencer y yo estaba segurísima de no ceder, pero el piso se me iba moviendo a cada paso. Evidentemente, tenía el deseo de volver a armar una escuela, quería resarcirme de mi experiencia dolorosa de Acuario, de recuperar la historia con otro final. Yo con esto de estar trabajando en Jabad empecé un poco a investigar el tema de dónde vivían mis abuelos, porque suponía que su lugar de origen era muy cercano de, precisamente, Lubavitch. ¿Por qué empecé a investigar? Porque el nombre de mi papá en *iddish*, era Menajen Mendel como el del Rebe. Y encontré que sí, mis abuelos y mis bisabuelos vivían en esa zona, muy cerca del pueblo de los rebes. Entonces me dije: 'Andá a saber si mi bisabuelo no era religioso. Uno se llamaba Menajen Mendel y después le pusieron a mi papá también Menajen Mendel.' Hasta le empecé a ver al Rebe un parecido con mi papá. Una mirada parecida. Entonces, ¿qué hizo el rabino Stoler? Cuando el Rebe vivía, la gente le escribía cartas para pedirle consejo. Ahora le siguen escribiendo y se las mandan al *ohel*, la tumba, por fax, por e-mail, un delirio. Hay otra gente que le escribe cartas y las coloca al azar en alguna página de la correspondencia del Rebe, que está toda editada. El rabino fue a su biblioteca y sacó un libro cerrado. Me dijo: '¿Cómo es su nombre en hebreo?'; 'Dina'; '¿Y el de su mamá?'; 'Betie'. Entonces el tipo cerró los ojos y dijo 'Dina Ben Betie', y abrió al azar el libro con la correspondencia del Rebe. Miró, sonrió y me dijo: '¿Usted sabe hebreo?'; 'Sí, claro', le dije, y leí. Era una carta que decía muchas cosas pero que terminaba diciendo: 'Y educarás a las nuevas generaciones'. Me dijo: 'Acá tiene la respuesta', y ahí acepté. Le creí al Rebe. Por supuesto que después mi marido me dijo: '¡El sabía qué tomo tenía que agarrar y en qué página tenía que abrirlo! Lo tenía marcado'. Lo que se han burlado de mí. Imaginate que si yo, con todo un bagaje de crítica política, secular, fundamentada, me dejé conmover por las palabras del Rebe, de este rabino, de esta ilusión, ¿por qué no el resto de la gente, que siente que se le va a abrir un mundo distinto, una conexión con lo espiritual en este mundo tan material?"

La psicóloga trotskista, atea y freudiana se hizo así cargo de la dirección de la parte de educación formal del colegio de una institución judía ortodoxa en 2005.

Al igual que el Wolfsohn entonces, la Escuela de Hilel conserva la estructura de cualquier *schule* (escuela judía) no ortodoxo de la comunidad: aulas mixtas para hombres y mujeres y la obligación matutina para los chicos de recitar un rezo.

S. es una ex maestra del jardín de infantes de la Escuela del Hilel que por cuestiones laborales prefirió que se preservara su identidad. Ella trabajó durante dos años en la escuela y dice que le cuesta reconocer algún aspecto positivo de su experiencia.

Si bien remarca que las aulas siempre estuvieron bien equipadas y que contó con materiales didácticos de avanzada, que sus compañeras maestras eran todas personas calificadas, se queja de dos aspectos en particular: por un lado la informalidad en las contrataciones: "Éramos unas cincuenta maestras de las cuáles cuarenta estábamos en negro total. El segundo año que estuve y gracias a que pataleamos mucho, conseguimos que nos pusieran una parte en blanco. Yo tenía ocho horas por día y me pasaban en blanco cinco horas por semana. Como si fuera una maestra de música. De hecho, así me figuraba en el recibo de sueldo. Y esos sueldos se pagaban con donaciones. Entonces, ante cualquier cuestión contextual, nos dejaban de pagar. Así estuvimos dos meses sin cobrar. El rabino respondía que *HaShem* nos iba a ayudar. Y no, *HaShem* no me da de comer, *HaShem* no me paga la luz, el alquiler, *HaShem* no me soluciona los problemas. Eso era algo que él no entendía. Ahora, cuando venía *Pésaj* o cualquier otra festividad, de las que el calendario judío está lleno, el templo era una cosa de locos, la comida, la plata que gastaban. Entonces ahí es cuando una decía: 'Esto ya no es administrativo. Esto es conmigo. Porque yo hago mi trabajo y cumplo, pero ellos no cumplen con el sueldo'. Pero no dejaban de mostrarse. Para eso, para el afuera, ellos ponen todo. Entonces, ¿Cómo es?".

Por otro lado, S. se queja de lo que considera excesos en la forma ortodoxa de educar a los chicos. Dice la maestra: "Una vez nos hicieron una donación muy grande de juguetes. Eran unos juegos con botones y dibujitos de animales. Nos hicieron tapar al cerdito. A ver, ¿el cerdito no es un animal? ¿El chico judío no va al zoológico y ve el cerdito? Está bien, en la casa los padres le dirán que los cerditos no se comen. Pero si estamos dando un proyecto de animales: perro, vaca, caballo, cerdito... Ponen la religión tan en primer plano que dejan de lado un montón de otras cosas que forman parte de la niñez y de la infancia. No me parece correcto que un nene llegue a los cinco o seis años sin saber que existe el cerdo. Que no lo coma me parece perfecto, pero que sepa que existe". Aclara que ésta es su posición personal y que fue uno de los motivos que la llevaron a decidir su desvinculación de la institución y comenta que el resto de las maestras, la gran mayoría, vivía con las mismas quejas: el tabú de tener un novio católico a partir de que una maestra no fue empleada por tenerlo y una situación que le confirmó que el judaísmo ortodoxo no es lo que ella elige para su vida. Cuenta S.: "Juntamos *tzedaká* con los chicos durante un año, de a moneditas de diez centavos. Juntamos casi noventa pesos. En la sala no hacía falta nada, las clases estaban terminando y había una maestra que colaboraba con un comedor popular que no era judío. Propusimos comprar juguetes para donarlos a ese comedor. Nos sacaron a patadas. Literal: '¿Pero, cómo? ¿Si no son judíos?' Después decimos que los judíos somos discriminados y nos aíslan socialmente. ¿Y nosotros, qué hacemos?".

La suma de todas estas experiencias la hicieron desencantarse de su paso por el colegio. S. señala que "sabe" que muchos padres con hijos becados "tenían que hacer cara" en las cenas de*shabat* del rabino Stoler o en las festividades públicas del Beit Jabad como una forma de retribución, un pacto implícito.

El *Kabalat Shabat* es una de las primeras formas de educación judía que se les brinda a los chicos en la escuela. Señala S.: "A partir de sala de tres tienen hebreo. En sala de dos es una pequeña introducción a qué es *Kabalat Shabat*. Les ponen una *kipá* y los sientan a cantar. Las nenas se ponen la vinchita, se ponen lindos porque se viene el *shabat*. Se les explica todo con canciones, que ese día hay que ir caminando, que ni auto, ni llaves, ni nada porque es *shabat*. Todo en cuentito, todos los viernes del año. Se prenden las velas, se hacen las bendiciones de la *jalot*(los panes). Me parece terrible que les saquen una hora de juegos o de otra actividad por semana a chicos tan chiquitos para eso".

En cambio, S. comenta risueña la sorpresa que se llevó cuando tuvo que convencer a algunos padres de por qué no estaba mal que la escuela les requiriera a sus hijos que realizaran los servicios religiosos diarios. "Una vez un padre vino y me dijo: 'Que no me vengan a hinchar las pelotas. No quiero que mi hijo haga las *tefilá*, él tampoco quiere. Así que que no lo haga, que no lo obliguen a hacerlo'. Entonces yo le dije: 'Disculpame, ¿qué te molesta de que tu hijo agradezca a la mañana por estar sano, por estar con sus amigos, por tener su familia, por tener para comer? ¿Le resta algo a tu hijo eso?' Y él me dijo que no. Me preguntó si yo rezaba y le dije que no. 'Pero ésta es la escuela a la que mandás a tu hijo', le dije, 'si no, vas a tener que mandarlo a otro lado. No pretendas cambiar las normas'. Así lo convencí."

A pesar de su presunta apertura, tanto en la Escuela del Hilel como en el Wolfsohn, hay ciertos contenidos que, a la hora de ser planificados o dictados, generan rispideces.

"Por ejemplo, cuando tenemos que encarar educación sexual, o el tema de la creación del mundo, los planetas, el universo y todo eso. El rabino dijo: 'Hay que enseñarles como es: *HaShem* creó...' y yo lo miré y le dije: 'Pero Rab... los chicos van al Planetario... ¿No podemos encontrar una manera de decir que cuando la *Torá* señala que era todo un Caos, eso fue el Big Bang?' Su respuesta fue un no rotundo. Pero negociamos y quedamos en que los chicos lean lo que tengan que leer, y que después él iba a ir y les iba a explicar cuál es su postura de acuerdo a la *Torá*."

La Escuela de Hilel y el Wolfsohn comparten una base común y tienen la misma función a nivel general: colonizar espacios judíos seculares y aportar para que esos espacios se orienten hacia una mayor observancia. Pero, aclara S., el colegio de Belgrano es más liberal que el suyo. "Tienen el mismo esquema —dice—. Aunque el Wolfsohn es un poco más abierto, es un proyecto directo del rabino Grunblatt. Todo lo que hace el director ejecutivo tiene el aval de Grunblatt. Al mismo tiempo, necesitan ser más abiertos porque la población del Wolfsohn necesitaba conservar cierto perfil para los chicos que ya estaban adentro. Tuvieron que convencer a los que se quedaban de que no los iban a convertir en religiosos. Por eso, ciertas actividades religiosas son optativas. El colegio en el que yo estoy, en cambio, se construyó de cero. Ellos, por ejemplo, siguen festejando *Iom Hatzmaaut* (el día del a Independencia del Estado de Israel), la bandera de Israel sigue estando presente en la escuela, participan de torneos deportivos a los que nosotros no vamos porque son mixtos. Los lubavitch se adaptan y colonizan de a poco, muy de a poco. Es así, es evangelización".

La confrontación entre el ideal librepensador sumado al conocimiento de estar trabajando con chicos que necesitan de su ayuda y las ideas religiosas que le provocan rechazo son, para S., materia de trabajo diario en su labor al frente de la dirección.

"Es una negociación constante —dice—, yo aprendí a negociar. Hice un 'doctorado en Negociación'. Cosa que a mí siempre me costó mucho. Y, sobre todo, con la religión. No tenía nada que negociar con la religión."

—*¿Vos sentís que hayan intentado volverte más religiosa?* —le pregunto.

—Todo el tiempo. Siempre te están pidiendo un poco más. Con los chicos, con los padres, siempre es un 'Bueno, ¿y si ahora empezás a prender las velas?'; '¿y si ayunás en *Iom Kipur*?'; '¿y si hacés *shabat* en tu casa?' Además te invitan a sus casas a pasar *shabat*. Por ejemplo, la primera vez que fui, a mí me gustó, la pasé bien, porque se cantaba y me traía recuerdos de mi origen. Te remueve todo eso, tenés que tener muy claras las ideas para neutralizarlo. Si te agarró medio débil, entraste, porque en algún punto, la religión alivia.

—*¿Y cómo vivís las contradicciones trabajando para una institución que representa en buena medida todo lo contrario de la educación que tuviste y de tu experiencia de vida?*

—Intento ser coherente con lo que soy, lo tomo como mi trabajo y trato de divertirme con algunas cosas. Bailo y me mato de la risa cuando se ponen con esto del *Mashíaj*, *Mashíaj*. En algún punto sueño con que venga un *Mashíaj* y nos salve a todos. ¿Quién sabe? Quizás este chico que tengo ahora en la escuela y que quiere ser rebe, termine siendo el *Mashíaj*.

Multinacional Lubavitch

"Jabad es más que la Coca-Cola porque la Coca-Cola quizás no está en todo el mundo pero Jabad seguro que está en todo el mundo."
Dicho popular entre los *jasidim* de Jabad Lubavitch

Al Oeste y al Este, al Norte y al Sur

Si dicen que donde existe una necesidad hay un negocio, bien podría sostenerse que donde existe un judío, Jabad Lubavitch estará presente.

La expansión territorial, que también puede ser entendida como una red de servicios judaicos, iniciada en vida del Rebe Menajem Mendel Schneerson, se convirtió en una característica esencial del movimiento, y forma parte hoy en día de su estrategia de trabajo: abrir sucursales de Jabad en cuantos lugares sea posible, en muchos casos llamados por comunidades judías que comienzan a ver disminuido su público y disgregadas sus congregaciones.

Jabad Lubavitch llega así a comunidades que no han logrado amoldarse a la modernización al tiempo que mantenían su ortodoxia y ocupa espacios que gradualmente han venido quedando vacantes.

ALEJANDRO SOIFER, PH.D.

En el interior de nuestro país, cuenta con Batei Jabad en Bahía Blanca, Bariloche, Córdoba, La Plata, Rosario, Salta, Tucumán, Mendoza y Santa Fe, sin contar las veinte "casas" que tiene en la Capital Federal.

Miriam Kapeluschnik lo pone en términos sencillos: "¿Para qué va un joven con su esposa a vivir afuera? Simplemente para asistir a un judío que necesite algo de él".

Ella junto con su marido, establecieron en diciembre de 1982 el Beit Jabad Concordia en la provincia de Entre Ríos, que fue la segunda "Casa de Jabad" en el interior de nuestro país, después de la de Tucumán, abierta por el rabino Daniel Levy en julio de ese mismo año.

"Yo era muy joven —recuerda Miriam quien se mudó allá cuando tenía veintitrés años, su marido veintisiete y tenían ya tres hijos bajo el brazo—, era una niña mimada, no sabía hacer nada y ahí aprendí a hacer de todo. Porque no había prácticamente nada que tuviera que ver con la vida judía tradicional. Sí había un templo y una escuela hebrea. Pero el desafío más grande fue que éramos totalmente distintos a todos los demás, porque era una comunidad donde nunca antes había vivido una persona observante. Requirió un trabajo muy grande sacarle los prejuicios a la gente, haciéndonos conocer de a poco, llevándoles el mensaje del judaísmo, de la *Torá*, de la visión jasídica del judaísmo (*jasidut*) y del Rebe. El trabajo de un emisario es impresionante. Más en un lugar donde no había nada. De cero construimos todo con nuestro trabajo."

Las funciones del rabino Kapeluschnik en ese ámbito eran amplias: no sólo tenía que procurarse la estabilidad de su vida observante en un ámbito desolado, sino que además tenía que misionar esas ideas, costumbres y tradiciones, cargándose sobre sus hombros las tareas rabínicas que la comunidad requería. Dice el rabino: "Tenía mis obligaciones en el ámbito comunitario, ocuparme de todas las cuestiones relacionadas con la actividad religiosa, el cementerio, el templo, pero además, y fundamentalmente, acercarme a las familias".

El trabajo persona a persona es una metodología clave en la forma de trabajar de Jabad Lubavitch, la cual está presente desde la llegada a nuestro país del rabino Baumgarten. La conjunción entre pragmatismo y aferramiento estricto en la vida personal a los preceptos, marca de estilo de Jabad, genera una especie de conmoción en los lugares donde la institución va asentándose.

El rabino recuerda: "Los miércoles a la noche, en el Centro Bialik, un centro recreativo, los muchachos de la colectividad tenían la costumbre de hacer fútbol y asado. El asado no era *kasher* pero el fútbol se puede decir que sí lo es. Entonces yo me iba todos los miércoles a jugar al fútbol con ellos. Eso también produjo un impacto en la gente.

Me daba un acercamiento muy grande con ellos. Me acuerdo que había dos opiniones: estaban a los que les parecía fenomenal que un rabino fuera a jugar al fútbol con ellos y los que rumoreaban acerca de si no tenía nada mejor que hacer como rabino que ir a jugar con ellos. Apenas terminaba el partido invitaba a los presentes a pasar *shabat* en mi casa. Eso acercó a mucha gente, porque hasta ese entonces, la mayor parte de la gente tenía la idea de que el religioso es una persona alejada de lo que hacen ellos. Pero el rabino es una persona normal, como cualquier otra, con una conducta de vida fuerte".

Los Kapeluschnik entonces empezaron a trabajar como un equipo, primero en la comunidad (*kehilá*) local y al poco tiempo Miriam tomó a su cargo los cursos en la escuela hebrea: "No es lo mismo que alguien te enseñe algo que eso mismo lo lleve a la práctica", dice el rabino acerca del trabajo que hizo su mujer: "Por ejemplo, si yo te enseño sobre *Pésaj* porque soy un *moré* (maestro) y te enseño todas leyes, todo lo que hay que hacer, pero yo después en mi vida personal, no soy tan estricto, no le doy tanta importancia, a que si yo, en cambio te enseño lo mismo que profeso. Eso crea una revolución en el chico. Y sacude también a los compañeros de trabajo que no lo hacen. Y a los padres".

El capital más grande que tiene Jabad Lubavitch son sus emisarios que llegan a lugares recónditos, y sobre la base de programas educativos, inventiva e imaginación para programar actividades y la observancia estricta se convierten no sólo en educadores que van propagando un mensaje persona a persona, sino también ejemplos a seguir para el resto de una comunidad.

El modo de proceder es similar donde sea que se presente la posibilidad de instalar una sede del movimiento: primero se realiza un acomodamiento en el espacio comunitario ya instituido, haciéndose cargo por lo general de alguna institución judía preexistente y tratando de integrar las actividades que se pueden compartir con otras ramas del judaísmo no ortodoxo autóctono. Aunque es claro que llevar una vida de estricta observancia en un lugar alejado de las comodidades de las grandes metrópolis o centros de vida judía, implica dificultades que los emisarios deben resolver.

Kapeluschnik cuenta que fue debido en parte a esto que se ganó el apodo de "carnicero": "Mi hijo más grande estaba en el jardín de infantes y estaban viendo de qué trabajaban los padres de cada uno, ésa era la actividad. Entonces uno decía: 'Mi papá es médico', otro 'mi papá es abogado' y así. A mi hijo le preguntaron: '¿De qué trabaja tu papá?', y respondió: 'Carnicero'. Porque ser rabino no era visto por él como una profesión, era algo natural y entonces, ¿por qué carnicero? Porque yo me encargaba de traer la carne *kasher* desde Buenos Aires para la gente que me pedía. Iba a buscar la carne al flete, la traía, la distribuía y hacía de todo".

Con los productos no derivados de animales (frutas, verduras y envasados) no había problema dado que son considerados *kasher*, para el resto, la familia apelaba a un enorme *freezer* que era llenado cada dos semanas. Criar a tantos hijos pequeños fue una complicación grande en este sentido; el rabino recuerda el momento en que apareció en el mercado la leche larga vida como un hito en su tarea como emisario de Jabad en Concordia: "Eso fue una bendición, porque traíamos de a veinte cajas y ya teníamos para unos días".

Luego de un tiempo oficiando como el rabino de la comunidad y de haberse ganado cierto lugar de respeto y aceptación, pudieron abrir un Beit Jabad propio. Es el segundo paso que los emisarios de Jabad intentan dar si es que no fueron directamente a instalar uno.

"El objetivo no era hacerle la competencia a la comunidad —comenta—, sino realizar actividades que dentro de la comunidad no teníamos espacio para hacer. Si bien en la escuela tratábamos de que los programas fueran lo más estrictos posibles, de repente había cuestiones más profundas que en la escuela no se estudiaban. Entonces, invitábamos a chicos de otras familias para que vinieran a estudiar en el Beit Jabad con nuestros propios hijos que ya estaban creciendo. Enfatizábamos mucho la lectura hebrea, especialmente lo relacionado con las plegarias."

Ya instalado el centro, lo que siguió fue la construcción de una *mikve*, el baño ritual, una de las primeras cosas que se supone que un emisario de Jabad construya en el lugar a donde llega, pero que se suele aplazar por su costo de construcción.

Pero las dificultades de no poseerla son uno de los desafíos más grandes que señalan los rabinos en su misión, ya que se supone que las mujeres pasen por ella una vez al mes para purificarse luego de su período menstrual.

"Mi mujer tuvo que hacer un sacrificio muy importante en la época en que todavía no teníamos la *mikve* —señala Kapeluschnik—, tuvo que viajar todos los meses a Buenos Aires. Y si bien en algunas ocasiones había avión, que se podía tomar un vuelo y estaba en una hora de ida y una hora de vuelta, hubo otros momentos donde no llegaba el avión, y a veces incluso las rutas estaban cortadas por alguna inundación y para hacer un viaje de cinco horas tardaba entre doce y catorce porque tenía que atravesar Rosario, Santa Fe, Paraná, cruzar el túnel subfluvial y así recién llegar."

Los Kapeluschnik volvieron a Buenos Aires en el año 2000. Lo pensaron mucho, lo meditaron y lo fueron procesando durante cinco años.

Miriam lo explica: "Fue una decisión muy difícil, porque nosotros viajamos a Concordia con la anuencia del Rebe, y cuando decidimos volver a Buenos Aires él ya no estaba en este mundo físico. Los motivos de la vuelta tuvieron que ver mucho con lo profesional, con nuestro trabajo. Queríamos desarrollarlo más aún y como la de Concordia es una comunidad pequeña, después de tantos años sentíamos que teníamos mucho más para dar. Nos sobraba el tiempo. Fue como cuando una persona va creciendo, y llega a un techo que no lo deja seguir creciendo. Eso fue lo que nos sucedió. Lo hablamos mucho y llegamos a la conclusión de que quizás era mejor trasladarnos a otro lugar en donde pudiéramos seguir aportando y creciendo también, sin dejar de lado el apoyo a la comunidad".

La familia dejó Concordia, y en su lugar quedó otra pareja, un rabino de Buenos Aires y su mujer israelí con sus hijos, quienes durante un año y medio más siguieron al frente del Beit Jabad, hasta que el rabino y su hijo de cuatro años sufrieron un accidente en la ruta y fallecieron, lo que dejó en suspenso la sucursal mientras se sigue buscando una familia dispuesta a viajar y establecerse en la comunidad. A pesar de todo, los Kapeluschnik nunca perdieron el contacto con la comunidad judía de Entre Ríos; comenta Miriam: "Hemos logrado una relación muy linda con la gente, con los jóvenes, con los chicos, hasta el día de hoy mi marido recibe pedidos de casamiento. Es decir, chicos que llegan a la edad de casamiento y no dudan en pedirle a 'su' rabino que los case. Quizás él estuvo en su circuncisión o en su *bar mitzvá*.

"Tenemos una relación muy estrecha con la gente de allá hasta el día de hoy, con intercambio de llamados, de e-mails, de estar en contacto, de participar de las alegrías y a veces también de las desgracias. No fue un trabajo y nada más. Fue muy fuerte, pasamos dieciocho años en esa comunidad. Los padres, los hijos y los abuelos".

Una de las mayores preocupaciones en la misión de Jabad Lubavitch de acercar a los judíos a la observancia y la tradición es frenar la asimilación. Los matrimonios mixtos son vistos como la vanguardia de la asimilación, la secularización y, por tanto, la batalla más dura que librar. Un detalle que este movimiento entiende como la mayor tragedia y que ya puede verse incluso en los relatos de *Los gauchos judíos* del fundador de la literatura judeo-argentina, Alberto Gerchunoff. En su libro de 1910 es posible ver cómo en esas mismas comunidades entrerrianas los padres vienen de Rusia con ortodoxia y los hijos empiezan a casarse con no judíos locales, dejando de lado, poco a poco, la tradición.

"Concordia es una ciudad bastante tradicionalista —dice el rabino Kapeluschnik—. Cuando llegamos nos encontramos con que festejaban las festividades a su manera, como ellos sabían. Trataban de mantener la sinagoga de una forma bastante ortodoxa. El cementerio, dentro de lo que podían, estaba bastante bien. Por otro lado, ahí pude ver lo dura que está la asimilación. La cantidad de parejas mixtas es un número importante."

En ese combate, Jabad Lubavitch entiende un sólo camino: "El único antídoto —dice el rabino— para combatirla es mantener un judaísmo de raíz, un judaísmo de la *Torá*, no un judaísmo *light*. Un judaísmo que engorde en serio, no bajas calorías. Un judaísmo auténtico. Donde un *shabat* es un *shabat*, el *kashrut* es el *kashrut*, un *tefilim* es un *tefilim* y un *bar mitzvá* es un *bar mitzvá*. No hay otra forma. Se puede predicar muy lindo en el templo, pero si después no mostramos con el ejemplo, se te viene todo abajo. Si la familia te encontró en cualquier ámbito y vio que uno tiene la misma conducta que tiene en el templo, en la escuela o cuando está predicando, eso es lo que le impacta. Y eso es también lo que le infunde respeto".

Puede ser que el Beit Jabad Concordia ya no exista como durante tantos años, pero la impronta misionera de Jabad quedó marcada así como se marca todos los días en las otras locaciones donde llegan.

¿Cómo mantener la ortodoxia judía en la ciudad más católica del país?

Pienso un poco en eso de conservar el sabor de la costumbre cuando leo —sentado en el avión que me va a llevar a pasar los *sedarim* de *Pésaj* en el Beit Jabad Salta— un artículo de la revista *In* de la aerolínea Lan. La nota señala que en Nueva York se pusieron de moda en los últimos tiempos unos bares clandestinos como los de la época de la Ley Seca.

Me pregunto si en el mundo hipermodernizado que genera cada día un mayor desapego a las tradiciones de los individuos y la extinción de los lugares seguros, este tipo de propuesta de rescatar costumbres perdidas no es comparable con la de una religión como la judía, que con sus estrictas normas recrea de algún modo el imaginario de una cultura antigua, medieval y más allá también, bíblica, que sigue viva.

Salta es una ciudad eminentemente católica. Se nota de entrada, por la estructura metálica en forma de cruz cristiana de más de treinta metros de altura que, colocada en enero de 1901, saluda al cerro San Bernardo a cuyos pies se levanta la metrópolis.

Sin embargo, según me comenta Niv, el encargado judío del hostel Metzadá donde me voy a alojar por recomendación del emisario de Jabad en esta ciudad, el rabino Rafael Tawil, hay al menos doscientas familias judías aquí.

Lo que parece visible para cualquiera es que en Salta, antes que nada, lo que sobra es fervor religioso. La imponente catedral de Salta, toda rosa, en diagonal al cabildo y frente a la plaza 9 de julio, que es el rectángulo de parque y verde alrededor del cuál se organiza la vida céntrica de la ciudad, es una muestra, pero también lo es la iglesia de San Francisco de Asís, en un rojo furioso que pareciera competir con la catedral y otras tantas puntas de agujas que se alzan al cielo demarcando el territorio de lo sacro.

El judaísmo también tiene profusión de comunidades en esta provincia tan religiosa: dos estructuras comunitarias (*kehilot*), una *sefaradí* y otra *ashkenazi*, apenas separadas por dos puertas, en la misma calle, compartiendo una pared en el fondo de ambos edificios que las comunica internamente, pero separadas ideológicamente y por su público desde siempre, conforman el espacio social judío en la ciudad de Salta.

La historia que me cuentan indica que los dos centros comunitarios convivieron con sus viejas tensiones entre los *sefaradim*, más apegados a la ortodoxia, y los *ashkenazim*, quienes desarrollaron una postura judía conservadora.

Los matrimonios mixtos fueron mermando el público de la *kehilá sefaradí*, de donde aquellos que se mezclaron con no judíos y sus hijos fueron siendo expulsados. Los jóvenes se acercaron más a la congregación *ashkenazí*, movidos ya no tanto por una pertenencia a una de las ramas de la colectividad sino por afinidades de otro tipo. El centro *sefaradí* quedó despoblado, con una vieja guardia integrada por gente mayor y cuando éstos fueron muriendo, cerró sus puertas.

Aproximadamente para 2005, un importante empresario de la ciudad se interesó en hacer una donación a la comunidad. Se comunicó con el rabino Daniel Levy del Beit Jabad Tucumán, quien era el enviado de Jabad para toda la región Noroeste.

Levy habló con el presidente de la comunidad *sefaradí*, y le indicó que pidiera como donación un rabino.

El empresario aceptó pagar la mitad de los gastos de mantener un rabino para la congregación, y así fue como, también por medio de Levy, surgió el nombre del rabino Rafael Tawil que entonces tenía veinticuatro años y vivía en Cisjordania, con su mujer y su hija recién nacida.

El rabino proviene de una de las primeras familias de Jabad en la Argentina, es sobrino-nieto de Aharón Tawil, el primer alumno de Dov Ber Baumgarten enviado a estudiar a la *ieshivá* de Jabad en Nueva York. El rabino Rafael estudió toda su vida en Jabad y a los diecisiete años emigró a Israel con su familia. Durante dos años estudió en Jerusalén y luego viajó a Estados Unidos, donde completó su formación en la *ieshivá* de Jabad en Nueva York. De allí volvió a la Argentina, luego nuevamente a Israel, donde conoció a su mujer. Un año y medio después del matrimonio se establecieron en Salta como emisarios de Jabad.

La decisión de ser *shelíaj* la tomó en sus años de estudio en Nueva York, cuando se coló en una de las famosas reuniones anuales de emisarios que Jabad Lubavitch organiza en aquella ciudad.

Cuenta Tawil: "Ver a miles de personas bailando juntas, cada uno de otro lugar, olvidándose de todos los problemas que arrastraban, me dejó impresionado. Era como que de repente la gente se habían olvidado de todo y estaban como flotando en el aire. Ese día decidí que tenía que ser emisario".

Comenta que puso como condición fundamental, cuando conoció a su futura mujer, que ella estuviera dispuesta a su plan de vida de emisario. Hubo coincidencia: ella también anhelaba salir al mundo.

Luego de reflexionar y consultar con amigos la propuesta de Levy, se decidió a asumir la gran responsabilidad de volver a la Argentina —esta vez con su familia—, establecerse en esta ciudad católica del Norte y devolverle vida a la *kehilá* cerrada.

"Se lo dije a mi señora, lo conversamos, buscamos mucha información por Internet —recuerda el rabino—, le preguntamos a unos amigos que habían estado por acá... yo había estado acá en el '99 en una gira por el interior que habíamos hecho los alumnos de la *ieshivá*. Había recorrido desde San Luis hasta Jujuy. No me acordaba mucho más que de un *shabat* pasado acá y de dos o tres familias que iban a ser mi gente de contacto. Después hablamos con mis amigos. Uno en especial fue el que me dio el empujón definitivo para venir. A él se lo habían ofrecido y había dicho que no. Le pregunté por qué no y me dijo: 'Yo no me veo educando a mis hijos en un lugar donde no hay una escuela judía. Si vos y tu señora creen que lo pueden hacer, entonces sí, Salta es muy linda ciudad'. Y yo pensé que sí podíamos. Entonces lo decidimos y vinimos."

El rabino, su mujer, que no hablaba una palabra de español, y su hijita llegaron a Salta poco antes de la celebración de *Rosh HaShaná* que cae todos los años en algunos días de septiembre, en épocas en que en la provincia se realiza la celebración de la Fiesta del Milagro. Los recién llegados se encontraron organizando una celebración desde cero, teniendo que conseguir la comida *kasher* importada desde Buenos Aires e invitar a algunas pocas familias locales a comer con ellos en su departamento recién alquilado en medio de una ciudad conmocionada y con sus calles saturadas por unos quinientos mil peregrinos católicos.

A pesar de todo, parecían haberlo logrado hasta que recibieron un llamado telefónico: unos israelíes que estaban haciendo turismo por la ciudad se habían enterado de que había un rabino de Jabad en la ciudad y querían pasar con él la fiesta. "No sé ni cómo consiguieron nuestro teléfono. Eran siete personas más. Nos acabábamos de mudar, ¡no tenía donde sentarlos, no tenía mesa, no tenía nada! Tuvimos que traer unos tablones del Beit Jabad a mi casa y no podíamos pasar porque estaban todas las calles del centro cortadas, llenas de gente por la Fiesta del Milagro. Al final le pedí una mano a un amigo, tuvo que dar toda una vuelta, se peleó con los policías, con todo el mundo y al final pudo llegar justo antes de *Rosh HaShaná* y pudimos pasarlo con todos, fue muy lindo."

El Beit Jabad Salta funciona como tantas otras "casas" de Jabad en lugares recónditos del planeta como refugio para israelíes en viaje de turismo. Una vez terminado el servicio militar obligatorio, es costumbre de la juventud israelí viajar como mochileros durante años, invirtiendo los ahorros que sus años de servicio les brindaron.

Jabad Lubavitch lo sabe, y es por eso también que se ubica en ciudades lejanas, quizás sin grandes poblaciones judías pero con una atracción especial para los turistas israelíes.

Durante las fiestas del año, estos Batei Jabad organizan festejos públicos donde los turistas israelíes son los invitados de honor, al tiempo que se garantizan que puedan tener un festejo judío en el lugar del mundo donde se encuentren.

Esta noche de lunes 29 de marzo es la primera noche de la celebración del *Pésaj* de 2010, y el rabino Tawil organizó un *seder* comunitario pensado para ellos.

Nuestro país tiene un extraño privilegio respecto de estas celebraciones: el Beit Jabad Bariloche se vanagloria de ser anfitrión del segundo *seder* de *Pésaj* más grande del mundo (el récord habría sido establecido en Katmandú, Nepal, con mil jóvenes judíos sentados a la mesa).

No sé cuántos israelíes podrá llegar a haber esta noche. En la habitación del hostel estoy solo, con otras dos camas vacías. Sin embargo, sí vi a algunos muchachos hablando en hebreo en la cocina y en la computadora compartida apenas llegué.

Le pregunto a Niv y me dice que este año no parecen haber llegado tantos israelíes, al menos en base al movimiento de los últimos días.

El cielo está nublado en la ciudad y temo que justo se largue una tormenta los pocos días que voy a estar acá.

Niv me comenta que hoy y mañana a la noche son las cenas de Jabad y que el lunes que viene se va a llevar a cabo el *seder* de la *kehilá ashkenazí*; él está trabajando un poco con ambas *kehilot*. Hay un sentido de militancia judía muy grande por lo que me cuenta: son pocos los judíos y todos tiran para que los que son no disminuyan, no se dispersen o se integren hasta perderse.

Esta noche, por ejemplo, él mismo va a estar en la puerta del Beit Jabad corroborando que los israelíes que van a ir entrando estén anotados en una lista y hayan pasado una entrevista personal hecha hace unos días.

—Va a estar todo lleno de israelíes, hay que tomar precauciones, no se puede dejar entrar a cualquiera.

Después comenta que si bien ahora las cosas entre las dos comunidades están bien, en su momento hubo algunos conflictos y que hace poco tiempo se armó de nuevo un pequeño revuelo cuando Rafi, como le dicen al rabino Tawil, abrió su propio jardín de infantes. Siendo una comunidad tan chica algunos no entendieron la necesidad de que existieran dos escuelas hebreas. Pero eso parece ser parte de una historia vieja, porque vuelve a insistir con que en la actualidad las cosas están calmas.

Pregunto por el *kasher* que se consigue en la ciudad:

—Productos envasados. La carne la trae Rafi de Buenos Aires. —Me hace acordar a la anécdota de Kapeluschnik, el "carnicero".

Le pido algunas indicaciones para moverme en la ciudad, se excusa por no tener a mano un planito para darme, "están por llegar" dice y me da un par de caminos posibles, uno para llegar al centro y sus peatonales y el otro para ir para el lado del cerro y caminar hasta el shopping.

—Es uno del que hizo los Altos. Es el Alto NOA. Del Tío Rico —dice sonriendo para referirse a Eduardo Elsztain que tiene varios emprendimientos en la provincia y la ciudad.

Niv me cuenta que el shopping tiene *mezuzot* en sus puertas lo que hace que más de una vez la gente local se quede parada sin entender bien qué son o para qué sirven.

Pienso que en el camino desde el aeropuerto vi algunos santuarios a la vera de la ruta.

***

Camino un rato por el centro de la ciudad, con mucha gente en las calles pero ritmo de vida pausado. Las peatonales empedradas que rodean la plaza 9 de Julio y los edificios coloniales dispuestos a su alrededor, también albergan mesas de bares. Me siento en una mesa de "Lo de Juana Manuela" a comer un tostado. Son casi las cinco de la tarde.

Vuelvo al hostel y converso un rato más con Niv que me dice que "antes, la *kehilá sefaradí* estaba prácticamente cerrada. Desde que llegó Rafi hay rezos diarios y actividades".

—¿Pensás que va a haber mucha gente esta noche? —le pregunto.

—En estas fiestas siempre se llena por los israelíes. Podés poner un Beit Jabad en La Quiaca que se va a llenar, porque siempre hay israelíes en todas partes.

—Pero, por ejemplo, en un *shabat*, ¿cuánta gente va al templo?

—Y en *shabat* te diría que unas quince personas en cada *kehilá* hay. En *Iom Kipur* sin embargo, se desborda todo.

—¿Cómo fue la reacción de la juventud judía salteña cuando llegó el rabino Tawil?

—Primero se fue haciendo amigo de los que iban a la *kehilá sefaradí* —dice— y después se fue haciendo amigo del resto y empezamos a ir todos a sus actividades. Nos fuimos acercando nosotros de a poco, pero nos hicimos amigos al toque, empezamos a ir a su casa, después al cámping, a jugar al fútbol. Él llegó a Salta en un momento en el que no había mucho marco para la juventud.

—¿Y él le dio ese marco?

—Acá nunca habíamos tenido un rabino antes de su llegada. Por ese lado vino mucho el acercamiento. Cada uno lo buscaba en algún momento por alguna cuestión.

Había muchos chicos en Salta que no tenían marco judaico, que nunca se acercaron, nunca conocieron. Y ése es un mérito de él, que gracias a que llegó acá empezaron a acercarse, a militar y se hicieron miembros súper activos de la comunidad. Incluso algunos que ahora militan también en la *kehilá ashkenazí* y que se acercaron gracias a Rafi y a Jabad. Le dio mucho marco a la juventud que no tenía un espacio. La casa de él es mucho más que una cena de *shabat*, es un lugar de reunión para chicos de la comunidad.

El judaísmo en Salta se vive como militancia.

Vuelvo a mi cuarto y acomodo las valijas mientras hago tiempo para que se hagan las ocho de la noche.

A eso de las seis bajo de nuevo al centro, que ahora ya está desbordado de gente, chicos y adolescentes en su mayoría que salieron del colegio y ocupan el espacio público, y automóviles que no sé de dónde aparecieron porque congestionan una ciudad en la que los semáforos son escasísimos y cruzar una calle caminando se convierte en una aventura difícil.

Intento comprar algo en el supermercado pero está desbordado de gente que se levantó de la siesta.

Empiezo a volver tranquilo al hostel mientras el cielo se termina de encapotar y me agarra la lluvia a pasos de llegar.

***

Niv no está y lo necesitaba para que me diese las últimas indicaciones de cómo ir desde acá hasta el Beit Jabad, pero su novia me lo explica con bastante claridad. Es cerca, unas doce cuadras en línea casi recta, en una ciudad diseñada en estricto damero español. Me pregunta si quiero que me pida un remís.

—¿Los taxis son ésos con la estrella y todo de rojo en el capó?

—Sí, es el escudo de la provincia.

—¿Qué? ¿Es la estrella federal?

Sonríe.

—Dejá, me voy a dar una ducha y cuando salga veo si sigue lloviendo y si hace falta que pidas el taxi.

Me doy un baño reparador, me cambio y decido ir caminando las pocas cuadras, total la lluvia ya no está tan fuerte.

Salta bajo lluvia es una experiencia que quiero tener, además. Las callejuelas mojadas y la noche oscura, voy caminando solo y llego al Beit Jabad, que lo adivino por la cantidad de gente que hay en la entrada.

Es una fachada de edificio viejo y horizontal y no señala en ningún lugar que sea un Beit Jabad ni tampoco la *kehilá sefaradí*.

Justo enfrente, la puerta del Colegio de la Divina Misericordia, y en la otra cuadra hay un templo evangelista.

En la puerta y entre medio de la gente y el ruido, me ve Niv y me dice que pase directo y le indica al chico que está custodiando la entrada que si bien no hice entrevista ya está todo arreglado para que pase. Se hace a un lado y me deja entrar.

Hace calor. Hay gente en todos lados, sentados en sillas, en el piso, en un sillón, parados, una puerta entreabierta da al templo donde se lo ve de espaldas al rabino rezando en hebreo y a algunos muchachos en la sección masculina siguiendo el rezo. Hay que entrar con *kipá*, yo me olvidé la mía y ya no quedan de las que tiene el templo para repartir entre los que no trajeron, por lo que varios chicos atan las puntas de unas servilletas para hacerlas una especie de casquete y entrar a rezar.

Me pongo a hojear un ejemplar de un libro básico de la filosofía de Jabad apoyado en un marco cuando un tipo alto me llama por mi nombre. Me doy vuelta y me dice:

—¿Me podrías acompañar un instante por favor?

Lo sigo hasta un cuarto lateral con ventana que da al lobby de entrada donde estaban Niv y sus compañeros recibiendo a la gente. El hombre me pide que tome asiento y me pide que le explique quién soy y qué estoy haciendo ahí.

Se lo explico y tras consultarlo con Niv a través de la ventana me pide disculpas y me deja ir, pidiéndome que no grabe nada ni saque fotos.

—Espero que entiendas... es que con tantos israelíes juntos tenemos que extremar las medidas de precaución —termina, y me deja salir.

Deambulo un rato sin saber bien dónde sentarme o si hay alguien que hable algo más que hebreo que no entiendo. Me siento en una silla que se desocupa y una muchacha de unos treinta años me hace una pregunta, a la que le respondo:

—*Aní lo medaber ivrit* —es lo único que sé decir y significa: "No hablo hebreo".

—I was just asking you if you speak english... —me dice.

Ok, empezamos a hablar en inglés.

Se llama Ela, es israelí pero vive en Londres desde hace años. Además de eso, será mi intérprete durante toda la noche, la única persona que me traducirá y me comentará lo que el rabino va a decir en hebreo.

Le cuento de mi vista a Londres en 2001, le digo que es la ciudad europea que más amo y hablamos un rato sobre viajes hasta recaer en Israel, le cuento mi experiencia con *Taglit* (BRIA) y entiende que esté viviendo una especie de acercamiento hacia mis raíces judías y el sionismo en general.

—Es lo que ellos quieren, para eso te llevan. Te muestran la parte linda nada más.

Los rezos terminan y sale la gente que enfila directamente para el salón.

Anteriormente acá se celebraban los casamientos de la comunidad, pero como me señalará el rabino Tawil: "En Salta, el último casamiento que se hizo fue hace tanto tiempo que el año pasado le hicimos el *bat mitzvá* a la hija. Es decir, se hizo hace catorce años". Y también es necesario decir que el salón ya no cumple esa función y está un poco abandonado, con las paredes blancas sucias y deterioradas. Por lo demás, es un hermoso espacio con una cocina al fondo y un ventanal que da a un amplio jardín.

Pero esta noche está acondicionada para la ocasión, con tres filas de mesas largas y una cabecera que las une, cortándolas en perpendicular. Cada lugar está señalado con un vasito de plástico y una *hagadá* (libro de lectura e indicaciones para la fiesta de *Pésaj*) en castellano y en hebreo para que todos podamos seguir la ceremonia, aunque presumo que soy el único en esta cena que no lee en hebreo.

A simple vista calculo unas doscientas personas que ya van tomando asiento.

Ela busca con la vista a unas amigas francesas con quienes vino que, me dice, tampoco hablan en hebreo y dependen de ella para entender algo esta noche, pero cuando las ve, ellas ya se sentaron en otro lado y nosotros tenemos que apurarnos para agarrar dos asientos juntos. No quiero quedarme sin intérprete.

Los hombres y las mujeres se sientan juntos rompiendo la separación de sexos ortodoxa. Algunos llevan *kipá* y otros menos se ponen la servilleta con las puntas anudadas que vuelan con facilidad de las cabezas que cubren.

Hay alegría, cantos, gente golpeando la mesas con los puños, barullo incomprensible, como en la tribuna popular, grupitos asumen la voz de mando, empiezan a entonar una canción en hebreo y contagian la melodía al resto.

Le pregunto a Ela qué cantan y me dice que son canciones patrióticas israelíes.

Son las 21:25 de la noche. El rabino Tawil se asoma por la cabecera de la mesa. Es fácil distinguirlo con su ropa negra y sombrero, parado recto y pidiendo silencio. La gente le hace caso y el rabino controla a doscientos muchachos y muchachas recién salidos del servicio militar y en plan de viaje de joda con una facilidad admirable.

Voluntarios pasan por las mesas dejando unas bandejitas de plástico con los seis componentes de la mesa del *Seder*: *beitzá* (un huevo duro pelado), *jazeret* (un trozo de lechuga y un poco de apio), *jaroset* (manzana rayada mezclada con canela), *karpas* (aros de cebolla cruda) y la *zehorá* (hueso de muslo de pollo). La presentación no es muy vistosa. En algún punto me hace lamentar porque en mi familia nunca experimenté nada parecido a lo tradicional, por lo que siento que me estoy perdiendo la primera oportunidad que tengo de ver cómo se festeja "de verdad" la fiesta de la liberación de los judíos.

Frente a todos, el rabino hace mímicas que explican la ceremonia que debemos cumplir con los ingredientes que nos pasaron y tampoco vamos cumplir exactamente con todos los pasos que establece la tradición.

Comienzan algunos rezos y las *kipá*-servilletas vuelven a posarse sobre algunas cabezas.

Tawil invoca a la gente presente, pide que nos paremos los que somos de Argentina y nos paramos tres personas, yo y dos más en la otra punta de la mesa. Sigue haciendo pararse a los de Francia, Suiza, Alemania, son pocos y el resto aplaude, y cuando termina con el mundo occidental va mencionando ciudades y pueblos de Israel y se paran de a grupitos más muñidos.

Son las 21:50 y el rabino indica que es hora de comer las hierbas: lechuga y cebolla mojada en agua salada. Los que están cerca de los múltiples centros de mesa lo hacen. No hay suficientes para la cantidad de gente que colma el salón. Apenas logro pescar un aro de cebolla que mastico con displicencia, sólo porque a esta hora de la noche, estoy hambriento.

Comienza el recitado de un texto que está en la *hagadá*: *Maguid*, leo y hojeo para adelante el folleto para tratar de calcular cuánto durará esto.

Parece que va a ser largo.

El rabino va recorriendo las mesas instando a que distintos muchachos y muchachas lean fragmentos en hebreo en voz alta, para todo el público.

Le pregunto a Ela si van a leer todo, que es larguísimo y tengo hambre.

Me mira con una ceja levantada:

—Ustedes los judíos de la Argentina sí que la tienen fácil, ¿eh? —dice.

La ceremonia se extiende. Una chica se levanta a leer y recibe chiflidos y aplausos que no la intimidan. El rabino va y viene, arenga a unos y a otros, hace levantarse a la gente para leer.

Se paran las francesas y leen en un buen español. Después les toca el turno a unas trillizas rubias que hacen lo suyo, y recién son las 22:30 cuando un grupo de colaboradores pasa por entre medio de las mesas pidiendo los platos de plásticos.

La lectura sigue y se entrelaza con cantos alegres en hebreo.

A las 22:40, los voluntarios aparecen con unos potes de ensalada rusa y otros con una mezcla que no logro identificar, pero que parecen ser berenjenas o algo así.

Al poco rato aparecen otros llevando platos con *guefilte fish*.

Van pasando tabletas de *matzá*, pero es de la común, lo que me produce una nueva ligera desilusión: esperaba probar el *matzá shmurá*, que es aquél preparado a mano bajo obsesivas normas de producción, importado de Israel. Por lo tanto, bastante más caro y consumido sólo por algunas tendencias ortodoxas, incluyendo a Jabad.

Es la mesa del rabino, se sienta su familia, y los elementos del *seder* están dispuestos del modo ortodoxo tradicional: el plato con los seis elementos, las tabletas de *matzá shmurá* abajo del plato y las copas con vino *kasher* en vez del zumo de uva que reparten ahora entre nosotros.

—El rabino acaba de decir que van a repartir jugo de uvas porque una vez en Bolivia pasó que dieron vino y todos se emborracharon —me traduce Ela del hebreo al inglés.

Es una anécdota que me contaron: en una celebración en el Beit Jabad La Paz, pusieron vino en vez del jugo de uvas como indica el "manual de procedimientos". Esa vez, la situación empezó medio desbordada mientras el rabino quería conducir los rezos y fue ganando espesura hasta terminar con cien israelíes borrachos manteniendo relaciones sexuales sobre la mesa.

El pragmatismo es entendible y puede justificar que la norma se corra un poco para facilitar el sentido global de embeber a doscientos judíos en la práctica de su judaísmo, por más que no sea exactamente como la ortodoxia indica: en vez del *matzá shmurá*, que según Lubavitch se debe comer, el común y corriente, el que, además, por la cantidad que se necesita para la celebración masiva, es una abaratamiento gigantesco de los costos. En vez del vino ceremonial que puede derivar en catástrofe, el zumo de uva inofensivo.

Es una imagen que sintetiza el funcionamiento de Jabad Lubavitch en todo nivel. Mientras que los que recién nos acercamos a la observancia somos tolerados en no celebrar como es debido, en la mesa del rabino se observa la tradición hasta en el más mínimo detalle.

En la mesa de enfrente, unos chicos se trenzan en una pelea amistosa con apio y el rabino pide que no comencemos todavía a comer la *matzá*, que a cambio de esa pequeña abstinencia nos va a contar una buena historia.

Muestra cómo se supone que hagamos un sándwich con la *matzá* y las hojas de lechuga previamente hundidas en el *jaroset*, una salsa hecha de manzana, nueces, canela y vino. Algunos lo hacen y el resto lo come como viene.

Unos colaboradores vestidos al modo lubavitch pasan dejando más lechuga en donde falta y otros van trayendo más platos de *guefilte fish* con *jrein* (rábano y remolachas picadas y condimentadas).

El rabino ahora indica que hay que hacer algo con el huevo. No sé qué porque sólo descifro parte de su mímica. De todos modos, en mi mesa ya se lo comieron hace un rato.

Nos pasan un cancionero hebreo y un grupo se pone a cantar con efusión, estimulados por un muchacho ortodoxo que bien puede tener la misma edad que ellos. Abrazados, levantan los brazos y cantan con toda su fuerza. El rabino se sienta en la mesa cabecera con sus hijos y observa el desarrollo de la fiesta.

Ela me cuenta que pasó fiestas judías en la India y en Honduras, donde Jabad no tiene sede pero suele mandar a sus estudiantes de *ieshivá* para que arreglen las celebraciones correspondientes con los judíos que en esas fechas andan dando vueltas.

—Siempre voy a las fiestas con Jabad cuando no estoy con mi familia —me dice.

Comemos el *guefilte fish* y la *matzá*.

Ella habla bastante con unos chicos israelíes sentados frente a nosotros y quedo un poco aislado.

Son las 23:25 y empiezan a circular platos con carne con salsa, papas y zanahorias hervidas. En las otras mesas y en otros sectores de mi mesa larga se siguen entonando cantos que parecen de barrabravas.

La carne está muy tierna y la desgarro con dos tenedores de plástico. Para cuando llegan los cuchillos ya terminé mi porción y algunas personas ya empezaron a irse.

A las 23:50, el salón empieza a quedar vacío, pero siguen llegando platos de carne de un aula de la escuelita reconvertida en cocina, donde están las enormes ollas.

Me doy una vuelta por allá y hago la cola hasta recibir una ración más.

El rabino ya aflojó las riendas y cena con su familia en la mesa cabecera, mientras que los invitados conversan entre ellos y empiezan un éxodo que a las 24:05 despobló todo el salón, dejando tras de sí las mesas llenas de basura que los voluntarios empiezan a retirar metiendo todos los restos en bolsas de consorcio negras.

Ela me dice que se van a ir con sus amigas francesas, o no sé bien con quién más, a tomar un helado por el centro, me pregunta si quiero ir, le agradezco pero le digo que me voy a quedar hasta el final de la ceremonia.

—Me parece que ya terminó —me dice.

—No, no, todavía sigue un rato más.

Estoy cansado. La mesa del rabino se convierte en el nuevo centro de la reunión. Contiene los restos de la celebración y él termina de cumplir con el rito. Quedamos poco más de diez personas aparte de su familia y casi todos son israelíes, por lo que apenas si entiendo algo. Empiezan a apilar las sillas, y la hija mayor del rabino juega con sus hermanitos a subirse a las pilas y esconderse tras los respaldos.

El rabino habla con un hombre grande, alto, pelado, con barba candado. Es un salteño de la comunidad que lo ayudó a organizar el *seder* de hoy y arreglan los detalles de la celebración más íntima de mañana. En otro momento, Tawil me dirá que este hombre que ahora colabora y que maceró y cocinó durante horas la carne de cuello de vaca, donada por un porteño, para ablandarla y dejarla sabrosa que cenamos recién fue uno de los primeros oponentes a Jabad Lubavitch cuando llegó él con su familia a instalarse.

Ahora es uno de sus colaboradores más fieles.

El rabino y su familia tienen cara de cansados pero también de alegría. Hacen cuentas, tratan de ver cuánta gente vino. El rabino apuesta unos doscientos veinte invitados, con lo que mi cálculo no estuvo tan mal.

Acercan unos racimos de uvas, y cuando ya nadie come nada, saca el *afikomán*, que es una tableta de *matzá* guardada al principio de la ceremonia y se supone, lo último que se debe comer en la noche.

Estoy cansado y no entiendo lo que se habla, por lo que me despido del rabino y me voy caminando solo por el reflejo silencioso de la ciudad de Salta que es como se pone de noche este lugar.

LOS LUBAVITCH EN LA ARGENTINA

***

Al día siguiente me desperté más temprano de lo que me hubiese gustado. Desayuné en un bar del centro y volví al hostel.

Le pregunté a Niv dónde podía encontrarlo a Rafi antes de la cena, para conversar un rato con él, y luego de buscar un rato el teléfono nuevo (que no tenía agendado) se dio cuenta que de todos modos no me iba a atender porque lo tiene prohibido por la fiesta.

—Buscalo en su casa, es acá cerca —me dijo, y me dio unas indicaciones para que me ubique sin saber exactamente la numeración de su casa —si no está ahí, lo encontrás en el Beit Jabad seguro.

En su casa nadie contestó el timbre por lo que ahora estoy tocando la puerta del Beit Jabad.

Me abre un muchacho, le pregunto por el rabino y me dice que está haciendo la plegaria matutina.

—¿Tardará mucho? Porque puedo ir a darme una vuelta y...

—No, no creo que tarde mucho más.

Miro la hora, es mediodía.

El chico me abre la puerta y me hace pasar. Voy directo al templo y me pongo una *kipá* de las de la canastita. Hay unos cuatro o cinco israelíes rezando, un chico de la comunidad local y tres voluntarios, estudiantes de las *ieshivot* de Jabad enviados desde la Capital Federal y otros lugares del mundo, mientras Rafi dice las oraciones de espaldas, con la cabeza cubierta por el *talit*.

La gente sigue el rezo, algunos van y vienen, entran y salen del templo, dan vueltas inquietos. Agarro un libro de rezos e intento seguir algunos fragmentos de los rezos.

Estamos un rato, que se me hace largo, hasta que el rabino empieza a caminar por el templo, rezando todavía y a una velocidad impresionante, me señala el reloj con la vista, le muestro que son pasadas las dos de la tarde y da por terminado el servicio.

Lo saludo y le comento que me gustaría conversar con él. Me invita a acompañarlo a su casa a almorzar con su familia y la gente que está presente.

Salimos caminando bajo el sol. Estoy esperando que la gente nos mire raro o de algún modo por estar Rafi todo de negro y yo con *kipá* caminando por las calles de una sociedad tan católica, pero no pasa nada, a nadie parece llamarle la atención.

—¿Cómo se vive el judaísmo en una ciudad tan predominantemente católica? —le pregunto.

—La verdad es que hay mucho respeto —me dice mientras subimos por la peatonal Caseros—. Justamente por ser una ciudad bastante religiosa, respetan al religioso. Por lo menos yo no siento antisemitismo ni discriminación. Al contrario, me respetan muchísimo. Hay mucha gente, además, que buscando esa espiritualidad que a veces no la encuentran en el catolicismo, caen a hablar conmigo, quieren aprender. Hay mucho respeto —dice y sonríe.

En algún punto no deja de sorprenderme escuchar eso. Salta es una ciudad con una herencia colonial-católica visible en cada ladrillo, en cada fachada de unas casas que nos miran petrificadas en el tiempo mientras pasamos frente a ellas.

—La gente ve que vamos en contra de la corriente —me dice Tawil—, que venimos, trabajamos, muchas veces gratis. Y entonces piensan que lo hacemos por la plata —comenta acerca de su percepción de los prejuicios que suscita Jabad y los propios problemas que él tuvo cuando llegó a instalarse en esta comunidad—. Una vez me acusaron de cobrar por cada persona que venía a mi casa a *shabat*. Cuando me dijeron eso, casi me pongo a llorar, porque, en ese momento en particular, estaba súper endeudado —unos pocos pasos atrás de nosotros, nos siguen los muchachos israelíes y los demás que van para la casa del rabino—. Desde ese momento tengo una política de cuentas claras. Cuando viajo a Buenos Aires muestro todos los balances.

Se lo ve cómodo al rabino mientras camina, con un control absoluto de su cuerpo, absorto en sí mismo, en nuestra conversación, no repara, ni yo tampoco, en nada más.

—Es cierto que Jabad tiene relación con poderes económicos y políticos —sigue—, pero esto habla de la confiabilidad de los proyectos de Jabad. Pongamos a Eduardo Elsztain, que es una persona que gana millones por hacer una sola asesoría, es decir, no es ningún improvisado ni una persona que se va a dejar engañar, él se sienta todos los meses con el rabino Grunblatt y revisan juntos las cuentas.

La vida judía ortodoxa, sin embargo, no es fácil acá tampoco. Como la comunidad no cuenta con una *mikve*, la mujer del rabino realiza viajes de ocho horas (cuatro de ida y cuatro de vuelta) hasta Tucumán todos los meses cuando tiene que hacer uso del baño ritual.

—Estamos viendo de construir una —me dice cuando le pregunto—. Es un tema. En realidad el Rebe pidió que lo primero que uno debe hacer cuando llega a un lugar es una *mikve*. Pero bueno, también las cosas no se daban.

Me comenta que el Beit Jabad desarrolla diversas actividades: visitas a familias, charlas, atención personal en privado a quienes lo necesiten e inauguraciones de comercios. Con una comunidad tan pequeña, es difícil pensar la convivencia entre ortodoxos y conservadores, separados sus edificios comunitarios por una pared. Se lo pregunto:

—¿Cómo es la relación entre las dos comunidades que están tan cerca una de la otra?

—Muy buena, por suerte. El tema entre las dos comunidades va más allá de lo que es Jabad, porque las *kehilot* nunca se llevaron muy bien. Cuando yo vine, al principio tuvimos cosas muy desagradables, muy duras. Llegaron a hacer una carta para mostrarse en contra apenas llegamos. Hubo momentos en los que sentía que estaba solo. Que no tenía apoyo de nadie, ni siquiera de mi propia comunidad. Todos te quieren, pero a la hora de jugársela por vos, te encontrás con que estás solo —su cara se endurece—. Eso me dolió mucho, pero fue sólo el primer año, año y medio. Después, entendí ciertas cosas que no entendía hasta ese momento y eso me fortaleció e hizo que encarara las cosas de otra manera. A la gente que venía a mi comunidad desde la otra, después no la dejaban asistir. "Estás acá o allá", les decían. La gente tenía miedo de venir conmigo. Pero después yo me empecé a acercar a ellos, cambiaron su comisión directiva y la relación mejoró. Ahora, de la nueva comisión directiva de la *kehilá ashkenazí*, el tesorero viene a nuestro templo, el presidente manda a su hija a nuestra colonia. Iba a mandarla a nuestra escuelita también y al final no lo hizo porque no podía como presidente de la otra comunidad, mandar a su hija a la nuestra y no a la de él. Tengo relación con toda la comisión directiva. El *Bar Mitzvá* de los hijos de todos ellos se los hice yo. Después de cinco años supe ponerme fuerte en ciertas cosas. Una vez, por ejemplo, le dije a su presidente: "No puede ser que una persona de su comisión directiva hable con los padres de los chicos de mi escuelita para que los mande con ustedes y no acá. Yo no trabajo así, eso es jugar sucio. Cuando la gente me dice que van con ustedes, yo los felicito y les digo que sigan yendo. Lo principal es que vayan y que los chicos estudien. Yo soy muy bueno, pero tonto no. Si ustedes quieren que hagamos cosas en conjunto, hagámoslo hasta el final. No sólo lo que les conviene y lo que no me patean" —llegamos a la plaza 9 de Julio y vamos esquivando turistas en *city tour* bajo la sombra de los árboles que calman el calor seco del mediodía—. Hoy en día, la gente puede no compartir conmigo ciertas cosas, pero todos me respetan. Algunas actividades las hacemos juntas las dos comunidades, hicimos *Jánuca* y *Púrim* juntos. Eso hizo también que algunos se preguntaran: "¿Pero por qué no unir?"; "¿por qué no tirar abajo la pared que nos separa?", en forma literal. La respuesta es que entre ortodoxos y conservadores tenemos diferencias fundamentales. En particular en el rezo, y eso es algo que no se va a poder unir nunca. ¿Pero quién dijo que hay que unir los rezos? Con que estemos unidos nosotros en las actividades, ya está bien. Espero que la gente pueda tomar la situación como dos opciones que la comunidad de Salta tiene para la gente que quiere ortodoxia y para la gente que quiere conservadurismo. No lo tienen que tomar como algo de uno en contra del otro. Lo principal es que las actividades que sí se pueden hacer en conjunto se hagan, que la gente venga y participe. Eso se está haciendo.

El rabino Tawil, además de cargar sobre sus espaldas la labor que su rol comunitario le implica, se compromete cara a cara con los judíos de la comunidad salteña y tiene un trato muy directo con la juventud, como pude ver en la relación que tiene con Niv.

—Preguntale a los chicos de la comunidad local quién es su guía y te van a decir Rafi —dice—. Creo que hay dos maneras de relacionarse con la comunidad. Desde el respeto o desde la amistad. Por lo general, no van juntas. Yo con los jóvenes me decidí por el lado de la amistad. Yo soy amigo de ellos. Obviamente, ese respeto que quizás uno tiene con un rabino, ellos no lo tienen conmigo. Pero sí tienen mucho afecto por mí y yo los quiero mucho. De ese modo es el acercamiento que tenemos de ir a jugar al fútbol juntos y compartir. Una vez me llamaron un sábado a la noche y me dijeron: "Che, Rafi, acá nos juntamos 'los vagos' a tomar una cerveza, ¿querés venir?", y yo les dije: "Bueno, dale, vamos". Le pregunté a mi señora, me dijo que vaya y así fue. Yo soy parte de "los vagos". ¿Entendés? Eso hace que la charla, el diálogo que tengo con ellos sea otro, la relación es otra. Les hablo como un amigo y me van a escuchar. Está bien, perdí un poco el respeto. Pero creo que es mejor la amistad que el respeto. No es que no me respeten. Pero, por ejemplo, te cuento una anécdota: acá son muy jodones entre ellos. Una vez se la agarraron con uno que era un poco mayor, y se pelearon y se armó un lío. Entonces agarré y hablé con uno, le dije: "Che, no lo hinches más. Si sabés que se enoja, ¿para qué lo siguen jodiendo? Si quieren hacer algo, háganmelo a mí".

"A los pocos días, a las tres de la mañana, sonó el teléfono en mi casa. Atendí, se me pusieron a hablar en hebreo y bueno, qué sé yo, al final terminaron siendo los chicos. Me dijeron: "Eh, vos nos dijiste que las jodas te las hagamos a vos".

—¿Esta amistad que tenés con los chicos, sería una forma de trabajar persona a persona? —le pregunto.

—Esa es la enseñanza del Rebe. Él dijo que por una persona ya vale la pena todo. Y está escrito en el *Talmud*: "El que salva un alma del pueblo de Israel, salva el mundo entero". Para nosotros una persona es tan importante como una multitud, como cien personas, depende del lugar.

"Uno salva a una persona y son generaciones y generaciones de judíos que van a venir después. Él, sus hijos, los hijos de sus hijos y así es una pirámide que después pueden ser millones de judíos de acá a unos años. Eso aprendí: la importancia de cada uno.

—Me siento cómodo acá —le digo—. En Buenos Aires quizás hay una sensación de sobreabundancia… y vos estás acá solo. Salta me hace respirar un aire que mezcla lo metropolitano con lo pueblerino y eso me da cierta tranquilidad.

—La verdad es que el ambiente que hay en el interior, la gente y todo, te hace trabajar tranquilo —dice abriendo los brazos como queriendo abarcar a la gente que camina por las angostas callecitas—, y te da cierta libertad en el sentido de que no corrés por nada. Por otro lado, muchas veces está la dificultad de que faltan cosas que son necesarias. Por ejemplo, ahora para los *sedarim* de *Pésaj*… Todo está traído de Buenos Aires, acá no hay nada. Pensá en el pescado, la carne, el vino, la *matzá*, todo lo traje de Capital. A veces no tengo la posibilidad de ir en persona.

"Me acuerdo de que una vez para *Pésaj* necesitaba hacer todas las compras, llamé a un almacén de Buenos Aires para hacer un encargo y me dijeron: 'No, tenemos mucha gente, no podemos hacer nada', y yo les dije: 'Pero estoy a mil seiscientos kilómetros, no es que puedo ir yo y sacar de las góndolas. Te estoy pidiendo por favor, te estoy comprando'. Y allá hay muy poca gente dispuesta a ayudar.

"Uno está a contramano. Ves que todos van para un lado y vos querés ir para el otro y no podés. No podés contratar un *catering* para que se encargue de todo. Es estar en la cocina, encargarte del menú, ir a comprar la verdura, ir a comprar los descartables y supervisar que las cosas vayan saliendo bien, y a la par la inscripción de los chicos que van a venir al *seder*, y bueno, llega un momento en que la cabeza queda saturada. Por suerte es sólo en festividades específicas. El resto del año es tranquilo. Y además, es lindo. Conocés gente, te hacés amigos. Muchas veces nos escriben israelíes o gente que estuvo el año anterior en la fiesta, nos dicen que el *Pésaj* que pasaron fue inolvidable, y que todavía lo recuerdan. Cosas que hacen que uno diga que vale la pena todo el esfuerzo. Está bien, uno no trabaja para que lo feliciten. Pero es como que uno dice: 'Si a la gente le gustó, la pasó bien, es porque las cosas se hicieron bien', y eso reconforta.

—Entiendo —le digo—; ¿y tus hijos? ¿Cómo los educás en una sociedad como ésta?

—Esa es la dificultad más importante que tiene el *shlijut*. Sin dudas. Más que cualquier otra cosa. Porque uno siempre dice: "Yo estoy acá, me puedo sacrificar, mi señora se puede sacrificar, somos grandes". Pero cuando nosotros tenemos —de alguna manera— que obligar a nuestros hijos a sacrificarse es lo más difícil.

"A veces también uno escucha cosas de los chicos que son satisfacciones, así como otras que no, que son sorpresas que te llevás. Por ejemplo, una vez, con mi hija mayor, tuve una gran satisfacción. Tenía dos o tres años. Era una nena muy linda, estaba caminando con la empleada y entraron a un kiosco, tenía que hacer una llamada, entonces la cajera le dijo: "Ay, que linda nena, tomá, te regalo un chocolate", y mi hija le respondió: "No, yo no puedo. Este chocolate no es *kasher* y no lo puedo comer. Yo tengo chocolate *kasher* en mi casa". Eso me dio mucha satisfacción.

"Pero otra vez, en otra oportunidad, estábamos en el auto con mis hijos, hablando del orgullo de ser judíos, dándoles ese apoyo por ser diferentes acá en Salta. Y ella, la mayor, me dijo: "No sé si es tan lindo. Porque a mí me gustaría comer de todo y no puedo comer de todo". Y a mí me cayó eso como: "Ahora ¿qué hago?". *HaShem* me iluminó, me fluyó una respuesta. Ella justo estaba aprendiendo las cuestiones del coche, de la nafta, entonces le pregunté: "¿Qué nafta usa mi coche?"; "Súper"; Muy bien, bueno, vos sabés que hay nafta súper y nafta común. Hay coches que usan nafta súper y coches que usan nafta común. Hay coches que usan nafta súper y también pueden usar nafta común y no les pasa nada. Pero hay coches que el fabricante dijo que tenían que usar nafta súper y que si les ponés común se arruinan. *HaShem* creó a mucha gente en el mundo, a algunos les permitió comer común que es todo y a otros les dijo: "Ustedes tienen que comer súper, es decir, algo especial que es el *kasher*", y él sabe que a nosotros nos hace bien el *kasher*, y por eso tenemos que comer *kasher* y no común. El que come común puede comer súper también porque tiene permitido todo. Pero el *iehudí*, que tiene un alma divina, un alma que no es algo físico, sino algo que Dios creó y por lo tanto es el único que sabe cómo cuidarla y nos dijo que nosotros la tenemos que cuidar con comida *kasher*. Entonces cuando nosotros comemos comida *kasher*, estamos haciendo lo que Dios nos pide y estamos cuidando nuestra alma que es lo principal. Entonces a ella le gustó la respuesta y me dijo: "Ah, entonces sí, estoy contenta de ser *iehudí*".

"Pero en general es todo un tema el de la educación. Ahora, por ejemplo, empieza primer grado, y no sabemos bien qué hacer. Nos preguntamos si mandarla a un colegio común o no, tenemos miedo de las influencias de los chicos. Consultamos a distintos rabinos, lo consulté con mi propio rabino que está en Buenos Aires, y entonces decidimos inscribirlas en un colegio privado de una familia judía conocida.

Empezó a ir ahí. Va unas horas, todos los días. El resto, le enseñamos mi mujer y yo y después tenemos la escuelita de la comunidad, el Beit Jabad. Ahí somos los maestros, los *morim*. Los chicos nos llaman ahí *moré* y *morá* y en casa papá y mamá —termina y nos paramos frente a un edificio, el único de la cuadra, a metros de restaurantes que ofrecen comidas regionales especiales, como empanadas de pescado, por las Pascuas, desde sus vidrieras.

Esperamos ahí hasta que se nos unen el resto de los muchachos que estaban viniendo con nosotros.

Una vez que estamos todos subimos un par de pisos por escaleras. Una vecina se cruza con Rafi y le hace un comentario acerca de un rabino conocido en común que lo lleva a reflexionar en voz alta. Aparentemente, ese rabino que le mencionaron era el enviado de Jabad en otra provincia de la Argentina y tuvo que irse a vivir a Chile, porque no podía seguir sosteniéndose donde estaba. Tawil está sorprendido y repite a cada rato que no lo puede creer, hasta que entramos por la puerta de servicio a su casa, atravesando el lavadero.

Las paredes de la cocina, el horno, las hornallas, todo está recubierto con papel de aluminio. Entrar por la cocina parece como un viaje a una nave espacial o ese juego de *Shopilandia* que era un trencito sobre una especie de túnel con las paredes recubiertas del mismo papel de aluminio.

En algunas interpretaciones ortodoxas es costumbre este recubrimiento de ciertos lugares de la cocina con papel de aluminio en el marco de las limpiezas de *jametz*, es decir, todos los alimentos preparados con levadura, prohibidos durante la celebración de *Pésaj* y sobre los cuáles pesa una severa regulación de limpieza en la casa.

Al fondo, pasamos a un living cómodo que tiene un balcón también amplio. La mesa está dispuesta como para recibir a un buen número de gente y los hijos del rabino andan dando vueltas por todos lados.

La pared que da a la cocina tiene una biblioteca de libros judaicos, las paredes tienen cuadros con imágenes de algunos de los siete rebes de Lubavitch y hay en particular un cuadro muy lindo donde se ve a cinco rebes juntos en un bosque viendo bailar a un

Menajem Mendel Schneerson de niño y en pijama en una pintura basada en una conocida foto de su infancia.

Me siento entre la mujer del rabino y su hija mayor. Frente a mí, un chico de la comunidad salteña y el resto son israelíes.

Cuando ya estamos todos en la mesa, el rabino nos invita a pasar por la bacha del lavadero para hacer el lavado de manos ritual donde un muchacho *jasid* que vino para asistirlo como colaborador indica la oración que hay que decir a todos los que vamos pasando.

Concluido el ritual, volvemos a la mesa y la mujer del rabino reparte bolsitas de *matzá* pidiendo que lo comamos adentro de ésta para que no se hagan migas por todos lados.

La hija del rabino me muestra unos libros en hebreo con ilustraciones para chicos.

—¡Pero éste es de *Jánuca*! —le digo entendiendo sólo por los dibujos al ver a los macabeos luchando contra los romanos y la recurrencia del dibujo del candelabro.

Me dice que sí. Es una nena muy locuaz y me cuenta varias historias. Cuando el rabino se pone a bailar en medio del living con un israelí y cambia su sombrero por el del muchacho en medio del baile me dice:

—¡Parece que papá se confundió! Estamos en *Pésaj*, no en *Púrim* —alega la nena, que lo ve a su padre "disfrazado" con el sombrero secular del israelí.

Educa niños lubavitch y saldrán con reflexiones sobre las fiestas judías.

—Se me cayó un diente —me dice.

—Ah... ¿sí?

—Sí, ¡y lo vi al Ratón Pérez! Me dejó una moneda abajo de la almohada y yo lo vi, era re chiquito.

Siento que no dejo de sorprenderme por el modo en que cada lubavitcher se relaciona con la frontera límite entre sus creencias religiosas y el mundo secular. Así como puede haber lubavitchers profesionales, también otros pueden permitirse que sus hijos se relacionen con nociones que están eminentemente por fuera de su sistema de creencias. Como, por ejemplo, la del ratón español que deja plata a los chicos cuando se les caen los dientes de leche.

El rabino vuelve a sentarse, y la empleada doméstica empieza a traer de la cocina ensaladas y también fuentes de pescado hervido.

Comemos acompañando con la *matzá*. Por mi lado de la mesa, sólo puedo escuchar a la hija del rabino y el muchacho de la comunidad local pero pronto dejo de escuchar eso también cuando los israelíes se ponen a golpear la mesa y cantar *We want / We want / Mashíaj! / Mashíaj!* al ritmo del tema de Queen *We Will Rock You.*

Tawil acompaña golpeando la mesa con el puño cerrado y se entusiasma él también, que empieza a cantar con ritmo de *No me arrepiento de este amor* de Gilda: *Yo me arrepiento del jamón...*

Es una fiesta. Son cerca de las tres y media de la tarde y apenas estamos empezando a comer.

***

El segundo *seder* de *Pésaj* que organiza el rabino Tawil está destinado a la gente de la comunidad local que por algún motivo no lo puede pasar con su familia. Ya me advirtió que será una cena mucho más pequeña, y donde probablemente me vaya a sentir más cómodo, porque voy a poder entender todo lo que se diga.

Llego al Beit Jabad unos minutos pasadas las 20:30, que era la hora en que iba a comenzar y encuentro unas seis o siete personas sentadas en el hall. El rabino habla con un hombre que le cuenta una historia familiar trágica y, en un momento, el hombre relata cómo su abuela o su tía abuela, no logro escuchar bien, habría maldecido a su propia nieta porque ella la maltrataba y poco después de morir, la nieta maldecida había muerto también. Le pregunta al rabino si la tradición judía contempla este tipo de actos sobrenaturales y Tawil le responde que las palabras son muy peligrosas, que hay que manejarlas con suma cautela.

La conversación sigue por un rato hasta que le hacen notar al rabino que ya es tarde y todavía no hizo la *tefilá*, la plegaria, anterior al *seder*. Pasamos al templo y hacemos un servicio rápido.

El salón que ayer a la noche desbordaba con doscientas personas y varias hileras de mesas largas es ahora un páramo con apenas unas dos mesas unidas horizontalmente en el centro.

"Ustedes no van a empezar a comer antes de terminar la lectura de la *hagadá* —nos dice el rabino Tawil cuando nos sentamos—, porque anoche fue imposible que los israelíes esperasen."

De pensar nada más en que van a leer de nuevo ese texto interminable antes de servir la cena siento que se me hace un agujero en el estómago.

La mesa quedó dividida en dos partes, una religiosa, donde se sentaron los lubavitchers que están pasando la fiesta con Tawil, ayudándolo y colaborando, y la otra parte de la mesa con la comunidad local: una mujer tucumana que está viviendo en Salta, el hombre con el que me senté en el templo, una chica más frente a mí, un cordobés en el otro extremo, un muchacho y el colaborador del Beit Jabad que se encargó de la cocina anoche y ahora.

Yo quedé en la frontera entre ambas mesas y trato de tomar notas lejos de la mirada del *jasid* que tengo a la izquierda, porque se supone que durante los dos primeros días de *Pésaj* no se puede ni grabar ni tomar notas. Hasta este momento me las arreglé para pasar desapercibido escudado en la masa desbordada de israelíes, pero ahora tengo que esforzarme.

Las prohibiciones le crean un problema al rabino que no puede hablar por teléfono con su casa donde quedó su mujer junto con uno de sus hijos que estuvo descompuesto durante la tarde. Manda a otro de sus hijos a comprobar que todo esté bien, y cuando vuelve y comenta que sigue descompuesto y por eso no vendrán ni él ni la mujer del rabino, se discute un rato en la mesa la posibilidad de llevar al chico a la guardia. El rabino se debate entre llevar a cabo el acto comunitario o cancelarlo, pero cuando le comentan lo que mandó a decir su mujer entiende que no es una situación grave, por lo que empieza la ceremonia leyendo la *hagadá*. Dice que la va a hacer en forma rápida esta vez, porque nos nota con hambre e impacientes y porque empezó el servicio demasiado tarde.

Primero, la separación de la *matzá* para reservar un pedazo que será el *afikomán*, lo último que se comerá en la noche. Envuelve el trozo en una bolsita y la aparta de la mesa; luego sigue con el recitado, hasta llegar a la parte donde se describe las plagas que cayeron sobre Egipto, y derrama su copa de vino diciendo en hebreo: *detzaj, adash, beajav*. No tengo idea de qué significa.

Cumplido el rito nos empieza a contar que ese vino derramado es la representación de las plagas y que arrojado contra nuestros enemigos, tiene poder.

—Cuando era chico —empieza a contar—, vivíamos con mi familia en un edificio en Once, y teníamos una vecina que era tremenda antisemita. Pero realmente antisemita, de esas personas ya, judeófobas.

"Entonces mi mamá una vez agarró con una jeringa el vino derramado en el *seder* de *Pésaj* y se lo tiró en la puerta. Al poco tiempo la mujer se mudó. Por lo que funcionó —termina y la gente celebra la anécdota.

"Después —sigue—, esa misma mujer volvió a mudarse a nuestro edificio y entonces mi mamá hizo lo mismo, le tiró el vino derramado en la puerta. Esa vez nosotros emigramos a Israel —concluye con una sonrisa.

La mujer tucumana a mi derecha conversa con una psicóloga frente a mí y ésta le cuenta que volvió a vivir a Salta.

—¿Justo a Salta tenías que volver? El peor lugar —le dice.

—¿Por qué? —le pregunto.

—Salta es una provincia muy conservadora. Hay pocas familias que se conocen muy bien entre ellas y manejan todo. Es su feudo. No hay posibilidades de hacer carrera si no estás acomodado...

Me da una perspectiva que no había tenido hasta ahora, viendo a un judaísmo integrado sin fricciones en la comunidad.

Un muchacho le saca charla a la mujer que volvió a Salta y empieza a llevar la discusión al ámbito político, quejándose de ser el único kirchnerista en toda la ciudad, quejándose de algo que se me pierde con una pasión muy grande que, en este momento, a esta hora y en este lugar, me parece descolocado.

El rabino cuenta ahora que "Egipto" en hebreo se escribe igual que "límites". Entonces que *Pésaj* es una fiesta donde podemos pensar en saltar esos límites, los límites que nos impone la sociedad y hacer lo verdadero.

—Cada generación tiene que sentir que está saliendo de Egipto —termina.

Traen carne y ensaladas y el cordobés cuenta algunos chistes judíos.

Escucho el final de uno que dice: "¿Es gratis? ¡Deme dos!", y trato de imaginarme el resto.

—¿Cómo sabemos a ciencia cierta que Jesús era judío? —arremete de nuevo el cordobés—, porque sólo un judío puede creer que su madre es virgen, porque sólo un judío puede tener una madre que crea que su hijo es Dios y porque sólo un judío pudo haber inventado un negocio que ya lleva 2010 años.

Reímos todos y se siguen contando un par de chistes más, hasta que entran en el salón Niv y unos amigos, recién llegado de jugar al fútbol. El rabino Tawil les recrimina con cariño haber optado por el deporte en vez de venir al *seder*.

El grupo se une a la mesa y empiezan a entonar canciones *sefaradíes* que no conozco. Una versa "Padre querido" en su estribillo y entremezclan las melodías con llamados nostálgicos a la Tierra de Israel.

Esta noche y la de ayer, el festejo masivo y también el íntimo, deshacen la diáspora y cancelan esos más de 12.350 kilómetros de distancia que separan esta tierra seca y calurosa de la tierra seca y calurosa de Israel. Siguen festejando, como si esa distancia no existiera.

Que ningún judío se quede afuera: la asistencia social de Lubavitch

"Nosotros no somos rabinos de escritorio. Muchas veces la gente dice: 'Te llamé, no estabas nunca'. Y bueno, nosotros estamos donde está la gente. Nuestro objetivo es estar donde la gente está."

Rabino Israel Kapeluschnik

"¿Qué pasa hoy con la mayoría de los judíos que no tienen comunidad, que no pertenecen a algo? ¿Quién pregunta por ellos, quién se ocupa de ellos? Eso es lo que nos estimula el Rebe a hacer. Acercarnos a cada hermano, esté donde esté, para sostenerlo, ayudarlo, verlo, que sepa que sí tiene una pertenencia, que ellos sí tienen algo, ellos tienen una parte de Dios."

Rabino Moshé Blumenfeld, director de Leoded

ALEJANDRO SOIFER, PH.D.

Uno de los recuerdos más fuertes que tiene el rabino Mordejai Birman del tiempo en que ayudó a formar la Fundación Jabad es el de judíos viviendo en villas miseria. Tabú absoluto en la colectividad, la idea de que un judío argentino pudiera ser pobre no entraba en los parámetros de lo esperable. "Nosotros, en esos primeros años de búsqueda, encontramos judíos en la villa de San Martín, en Villa Mitre, atrás de Villa Lynch, y en otras más. Recuerdo, por ejemplo, que había ido a buscar a alguien, no sabía bien la dirección, y un chico de ahí me vio, se me acercó, me miró y me dijo: 'Judío'. Yo pensé que me había insultado, sin bajar del auto lo llamé y le pregunté: '¿Por qué me decís judío?, y me respondió: 'Yo también soy judío'. Ahí me dijo quién era y así descubrimos a esa familia judía que estaba viviendo en la villa", relata el rabino.

La experiencia le resultó a él y a la gente que en esa época trabajaba a su lado muy movilizante. Según refiere Melamed (2000), la fundación de ayuda social de Jabad habría comenzado el día que un donante le comentó al rabino Tzvi Grunblatt que un judío estaba pidiendo leche en una iglesia. El encargado de empezar el proyecto fue el rabino Birman, quien en 1988 se puso al frente de ese nuevo proyecto de Jabad Lubavitch: "A raíz de la necesidad de mucha gente que venía a pedirnos ayuda —sostiene el rabino—, con el aporte de algunas personas empezamos a armar fichas, tomamos a una asistente social y comenzamos a buscar gente que necesitaba ayuda. Al principio fue de boca en boca. Después, también empezamos a llamar a los colegios judíos, les pedíamos los apellidos de la gente que tenía beca, les preguntábamos cuál era su situación, nos contaban y después llamábamos a la gente y le ofrecíamos nuestra ayuda".

La *tzedaká*, la justicia social implementada desde la caridad, es uno de las más importantes preceptos que debe cumplir un judío, y Jabad Lubavitch fue armando una red para canalizar esos impulsos de ayuda social hacia un público que se hacía cada vez mayor.

Esa primera familia que encontraron viviendo en la villa miseria no fue la última, pero empezó a marcar el camino de un modo de asistencia social. "Tenían una casa en la que vivía una mujer sola con cuatro chicos y dos de sus hermanos", recuerda el rabino de esa primera familia que desencadenó lo que es hoy el trabajo de la Fundación Jabad. "Todos, la señora con los hijos, dormían en la cocina, porque las demás piezas prácticamente no tenían techo. No tenían agua potable, el inodoro no estaba conectado a una red cloacal, nada. Nosotros hicimos un arreglo muy grande, le pusimos techos a las piezas, calefacción, un tanque de agua, le hicimos una red cloacal, también en algún momento los quisimos sacar de ahí. Estuvimos en contacto con ellos muchos años."

LOS LUBAVITCH EN LA ARGENTINA

Birman se apartó de la dirección de la Fundación en el año 1994 pero ya había dejado sentadas las bases de su funcionamiento. Los planes que implementaron ya en esos primeros años, previos a la gran crisis de 2001, implicaban, entre otras propuestas, créditos blandos para pagar pequeños arreglos en las casas de los beneficiarios o proyectos chicos, ayuda para operaciones en el exterior, internaciones, pagos de alquileres y tickets de supermercado.

En 1999, Jabad Lubavitch llegó a un acuerdo con la Fundación Tzedaká y armaron entre ambas instituciones un primer centro de ayuda social. La crisis de 2001 expandió exponencialmente la acción solidaria de Jabad, que armó otros nueve centros propios.

Cuando en 2002 vino a instalarse la organización mundial de ayuda social judía American Jewish Joint Distribution Committee, más conocida como "Joint", Jabad realizó un convenio con ellos para cofinanciar algunas de las prestaciones y armar la Red de Ayuda Social Comunitaria, que incluyó a ambas instituciones, junto a la AMIA y a la Fundación Tzedaká.

Diana M. entró en las instituciones de Jabad Lubavitch a partir de estar trabajando en la oficina del Joint, en La Plata. Como las instituciones estaban asociadas, cuando se abrió una vacante en el centro que Jabad aportaba para la red, ubicado en la calle Azcuénaga, pasó a integrar el mundo lubavitch como profesional. Ella recuerda esos primeros tiempos: "No me olvido más de una primera jornada que se hizo en el Teatro San Martín en la que estaba la esposa del presidente Toledo del Perú, que había sido invitada porque es judía, y era ministra de Desarrollo Social del Perú. Empezó su discurso diciendo: 'Bienvenidos al Tercer Mundo'".

La red de asistencia comunitaria se armó entonces sustentada en esas cuatro instituciones fuertes: Jabad Lubavitch, AMIA y la Fundación Tzedaká, que, a su vez, recibía financiamiento directo del Joint.

Diana M. lo explica: "Tzedaká tiene una forma de trabajo descentralizada, por la cual se asocia con instituciones judías (Hacoaj, Macabi, etcétera) que son sedes de oficinas de acción social. Dentro de esos socios de Tzedaká apareció Jabad, con una oficina en la calle Azcuénaga, un sucucho terrible. Ponían el espacio físico y cofinanciaban el pago de los profesionales y algunos de los programas. Además de los programas, Jabad proveía comida *kasher* a la gente que iba a pedir. Si se entregaban alimentos no perecederos, Jabad le agregaba carne y pollo *kasher*".

ALEJANDRO SOIFER, PH.D.

Según su punto de vista, más allá de la *mitzvá*, la asistencia social de Jabad es otro de los recursos para acercar a los judíos a la observancia. De hecho, lo cierto es que los centros de ayuda comunitaria de la Fundación Jabad se ubican en los distintos Batei Jabad que dependen de rabinos de Lubavitch.

La licenciada en trabajo social Marcela Schilman es la directora de la Fundación Jabad desde el año 2000 y lo explica: "Los rabinos nos prestan una oficina, teléfono, luz, y esas cosas. Nos prestan también salones para hacer las actividades. En muchos de los centros los rabinos se involucran con los casos, entonces la coordinadora tiene reuniones periódicas con ellos para definir cómo seguir en cada uno. Muchos de los rabinos colaboran económicamente también y algunos a lo mejor ponen el café, la gaseosa y la torta en los talleres, que para nosotros es una ayuda súper valiosa".

En una entrevista aparecida en la *Jabad Magazine* número 118 (otoño 2009), el rabino Israel Kapeluschnik se hacía cargo de su rol dentro de la asistencia espiritual a algunos adjudicatarios de los programas de la Fundación. Decía, entonces: "Al acercarme a los beneficiarios no lo hago simplemente para prestarles un servicio, sino para que ellos se sientan parte de la gran familia judía".

La ayuda que brinda la Fundación Jabad le llega a más de tres mil ochocientas personas, lo que representa unas mil cuatrocientas familias. Cuenta con diez centros de ayuda social, doce profesionales a cargo y cinco programas que guían su funcionamiento: atención social domiciliaria; *Javaia*, para adultos mayores; *Iedid nefesh*, talleres de reflexión; *Maon Tapuli*, espacio terapéutico para personas con padecimientos mentales, y una oficina de empleo que funciona como bolsa de trabajo. Toda la red funciona interconectada a las distintas instituciones sociales comunitarias, de modo de maximizar la eficiencia de los recursos.

Si bien todos los centros de la Fundación Jabad dependen en última instancia de la dirección de la licenciada Schilman, cada uno de ellos está coordinado por un profesional que puede ser licenciado en trabajo social o psicología. Esa persona a cargo se ocupa de trabajar con los diferentes referentes familiares que se acercan al centro, y define, luego de una evaluación técnica, el tipo de ayuda que se le brindará: prestaciones para alimentación, remedios, tratamiento terapéutico individual, lo que sea necesario, intentando ser lo más integral posible, en un contexto de muchísima necesidad.

En el contexto de destrucción total de las bases económicas que sustentaban varios hogares judíos producto de la crisis de 2001, el trabajo de la red social judía resultó fundamental en la contención social. Schilman destaca el efecto perdurable del impacto psicológico devastador para muchísimos judíos y cómo la Fundación Jabad aporta lo que está a su alcance para brindarles una ayuda desde el ámbito comunitario: "Las secuelas emocionales que tuvo esta crisis fueron tan fuertes que aun hoy tenemos gente que es beneficiaria desde 2002. Entonces no hubo sólo una cuestión de reacomodamiento económico, sino también de reacomodamiento familiar. El jefe de familia, a lo mejor, o estuvo enfermo físicamente, o falleció, o estaba en una depresión y no lo pudieron sacar de la cama, y la mujer que hacía veinte años que no trabajaba salió a laburar de lo que fuera. Para nosotros implicó también un reacomodamiento en el sentido de pensar qué podíamos hacer con esas mujeres sin capacitación, mayores de cuarenta años, con un mercado laboral absolutamente perverso como es el mercado argentino. Así fue que inventamos capacitaciones, salimos a charlar con nuestros donantes a ver qué hacíamos, si había posibilidades de insertarlas laboralmente. La verdad es que es muy difícil, pero bueno, se hicieron un montón de cosas con esto.

Y es aún hoy que llega gente pidiendo ayuda, gente que tendría que haber pedido ayuda durante 2002, pero durante todos estos años intentó de la forma que fuera salir adelante, no pudo, y le daba mucha vergüenza. Nosotros tenemos, por ejemplo, gente que no atendemos en los horarios comunes. Porque la comunidad judía argentina es muy grande como tal, pero, a pesar de eso, nos conocemos todos, todos somos medio parientes. Mucha gente viene a los roperos en horarios en que está cerrado, nosotros lo abrimos especialmente para que el resto de la gente no los vea. O viene a buscar vianda de alguno de los tres comedores comunitarios que tenemos, a las tres de la tarde, o a las once de la mañana, cosa de no cruzarse con otro, o le llevamos la vianda a la casa. Como mucha gente se quedó sin prepaga, tratamos de hacer también que toda la movida que implica la inserción en el ámbito público sea lo más tranquila posible, entonces, les conseguimos los turnos, en los hospitales, los centros de salud, llamamos y les decimos: 'Mirá, ¿podrías ver a esta persona?', que la cosa sea un poquito menos violenta".

La Fundación Jabad se ocupa no sólo de la asistencia material urgente, sino que, además, intenta volver a generar un entramado de relaciones sociales para sus beneficiarios, volver a integrarlos a la colectividad judía mediante diversas actividades. Es evidente que la persona que se acerca a los centros de ayuda social de Jabad se verá inserta, de algún modo, en su espacio comunitario dentro de la colectividad: como toda institución de Jabad sus valores y modos de funcionamiento siguen los lineamientos políticos e ideológicos lubavitch.

Pero el articulado de ayuda social de Jabad Lubavitch no se queda sólo en la Fundación, además cuenta con otras dos importantes patas: Ieladeinu y Leoded, cada una de ellas enfocada a un tipo más específico de asistencia. La Fundación nuclea muchos de los casos que llegan y los van derivando en la medida de las necesidades.

El rabino Tzvi Grunblatt cuenta, detrás de su enorme escritorio repleto de papeles, libros y adornos, el origen de Ieladeinu, la institución que algunos dicen, *es la luz de sus ojos*: "Es un programa de cuidado, salvataje, de niños judíos que sufrieron abuso, violencia y abandono. Surgió en el año 1999 por causa de dos niños judíos que tuvieron que ser separados del cuidado de su madre. En esa ocasión le ofrecimos al doctor Alejandro Molina, el defensor de Menores de la Cámara de Apelaciones, el cuidado de estos dos niños por parte de la comunidad judía.

"Después de haber dictado sentencia de separar a los chicos de su madre, el juez me citó y me dijo: 'Yo sé, rabino, que le puedo confiar a los chicos, y lo sé porque mi asesora cenó en su casa el viernes pasado a la noche'. Fue la única vez que esa mujer estuvo en mi casa. Fue la mano de Dios.

"Entonces se produjo el siguiente diálogo con el juez:

"—Yo sé que le puedo confiar a los chicos. ¿Qué va a hacer con ellos? —me dijo.

"—Vamos a tomar una asistente social que le dé apoyo a la madre, en su domicilio, y de esa manera, aunque la mujer no esté en condiciones de llevar adelante su hogar y a sus hijos, la asistente le va a dar todo el apoyo para que los chicos puedan seguir viviendo en su casa.

"—La casa está destruida. Los chicos no pueden seguir viviendo ahí.

"—Nosotros le vamos a arreglar la casa. Le vamos a cambiar el piso, la vamos a pintar, la vamos a arreglar toda, la vamos a limpiar perfectamente…

"El juez dictó sentencia y me dio a los chicos.

"Al cabo de unas semanas me llamó de nuevo y me dijo:

"—Ustedes los judíos no tienen quien se ocupe de estos chicos.

"—¿Y qué quiere de mí?

"—Rabino, ¿le puedo mandar a los chicos judíos? Otras religiones tienen… ustedes los judíos no tienen ninguna institución.

"—Bueno, mándemelos ¿Qué serán? ¿Dos o tres por año? Vamos a buscar una solución. Nos mandaron una lista de la defensoría del Menor de la Ciudad de Buenos Aires con doscientos chicos. Es ahí que junto con la licenciada Karina Pincever desde lo profesional, y un equipo de gente, se fue armando lo que hoy en día es Ieladeinu".

La licenciada Pincever, especialista en maltrato infantil, trabajaba en ese entonces con la mujer de Grunblatt en el colegio de Jabad, Oholei Jinuj y estaba encargada de niños con requerimientos psicológicos. Durante más de diez años fue la directora general de la institución, hasta 2009 cuando se apartó del puesto que dejó a cargo, en forma provisoria y como parte de una reestructuración, del licenciado en administración Javier Fajn.

Con un presupuesto para 2010 estimado en 2.176.000 dólares[1], que se financia principalmente mediante donaciones privadas y una mínima proporción de aportes del gobierno nacional y de la Ciudad de Buenos Aires, la institución tiene una estructura compleja que atiende las necesidades de unos doscientos cincuenta y siete chicos. Para ello se divide en direcciones que se ocupan de la admisión de los chicos en riesgo y las diferentes modalidades de trabajo con esos ingresantes: centros de día donde se los asiste en horarios extraescolares; "programas en familia", donde familias de la comunidad se proponen para apadrinarlos durante un período de tiempo, y dos hogares de internación, uno para niños y otro para niñas, para casos más graves y judicializados.

Los casos de internaciones en hogares, aclara Valeria Marckiewicz, directora de "Fortalecimiento familiar" de la institución (admisiones), son una instancia excepcional a donde se destinan casos muy específicos: "En general los chicos que están institucionalizados son todos chicos donde hubo riesgo de vida o fueron víctimas de delito sexual".

Trata así echar luz sobre lo que considera un mito injusto en contra de la institución y es el que dice que Jabad mediante Ieladeinu estaría "secuestrando" chicos para criarlos en la ortodoxia judía. Dice la profesional: "Hay muchos casos de padres que dicen o dijeron que Ieladeinu les saca a sus hijos, que los quiere hacer religiosos... que se los quiere dar a familias a la comunidad. La realidad es que pasan estas cosas por los padres. Hay momentos en los que el trabajo es ameno porque aceptan la intervención y hay casos en los que no. En general, noventa y siete por ciento de los padres no quiere recibir ayuda de Ieladeinu. La mayor parte de los casos que están en la institución son porque alguien los derivó. Ahí está precisamente la definición de maltrato infantil: es en el interior de la familia, es secreto, no se revela. Un padre que viene a pedir ayuda a Ieladeinu, estaría asumiendo que es abusador. Si eso sucediera, tendríamos el cincuenta por ciento del trabajo resuelto".

ALEJANDRO SOIFER, PH.D.

Como el trabajo de Ieladeinu, que cuenta con el aval de Unicef, es con niños en situación de riesgo, la decisión de intervenir con una internación se toma luego de un riguroso proceso que es decidido en última instancia por la Justicia de Menores. La profesional aclara que el objetivo de la institución es otro muy distinto al de la formación de chicos judíos ortodoxos: "Ieladeinu tiene un objetivo general que se da en cualquier dispositivo que establezcamos: la protección, el tratamiento, que es lo principal, y la restitución de derechos. Para chicos que viven en sus casas y que pasaron por la admisión y que efectivamente son casos de maltrato infantil, lo que se diseña es una terapéutica, un abordaje integral, para revertir la situación. En general, no es un cese inmediato de las situaciones de violencia, sino que requiere todo un abordaje con tiempo y mucho trabajo profesional".

La internación en los hogares de Ieladeinu es una instancia excepcional, se encargan de aclarar todo el tiempo los profesionales: en un principio, el área dirigida por Marckiewicz intenta, luego de las evaluaciones pertinentes, trabajar en la misma casa familiar, de modo de poder acompañar una recuperación en ámbitos donde se hayan vulnerado los derechos de los niños. Para esto cuentan con un nutrido grupo profesional constituido por psicólogos, psicopedagogos, asistentes y trabajadores sociales que hacen lo que llaman *case management* en cada hogar involucrado en el programa.

El director del Colegio Wolfsohn, Gustavo Dvoskin, tiene chicos del programa Ieladeinu en sus aulas y rescata el valor del programa: "Es un proyecto que salva vidas de niños. Se hace a pulmón. Viven en casas compradas especialmente, en hogares de día, los cuidan, les dan de comer, los quieren. Son pibes abandonados, maltratados, con las más aberrantes situaciones de vida encima".

Cada chico internado en un hogar de Ieladeinu sigue una rutina propia y se intenta que esté adaptada a la que poseía anteriormente: se hace lo posible para que no haya una separación tan radical entre formas de vida, intentando que el chico siga asistiendo al colegio al que iba si es que estaba bien integrado y tenía una red bien desarrollada allí. Por otro lado, se construye una rutina social diaria con espacios compartidos, asambleas grupales para trabajar la convivencia y lo que Marckiewicz define como: "la constitución subjetiva de un ser humano, en muchos casos desde cero, porque no está".

Respecto del contenido religioso en los hogares, aclara: "En los hogares, no. Es cierto, sin embargo, que en el equipo de los hogares hay gente que es religiosa, pero también hay otra que es secular. Lo que sí, no se hacen asistencias espirituales, no hay una hora de rezo, todo eso no existe. Por supuesto, los hogares de Ieladeinu pertenecen a la comunidad, entonces en la entrada está la foto del Rebe y las *mezuzot* colgadas del marco. Todos los chicos de los hogares reciben, en *shabat*, invitaciones de familias de la comunidad para pasarlo en sus casas. Para ellos asistir a esas cenas es todo un festejo. A ese tipo de actividades que se hacen ¿va el ciento por ciento de los chicos? No, irá el ochenta y cinco por ciento. Se trabaja mucho sobre lo que a los chicos les gusta, sobre lo que quieren".

La integración en red de las diversas instituciones de Jabad permiten que los profesionales intercambien necesidades y oportunidades, como en estos casos de chicos acogidos por Ieladeinu e insertos en los colegios de la misma comunidad.

Luego de diez años de trabajo, el programa Ieladeinu enfrenta nuevos desafíos: los chicos que crecieron dentro del programa o en los hogares necesitan una salida para sus vidas que les permita dejar de lado su pasado y lograr una inserción social adulta.

En hallar caminos que habiliten esas cuestiones, están puestos algunos de los esfuerzos renovadores de los directivos de la institución: "¿Qué redes van a tener los chicos cuando salgan? —dice Fajn—. En eso estamos trabajando. En cómo nosotros vamos a facilitarles que puedan elegir herramientas para su adultez. Herramientas desde lo laboral, desde los vínculos, desde algunos espacios para que ellos puedan estar por fuera de Ieladeinu, para que la institución sea sólo un paso de ellos por su vida, para que puedan elegir qué hacer con su futuro".

El acompañamiento para los chicos que van saliendo del programa incluye apoyo para inserción laboral, trámites para aquellos que quieran emigrar a Israel o cursar allí sus estudios y entrenamiento para la reinserción social mediante proyectos solidarios grupales.

La tercera pata de la asistencia social conducida a modo institucional por Jabad es el centro Leoded ("Alentar").

Afecto al fútbol y sus metáforas, el rabino Moshé Blumenfeld, director del programa, explica, detrás de su escritorio en la casa vieja que sirve de centro de operaciones de la institución, el sentido del nombre: "Alentar como lo hace una hinchada de un equipo que por ahí no tiene muchas estrellas, muchas figuras, pero que tiene un buen aliento, un buen acompañamiento, genera y despierta dentro de los jugadores fuerzas desconocidas. De repente el jugador se da cuenta de que puede hacer una gambeta, un pase, hacer un gol. Nosotros trabajamos generalmente con gente de la colectividad judía que está hospitalizada o atravesando situaciones difíciles de vida, todo lo que son los combos de problemas que puede tener una persona. Los detectamos en hospitales, en lugares de rehabilitación, es gente que está en estado de vulnerabilidad, no tiene familia, o llegó a la parte más marginal de la sociedad".

En Leoded se trabaja, como en Fundación Jabad y también en Ieladeinu, en la conformación o búsqueda de redes de contención para el beneficiario, basándose en lo que Blumenfeld menciona como un principio de psicología que propone una rehabilitación en la sociedad: se aprovecha la pertenencia de una persona a un colectivo o grupo concreto y se lo trata de reinsertar en la vida social desde ese ámbito. "Por ejemplo —dice el rabino—, vamos al hospital Borda, vemos a una persona de la colectividad que está ahí no porque esté desequilibrada, sino porque tuvo algún brote, lo compensaron, pero quedó viviendo ahí porque no tenía dónde ir. Quedarse a vivir ahí es prácticamente exponerse a cualquier atrocidad que pueda llegar a pasar, entonces trabajamos para reinsertarlo, que pertenezca a una comunidad, devolverle su identidad judía. En líneas generales, es un trabajo muy amplio de contención, de orientación, de despertar espiritual, como diría un ex presidente: 'Trabajamos hoy para los chicos pobres que tienen hambre y para los chicos ricos que tienen tristeza'."

La articulación del trabajo de las diferentes instituciones de Jabad Lubavitch para la asistencia social es constante. Diana M. recuerda el caso de un alumno que tuvo en la Escuela de Hilel. Habían conocido a la madre porque su marido la había intentado quemar viva y estando internada un cura le había ido a dar la extremaunción cuando ella dijo: "No, no, yo soy judía". La mujer nunca había conocido a su madre, pero sabía que su abuela materna era judía. Entonces entró en acción Leoded.

Según Blumenfeld: "Hay un segmento de la población al que la vida lo golpea y que necesita un desahogo, una contención, una palabra. Entonces conectarlo a su identidad judía es un trabajo muy espiritual, pero donde muchas veces debe intervenir la gestión social. Puede haber una persona que está en un hospital abandonada y a la que decirle 'Mirá, Dios te va a ayudar, vengo a darte bendición' es reírsele en la cara. Tengo que ir y ponerle un enfermero, ayudarlo, tratar de que alguien lo cuide, hacer algo para que esa persona sea recuperada. Es un abanico muy grande de actividades, pero se podría resumir más que nada en la contención espiritual, en la orientación; muchas veces ante ciertas situaciones en que las personas se sienten desbordadas. Tienen algún pariente, algún familiar cercano con algún problema psiquiátrico, alguien mal de salud que está con una enfermedad terminal, es decir, asistir a la persona y a la familia. Es un trabajo integral".

Como muchas de las instituciones y propuestas comunitarias de Jabad Lubavitch, Leoded surgió para ocupar un lugar vacante.

El rabino Gabriel Setton (director del Beit Jabad Caballito) había recibido muchos comentarios de gente que se quejaba de que en los hospitales públicos eran visitados por curas y pastores pero nunca por un rabino. En 1999, entonces, ideó lo que se llamó "Servicio Asistencial Rabínico Leoded", un programa de visitas de rabinos a enfermos judíos internados en hospitales públicos. El programa en ese entonces dependía de su Beit Jabad, el cual consistía en una oficinita en Parque Centenario y estaba a cargo, desde el comienzo, de Blumenfeld, que cuenta: "Empecé a trabajar, tres horas, cuatro horas por día, a desarrollar esto, que al principio era una visita rabínica tipo cura que iba a visitar a enfermos, a decirles: 'Que Dios te cure, que Dios te bendiga'. Pero desde que empecé a trabajar sentí una insatisfacción muy grande en el sentido de que yo podía ir al hospital Borda, y dar una visita, poner un *tefilim*, que ya es mucho para un judío, hacerlo hacer su *mitzvá*, orientarlo espiritualmente, conectarlo con su identidad; pero veía que me quedaba muy corto, porque la persona después seguía en el mismo estado de abandono miserable que antes".

Una situación cambió la perspectiva de Blumenfeld: en una de sus visitas a un hospital psiquiátrico se encontró con un hombre que le empezó a hablar en un hebreo fluido. Eso lo desestabilizó: "Una sorpresa, nosotros pensamos que los que están en esos lugares son loquitos o personas de la parte de atrás de la ciudad, que no se tienen que ver en esta sociedad pujante y expulsiva. Por eso es que todos los hospitales están en una zona determinada donde no se vea al que no encaja en el cuadro social. Como que Buenos Aires fue construida para que este tipo de personas, el débil o el enfermo, nunca puedan reinsertarse o rehabilitarse o volver a ser parte, ser sostenidos por la sociedad pese al hecho de ser diferentes. Entonces me empezó a hablar en hebreo, en un discurso que no era sacado; no me estaba hablando de enanitos verdes, sino de cuestiones normales. Ahí empezamos a hablar y me presentó a otro judío y después a otro judíos, era una población de decenas".

El rabino empezó a investigar, interrogar a los médicos, hasta que descubrió que había muchos judíos en el psiquiátrico no por tener al momento una patología presente, sino por haber tenido en alguna ocasión un brote y luego no haber podido volver al mundo externo por carecer de cualquier lugar a donde ir o redes de contención familiar y social.

A Blumenfeld se le ocurrió proponerle a los médicos que los pacientes hicieran pequeñas salidas para pasar *shabat* en su comunidad, y, cuando tuvo el visto bueno, hizo una primera experiencia: "Vinieron a *shabat* a la mañana y rezaron y comieron como uno más. Participaron socialmente, se sintieron incluidos, integrados. Ahí empecé a descubrir que en los hospitales hay muchos médicos judíos, muchos profesionales que están esperando que venga alguien de afuera a ayudarlos a salir de esto. Entonces empecé a hacer pequeños programas de rehabilitación, sacarlos, volverlos al mundo. Fue una experiencia piloto que dio pie a todo lo que empezamos a construir después".

En el año 2005, el rabino Setton compró un edificio más grande para establecer su Beit Jabad y le indicó a Blumenfeld que ya no podría continuar con el proyecto Leoded, por lo que quedó en sus manos. Comenta: "De a poquito fui transformando lo que era el servicio asistencial rabínico en un centro de acción. Ya no sólo trabajar en hospitales, sino también tener un centro acá, para que la gente venga a atenderse, tenga un lugar cómodo donde desahogarse, abrirse, contar su dolor. Encontrar una visión judía y una visión profesional honesta".

Leoded ofrece una contención social y de salud, basada en la idea de comunidad religiosa: "Lo que nosotros trabajamos se inspira en todo lo que el Rebe nos enseña. Tratamos de trabajar desde el alma judía, es decir, devolviendo al judío su identidad, desarrollando su alma, conectándolo con su identidad, con Dios. Está demostrado médicamente que una persona que tiene conectada su alma, que tiene fe, que tiene una creencia y está conectada con la comunidad, es una persona con grandes chances de recuperación".

La casona de Abasto que alberga las oficinas de Leoded es sede de un pequeño templo desde donde se aborda la inserción social de aquellos beneficiarios en plan de deshospitalización: se los hace compartir rezos, leer la *Torá*, celebrar las festividades y en el patio se los invita algún asado.

Un grupo de profesionales supervisados trabaja en conjunto con voluntarios para desarrollar el trabajo diario del programa, que tiene un buen recibimiento en los hospitales: "En los hospitales están esperando que alguien aparezca. Es público esto, todos los hospitales están sobrepasados de trabajo, de enfermos. Que de repente aparezca alguien de afuera y diga 'acá estoy', para los médicos es como su *Mashíaj*, para ellos es importante, les alivia saber que hay alguien afuera que les puede facilitar las cosas y se está preocupando por este tipo de gente".

Así, intentando llevar alegría y contención social, al tiempo que restituyen redes desde el elemento religioso y la pertenencia al judaísmo, se presenta el trabajo de Jabad Lubavitch en el ámbito de la asistencia social.

Blumenfeld lo sintetiza: "Hay personas que estuvieron toda su vida en lugares remotos, inimaginables, y son almas judías: son chispas, hermanos judíos. Todos son hermanos, pero éstos son especialmente cercanos".

---

1. Según datos presentados en el cuadernillo entregado en la Cena de padrinos de 2009: "Cada niño tendrá un padrino".

La mujer en Jabad Lubavitch: herederas de la Reina Esther

"Tres preceptos femeninos son enumerados por los sabios de la *Mishná* del Tratado de *Shabat*: las leyes reguladoras del período de separación, la consagración de la primera masa y el encendido de las velas sabálicas. Por la observancia de dichos preceptos del hogar, conjuntamente al cuidado de la vida familiar , la caridad y la observancia del día sábado, la mujer fortalece la paz y la felicidad."
Simja Biniamin Honeg en *Vida matrimonial judía*

¿Cuál es el lugar que Jabad Lubavitch les reserva a sus mujeres? ¿Podría el Mesías tan esperado y tan llamado por los lubavitchers ser, por ejemplo, una mujer? La que responde, estallando en una carcajada, es Jani Gorovitz: "El *Mashíaj* es un hombre esperado por muchas mujeres —dice jocosa—, pero no, el *Mashíaj* es un hombre".

La ortodoxia judía guarda espacios un tanto marginales para la mujer dentro de su esquema de vida: no se les permite ser rabinas (algo que el reformismo judío sí permite), tienen restricciones a la hora de ciertas prácticas y tienen la obligación de vestirse de modo "modesto" para no seducir a hombres que no sean sus maridos, entre muchas otras cuestiones.

Jani Gorovitz tiene treinta y cinco años, es la mayor de trece hermanos y está casada con un hombre que, a su vez, es el mayor de doce. Entre los dos tienen nueve hijos. Jani es, desde hace quince años, la directora del Majon Or Jaia ("Luz de Vida"), un centro que define como un espacio para chicas judías que quieren empezar a conocer un poco más acerca del judaísmo o, en otros términos, una especie de *ieshivá* para mujeres.

Ubicado a unas pocas cuadras del Jabad Central, es un edificio impactante, de paredes espejadas y diseño moderno, no tiene pilotes en el frente, un triste elemento de arquitectura judía en la Buenos Aires post atentado a la AMIA, y de no ser por el cartel enorme en la puerta que indica "Jabad Lubavitch Argentina", pasaría, con seguridad, por un moderno edificio de oficinas. Pero adentro no es eso lo que se ve, sino que hay aulas, un living, biblioteca, Internet, un sector de bar, residencia para chicas del interior o de otros países (por lo general de Latinoamérica) y un enorme salón de gala que se utiliza con frecuencia para las reuniones que organiza Jabad Central con diversos motivos.

En su oficina con paredes de madera oscura, Gorovitz defiende su posición como mujer lubavitch y trata de mostrarse cómoda en ese rol: "Me siento lo suficientemente bien con mi rol de mujer como para aceptar que el *Mashíaj* sea un hombre o que el Rebe sea un hombre. Si una como paciente, por ejemplo, va a un médico varón porque sabe que es un buen médico, ¿qué problema hay?".

No todo parece tan sencillo o tan reluciente si se lo mira de cerca: el rol de la mujer dentro del judaísmo ortodoxo está lejos de ser igual al del hombre, y Jabad Lubavitch se esfuerza mucho por tratar de que eso no se note. Y, si se nota, intenta que las mujeres de la comunidad aleguen sentirse cómodas con el rol que les toca jugar.

Un primer elemento visible de cierta diferenciación misógina aparece en el rezo matutino que hacen los hombres, en el cual, entre otras cosas, agradecen no haber nacido mujeres. La teología de Jabad tiene explicaciones para este tipo de cuestiones, dado que es posible encontrar en los escritos sagrados tanto citas explícitamente machistas como otras que rescatan y realzan el rol de la mujer. Basta enfocar los ojos hacia lo que se quiere ver para encontrar una línea de fuga, y eso lo aprovechan los rabino de Jabad para responder con lo conveniente cuando se los trata de machistas.

Pero no es ésta la única desigualdad que la ortodoxia judía propone para hombres y mujeres: las judías ortodoxas comparten los 365 preceptos divinos negativos y algunos de los 248 positivos con los hombres, a excepción de los que requieren un tiempo específico para ser realizados.[1] Las mujeres se encuentran exentas de estos preceptos porque, en la explicación lubavitch, Dios creó a la mujer distinta del hombre, con otras necesidades respecto del cuidado de los hijos, la familia y el hogar. Es por este motivo que no las obliga a cumplir con preceptos que impliquen cierta temporalidad, a excepción de las que están relacionadas con *shabat* y las Altas Fiestas.

Ahora, si la práctica de los preceptos es una forma de conexión del sujeto con Dios, que la mujer no tenga que realizarlas, ¿implicaría, entonces, que está menos conectada con él? Los rabinos de Jabad explican que, según la cábala, la raíz del alma de la mujer es más elevada que la del hombre, por lo que esas excepciones en el cumplimiento de ciertas *mitzvot* no implican que no se vaya a conectar con Dios, sino que no las necesita para hacerlo. Sostiene Gorovitz: "El rol de la mujer es generar un clima en el hogar y una comunidad para que haya personas que quieran cumplir los preceptos e ir a rezar. La *Torá* la libera de la obligación de asistir al templo, rezar el *minián*, ponerse los *tefilim*, ponerse el *tzitzit*, por una cuestión de tiempo, para que no esté atada a eso, para que pueda dedicarse más a su rol principal que es el de transmisora, generadora de vida judía. También por una cuestión de que la mujer, según la cábala, tiene una afinidad, una conexión espontánea con *HaShem*. No es que las mujeres no seamos aptas, sino todo lo contrario, tenemos una conexión natural que no necesitamos llevar al plano material".

En la necesidad de encontrar un discurso "amistoso" que reconfigure sus posiciones extremadamente conservadoras y en algunos casos, anacrónicas, Jabad Lubavitch se vale de una serie de elementos que mezclan la modernización estilizada de sus edificios y sedes, una imagen de eficiencia y una serie de dispositivos bien armados con los cuáles responder las preguntas incómodas sobre temas sensibles. Y así responde Gorovitz cuando le pregunto por qué las mujeres en los templos de Jabad tienen reservado un lugar secundario, separadas de los hombres, por lo general en un piso superior al que se desarrolla el rezo, y desde el cual se las obliga a seguir la ceremonia como desde el "gallinero" de un teatro: "Si nosotras no estuviéramos arriba, ellos no podrían estar abajo. Hay cosas que desde afuera no se notan, pero los preceptos básicos del judaísmo, *shabat*, el *kashrut*, la pureza familiar, los preserva la mujer. Quizás desde el exterior no se perciba mucho, pero la vivencia diaria judía pasa muchísimo por el rol de la mujer. Primero, por la cuestión de la sangre: uno puede tener un padre rabino, pero si la madre no es judía, no hay judaísmo para el hijo".

La ambigüedad del lugar de la mujer en la tradición judía es interesante. Hay un personaje bíblico poco conocido: Lilith, la *verdadera* primera mujer, cuyo trasfondo e implicaciones son muy exploradas en el *Zohar* y la mística judía, de cuyas raíces surgió Jabad Lubavitch.

Ella habría sido creada por Dios junto con Adán, del mismo material que él, pero lo habría abandonado al rehusarse a ser su sirviente. Otras versiones sostienen que Adán no la satisfacía sexualmente, y que por eso lo dejó. En todo caso, según la *webpage* de Jabad internacional: "Lilith era una mujer de los absolutos, intolerante con cualquier cosa excepto la perfección en su hombre y en la relación de él con ella. No era una buena mujer para esposa. En cambio Chava (Eva) estaba dispuesta a mirar para el otro lado en favor de la relación, sabiendo que las cosas nunca son perfectas, pero que el amor las puede hacer funcionar. Contenía con ella algo de Adán y podía sentir los latidos de su corazón junto con los propios".[2]

A esta primera mujer, la mitología y las creencias místicas judías la han ido construyendo como una especie de mujer diabólica que luego de irse del lado de Adán se alió con las fuerzas del mal. Lilith representa un modo de ser mujer libre e igualitario, que no tiene lugar en una religión que conserva una impronta patriarcal.

Jani considera que hay otras mujeres más interesantes para estudiar en la *Torá* y los textos sagrados, por lo que descarta que en las clases que se imparten en el *Majon* se hable de Lilith: "Hay tantas mujeres con mensajes tan fuertes, tan positivos, tan importantes…".

Heilman y Friedman sostienen que la mujer en Lubavitch adquirió en los últimos cincuenta años un rol mucho más protagónico que el que le estaba destinado en el judaísmo ortodoxo tradicional, e incluso en Jabad, antes de su política "expansionista". Dicen los autores: "Las mujeres lubavitch no se colocan por detrás de sus maridos en sus vocaciones misioneras. Mientras que en cualquier otro lugar dentro del jasidismo y del judaísmo tradicional, las mujeres son alentadas a encontrar un marido erudito en *Torá* que pase sus días estudiando en la *ieshivá*, a quién ayudarían en ese esfuerzo, de las lubavitchers contemporáneas se espera que salgan al mundo como emisarias junto a sus maridos. En la práctica, mucho del trabajo cae sobre sus hombros, incluyendo la coordinación de las mesas de *shabat* y las comidas de las fiestas para todo tipo de invitados —frecuentemente invitados con poca anticipación— […]. Las mujeres en Lubavitch no son de segunda clase; son emisarias de pleno derecho que tienen su propio *kinus* (reunión anual) y son estimuladas no menos que los hombres en su misión" (Heilman, S. y Friedman, M., *The Rebbe*, p. 6).

Las mujeres de Jabad se forman para servir en la casa, apoyando a sus maridos y cuidando a los hijos. Jani explica el proceso de emparejamiento: "Generalmente los padres entran en contacto con las personas que hacen presentaciones, y cuando escuchan de alguien con un perfil interesante lo comentan con el hijo o la hija y tratan de que la pareja se conozca. No puede haber contacto físico entre hombres y mujeres anterior al casamiento, entonces las salidas consisten en charlar y tomar un café y tomar otro café, y una gaseosa, y hablar y hablar. Se ve un alto porcentaje de éxito en las parejas que se conocen de esta manera. Se hace mucho énfasis en lo intelectual, que siempre tiene que estar acompañado por una cuota de conexión sentimental, obviamente, no existe eso de 'me caso y el amor viene después'. Con chicas que recién están acercándose al judaísmo es distinto. Hay algunas que no quieren asumir esta forma de vida, y siguen conociendo chicos donde sea. En esos casos, sí las alentamos a que sea un chico judío".

Si existe sintonía, la pareja se forma y, sin mediar noviazgo de por medio, se disponen a casarse. La novedad circula pronto en la comunidad, donde todos más o menos se conocen con todos.

Es un modelo de pareja en el que lo que se privilegia es una suerte de "unidad de trabajo": una nueva familia que traerá muchos hijos al mundo, que irán en una misma dirección porque tienen objetivos en común.

La anticoncepción no está permitida dentro del matrimonio y los esposos están obligados a mantener relaciones sexuales por los preceptos, por lo que dentro de la comunidad lubavitch lo más frecuente es encontrase con familias numerosas.

Para Gorovitz esto es "lo más natural del mundo", el *Majon* sirve para trasmitir ese valor de vida y lo ilustra con una anécdota personal: "Me acuerdo de que yo fui a visitar a mi mamá cuando tuvo a mi doceava hermana. Para esa época yo ya estaba casada y fui al sanatorio, donde me encontré con el obstetra, que era judío pero no observante, y me dijo: 'Toda la gente que estaba en la sala de partos pensó que era una primeriza'. Porque para nosotros cada hijo es distinto, es un hijo buscado, deseado, aplaudido, amado. El amor de madre no se divide entre muchos hijos, se multiplica. Eso es lo que tratamos de trasmitirles a las chicas".

En casos especiales, que incluyen la posibilidad del riesgo de vida de la madre o que esté agotada a nivel físico, se permiten ciertos métodos anticonceptivos consensuados con el rabino. Para ayudar a sostener a estas familias, la comunidad ofrece un soporte de trabajo espiritual y terapias de pareja. Desde las páginas que recopilan y reformulan enseñanzas del Rebe se indica claramente la diferencia entre la concepción del amor de los lubavitch y la que se tiene en occidente. Glosa Jacobson al Rebe: "El amor genuino se parece poco al amor sobre el que leemos en las novelas u oímos en las canciones. El amor verdadero es trascendencia, equivale a unir nuestras personas físicas a Di-s y, en consecuencia, a todo lo que nos rodea [...]. El amor es un modo de hablar con Di-s. Cuando miramos a los ojos de alguien y lo amamos, estamos trascendiendo el mundo físico y conectándonos con Di-s" (Jacobson, S., *Hacia una vida plena de sentido*..., p. 92).

El mismo libro explica la institución matrimonial como la forma en la que dos almas que estaban unidas en el cielo antes de bajar a la Tierra se reencuentran en este mundo: "Marido y mujer deben invitar a Di-s a su unión dedicando sus vidas a valores eternos y relacionándose con una presencia más alta que las suyas, reconociendo a Di-s que los creó como dos mitades de un alma. Esto le da a cada cónyuge un compromiso mutuo y también con sus familias y con el mundo que los rodea" (Ídem, p. 81).

La *ketuvá*, el contrato matrimonial judío, plantea los términos de la adquisición de la mujer por parte del hombre a cambio de lo cual él se compromete a proveerla de tres cosas: sustento (alimento), cobijo (desde ropa hasta una casa) y satisfacción sexual.

El judaísmo ortodoxo también admite el divorcio (aunque como una última instancia) y una de las causas que puede alegar la mujer para solicitarlo es justamente que su marido no cumpla con su obligación de satisfacerla sexualmente.

Sin embargo, éste es un aspecto muy regulado.

La ortodoxia judía y los lubavitch consideran que la menstruación hace impura a la mujer durante los días en que se presenta y durante los siete días posteriores, hasta que realiza una inmersión en el baño ritual, la *mikve*. Lo explica *Vida matrimonial judía*, de Simja Biniamin Honeg, un librito editado por Jabad Lubavitch Argentina, probablemente durante la década de los setenta: "*Glosario de la pureza familiar —Nidá*: significa separación—. También se refiere a la mujer durante su período, a la que le está prohibida toda intimidad con su esposo [...]. Una mujer *nidá* permanece en este estado hasta que lleva a cabo la purificación y la inmersión ritual". Las restricciones al contacto físico con una mujer impura son absolutas. Durante el período que va desde su menstruación hasta su inmersión ritual su marido tiene prohibido incluso compartir la cama con ella.

ALEJANDRO SOIFER, PH.D.

Los lubavitch señalan las "bondades" del baño ritual en la *mikve* definiéndolo como una especie de "spa mezclado con retiro espiritual". En palabras de Gorovitz: "El precepto de *mikve* es un precepto muy rico y que cuida especialmente que la mujer no sea solamente valorada desde el plano físico, sino también lograr una cercanía y conexión espiritual. Los baños de hoy en día son muy modernos, muy lindos, el agua es tibia, limpia, tiene todos los productos que cualquier pileta tiene para que el agua sea cristalina, impecable".

Una profesional que trabaja en instituciones de Lubavitch, pero que es una judía atea, desnuda el precepto de toda ornamentación: "Es un baño que tiene que ver con la proscripción de la sexualidad. No es un baño y nada más. Cuando la mujer está con la menstruación, el hombre no la puede tocar. Por eso los religiosos no le dan la mano a una mujer que no sea su esposa. Es porque no saben si está menstruando. Con lo cual, la mujer tiene un carácter de impureza permanente. Está la semana en la que la mujer está menstruando, después hay una semana de purificación y al cabo de esos quince días recién va a la *mikve*. A partir de ahí, es un precepto mantener relaciones sexuales, lo que siempre sucede en los días de fertilidad, cuando la mujer empieza a ovular. Entonces, es probable que quede embarazada de nuevo".

Otro tanto puede decirse del precepto del pudor que exige a las mujeres cubrirse la cabeza para no estimular la "imaginación" de otros hombres que no sean su marido. Mientras que otras ramas de la ortodoxia prescriben a las mujeres la obligación de raparse y cubrirse las cabezas con un pañuelo, en Jabad la moda es utilizar pelucas de pelo natural, pero también, como en toda la ortodoxia, prescriben polleras largas y camisas también largas que no permitan ver un centímetro de piel.

El judaísmo de Jabad se siente en el cuerpo: implica una alta carga de disciplinamiento corporal y control de la sexualidad.

Gorovitz puntualiza la importancia de enseñarles a las mujeres judías que acuden al *Majon* la observancia de los preceptos que regulan la intimidad y la vida sexual: "Una mujer observante no puede tener contacto con otros hombres. El contacto de un abrazo, un beso, puede tenerlo sólo con sus hijos, de manera limitada, con sus padres, con sus abuelos, y con su marido, sin restricciones, pero en el momento apropiado".

Jacobson dice: "Una intimidad saludable requiere dos ingredientes: disciplina y santificación. Debemos ejercer el autocontrol, y también debemos ver la sexualidad como algo sagrado. Debemos acercarnos a la santidad de lo sexual con reverencia, como entrando al Kodesh Hakodashim (el recinto más sagrado del templo de Jerusalén, llamada Santo de los Santos), donde cada acción cuenta, donde el menor defecto es intolerable. Debemos experimentar la sexualidad en un medio controlado, con límites adecuados: de ese modo no se amortiguará la expresión del amor, a la vez que se canalizarán las poderosas energías físicas en una saludable pasión [...]. El matrimonio es el único ambiente perfecto en el cual hacerlo. En todos los otros ambientes, la intimidad es insalubre y dañina [...]. La clave de una intimidad saludable es interrumpir el círculo vicioso de la sexualidad indómita, pues cuanto más se la alimenta más hambre se siente. La disciplina y la inteligencia la transforman en una experiencia sana e instructiva. El argumento de que uno debe probar, viviendo con otra persona antes de decidir si casarse o no, no es válido. Cuando la sexualidad es experimentada de un modo inapropiado, sólo embota nuestra capacidad de alcanzar una auténtica intimidad cuando ha llegado el momento" (Ídem, p. 104).

Las enseñanzas del Rebe recogidas y adaptadas en este libro, son un material de referencia y lectura dentro de los planes de estudio que se manejan para las jóvenes que acuden al Majon Or Jaia.

Gorovitz comenta que se dan unas treinta a cuarenta clases semanales para un promedio de ciento veinte alumnas, entre las cuales las internas tiene un régimen de asistencia obligatorio, mientras que el resto acude, según sus intereses, a una clase u otra.

Además de la instancia formal del aula, se planifican actividades especiales como el llamado *Shabaton,* una noche entera de *shabat* en la cuál se invita a una familia de la comunidad a pasar la ceremonia con las internas hasta el día siguiente.

Pese a todo lo señalado, en Jabad Lubavitch, como señalaban Heilman y Friedman, las mujeres tienen un rol un poco más relevante que en otras expresiones de la ortodoxia judía. Se les da la posibilidad de ejercer profesiones, estudiar carreras universitarias y trabajar (siempre y cuando esto no les impida ocuparse de sus múltiples hijos y cuidar los preceptos del hogar). Pero ésa es la cara externa, visible. En la frontera interna las cosas no relucen del mismo modo.

Le planteo a Jani que me explique por qué una mujer lubavitch nunca podría ser rabina y me responde: "Cuando veo a una mujer rabino pienso, sin ánimo de ofender a nadie, ¿qué le faltó en su vivencia como mujer judía, para necesitar ser lo que no es? Para estar cómodos aquí tenemos una mesa y una silla", señala donde estamos sentados. "El día que la silla quiera dejar de ser silla porque es más lindo ser mesa, nos va a faltar la silla, ¿no? No veo la necesidad de una mujer de ser rabino ¿Qué implica ser rabino? ¿Vivir el judaísmo intensamente? Uno lo puede vivir como mujer judía. ¿Transmitir el judaísmo? Quién más que la mujer en el hogar y en la comunidad. Si implica ponerse un *tefilim* y rezar frente al templo, no es la forma en la que *HaShem* lo expresó en la *Torá*."

Me despido de ella y busco el ascensor. En la zona del bar, unas chicas recién levantadas conversan alegremente en los cómodos sillones.

Son las futuras mujeres de Jabad.

---

1. Por ejemplo, el que indica que en la fiesta de Sucot se debe construir una cabaña y vivir en ella durante ocho días.
2. Extraído de http://www.chabad.org/library/article_cdo/aid/555601/jewish/Achieving-Man-20.htm (última consulta: 19 de diciembre de 2022).

Jabad Lubavitch y sus relaciones públicas

"Los lubavitch están dentro de los grupos judíos más militantes en su deseo de retener las tierras. La posición de los ultraortodoxos respecto de este asunto es confusa y contradictoria. Algunos grupos jasídicos, Satmer en particular, preferirían ver al Estado de Israel desmantelado y que se les permita a los judíos vivir en paz bajo la protección de las Naciones Unidas o incluso, un gobierno palestino. Hay otros, como los Lubavitch, que si bien nunca estarían dispuestos a ser llamados sionistas, se comportan como sus extremistas. Mientras que se esfuerzan para rechazar a Israel como la resurrección del reino de David que existía antes de la destrucción del Templo, ven el establecimiento del Estado como el signo de que la era de la redención está cerca."
Eisenberg, R., *Boychiks in the hood*, p. 153

"Se puede ir a bailar y estudiar y cumplir con *shabat*."
Rabino Shlomo Levy (Citado por Azar, J. y Schwartzer, M., *Las formas en la transmisión de la religiosidad...*)

Matisyahu, el reggae de Lubavitch

El hombre viste riguroso negro de luto, sombrero, barba que denuncia varios años sin ser afeitada y los *tzitzit* que le recuerdan los preceptos que debe cumplir. Ahí, parado en el centro del escenario de un estudio televisivo, se pone a cantar el éxito *King Without a Crown* de su primer disco *Shake off the Dust... Arise*.

La letra sale de su boca con la velocidad con la que se reza una *tefilá*, sólo que con la melodía de la música reggae tradicional. *I Want Mashíaj Now*, dice el estribillo, y luego sigue invocando a*HaShem* para que traiga la luz que vendrá del crepúsculo y brillará desde Crown Heights.

El video de la visita de Matisyahu, el 16 de enero de 2006, al icónico programa de trasnoche de David Letterman, tiene más de tres millones de reproducciones en YouTube.

Estaba en su mejor momento, aquél en el que sorprendió al mundo y a la industria musical al revelarse como un judío ortodoxo que hacía una fusión de reggae, hip-hop y rock, pasados por el tamiz del jasidismo de Jabad.

Una imagen ampliada de ese momento aparece en la página ciento cuarenta y tres del libro-revista que celebra los veinte años del Beit Jabad Belgrano, conducido por el rabino Shlomo Kiesel.

Matisyahu es un *baal teshuvá*, un judío secular que se acercó a la ortodoxia judía a partir de Jabad y, una vez convertido a la observancia, superó muchas barreras hasta llegar a ser una gran estrella mundial de reggae.

Pero ese hombre y el que cuatro años más tarde está sentado en su camarín del Teatro Gran Rex, en Buenos Aires, pasando una puerta con un certificado que asegura que el catering es *kasher*, parecen no ser el mismo.

En los pasillos de la trastienda pulula un grupo de asistentes judíos ortodoxos, vestidos al estilo de la aparición mencionada del músico en la televisión estadounidense: sombrero, pantalón y capote negros.

Pero él ya no viste esa moda. Ahora está como cualquier chico judío acomodado de Nueva York: con *kipá* para cubrir la cabeza y *tzitzit* pero ropa y zapatillas de marca.

Responde a desgano las preguntas. Parece saturado de ser apenas esa figurita rara que llama la atención de un público cada vez menos incrédulo.

Matisyahu se queja, dice que dejó de formar parte de Jabad Lubavitch porque estaba cansado de ser su representante *de facto*: "Básicamente, no estoy afiliado con ningún movimiento. Decidí en determinado momento que no era justo para ellos que yo los representara dado que sólo estuve en Jabad unos años. Estuve en su *ieshivá* dos años, y a partir de eso se suponía que representara a generaciones de personas en el mundo.

Entonces me dije: 'No voy a representar a ninguno', de modo que tomé un montón de cosas de diferentes tradiciones jasídicas y ahora no tengo un solo camino".

Estos son mis principios, si no le gustan tengo otros

Matisyahu es un excelente ejemplo de cómo Jabad Lubavitch lleva la noción de judaísmo hacia lugares antes impensados. El lugar común imagina a los ortodoxos como una suerte de oscurantistas que dedican sus días al estudio de los textos sagrados, el rezo y poco más.

Y si bien dentro de Jabad existen posturas cercanas a ésa, no son las únicas, ni aún las mayoritarias. Ésta es una de las razones que los han llevado a enfrentarse a otras expresiones más radicales del jasidismo (han tenido problemas serios, incluso llegando a la violencia física, con la corte jasídica de Satmer en los Estados Unidos), que entienden en modo burlón que los lubavitch no son verdaderos judíos, sino apenas una muy buena imitación de lo que es ser judío.

Los lubavitch que no se dedican a la vida rabínica pueden optar por profesiones seculares. Como, por ejemplo, ser una estrella musical.

El caso de Matisyahu quizás sea particular. Él concibe el judaísmo como una mezcla de lo que más le gusta de cada corriente: no bien entré, junto con una fotógrafa, a hacerle la entrevista, la saludó a ella con beso y abrazo pese a las restricciones a este tipo de manifestaciones que impone la ortodoxia judía.

No hace mucho declaró a través de su cuenta de Twitter que se había convertido en vegano, una forma extrema de vegetarianismo. Le pregunto si tiene que ver esa elección con las leyes dietéticas judías, que pueden llegar a ser tan extremas como para implicar un vegetarianismo casi obligado: "En realidad no me hice un vegano oficial. En los Estados Unidos no puedo encontrar leche orgánica que a la vez sea *kasher*, por lo que dejé de tomar leche. Pero acá, en la Argentina, nos enloquecimos en la pizzería. En la forma en que entiendo el judaísmo y mi estilo de vida, lo que quiero es ser natural. Pero esto no es algo que responda necesariamente a mi judaísmo. Hay un montón de judíos que comen *kasher* pero no porque estén pensando en la crueldad con los animales, en absoluto".

¿Autenticidad o impostura? Dice que sigue yendo al templo principal de Lubavitch y que sigue viviendo en Crown Heights, a pasos de la Sede Central de Jabad Internacional.

Le pregunto cómo influyó en su música su paso por Jabad Lubavitch: "El álbum *Light* tiene una canción que se llama '*I Will be Light*' y expresa una idea de que hay un pequeño momento en la vida para brillar, es una idea muy universal. Ni siquiera es una idea religiosa. Pero la inspiración vino del *Tania*, el libro fundamental del Primer Rebe de Lubavitch. En sus enseñanzas él dice básicamente que el alma de una persona es como una estrella que se consume o una chispa en la noche, tan pequeña en el mundo. En mi tema '*Youth*' también cito: '*Youth is the engine of the world*' ('la juventud es el motor del mundo'), que es de un libro de enseñanzas del Rebe de Lubavitch".

Entonces le pregunto acerca del lugar que ocupa ahora el Rebe en su obra, dado que ya no se siente parte de Jabad: "Cuando me volví religioso empecé con el rabino Shlomo Carlebach, después, el siguiente paso fue ir a Jabad, me mudé a Crown Heights, estudié mucho del *jasidut* de Jabad, el *Tania*, y mientras estaba estudiando tomaba citas de lo que leía para usarlas como respaldo de muchas de mis canciones. Al menos las fui introduciendo en muchas de ellas. Por ejemplo: '*From the forest itself comes the hand for the ax*' ('Del propio bosque viene la mano para el hacha'), del tema de mi primer disco, *Shake off the Dust... Arise*. Son todas ideas universales. Cuando las aprendí estaba en Jabad, pero no son de Jabad. En su mayoría son ideas básicas, elementales, de la vida, la espiritualidad y de Dios. Los *nigunim*, las canciones jasídicas, que estaba escuchando en la *ieshivá* de Crown Heights, son de Jabad, y algunas de sus melodías las utilicé en mi primer disco. Como en el tema '*Short Nigum o Aish Tamiz*', que es una enseñanza del *jasidut*".

Hace unas semanas, el rabino Tawil de Jabad Lubavitch Salta me señaló que la comunidad lubavitch ya no sentía el mismo afecto por el artista que antes: "Ahora dijo que no está tanto con nosotros... no sé. Igual, si quiere venir, lo vamos a recibir como siempre".

Cambio de piel

La visita de Matisyahu a Buenos Aires moviliza a una colectividad siempre sensible y a la espera de ser interpelada. Los pósters promocionales del show se exhiben en las paredes del Scholem Aleijem, un colegio secundario progresista y judío en el que doy clases de literatura. Parte de la recaudación será donada a la Fundación Tzedaká y cuenta con el auspicio de la Embajada de Israel en la Argentina.

El público del recital es dispar. Algún rastafari perdido, los ganadores de un concurso radial, unos señores mayores que preguntaron en boletería de qué se trataba eso de "Matisyahu" son los primeros en acercarse. Hay algunos hombres con *kipá* en su cabeza, y al menos una mujer ortodoxa, que se distingue por la peluca y la pollera larga.

Matisyahu "bajó un cambio" en su acercamiento al judaísmo observante. No es algo extraño para Jabad Lubavitch: suele ocurrir que gente emprenda un camino de acercamiento y luego, en la mitad, decida aflojar las riendas.

El músico pareciera tomar el judaísmo, como muchos otros de su generación, como una especie de mercado de bienes espirituales donde comprar lo más conveniente o satisfactorio y desechar el resto.

—¿Es posible alimentarse de todas las tendencias jasídicas y superar las diferencias que en muchos casos las enfrentan? —le pregunto.

—No creo que haya tanta tensión entre ellos realmente. Creo que la mayoría de los grupos jasídicos viven juntos y después... está Jabad, ¿entendés?

—A pesar de todo seguís viviendo en Crown Heights, el centro mundial de Jabad —le digo.

—Crown Heights es de Jabad —responde desganado—. Pero después está Boro Park, otro barrio ortodoxo de Brooklyn, o Mea Shearim, en Israel. Ahí hay *jasidim* de todos lados conviviendo. Jabad, en general, es una cosa en sí misma. Porque su concepción del jasidismo no es tan religiosa en algunos aspectos como otros grupos. Y además tienen emisarios enviados a todas partes. Eso también los hace completamente diferentes a cualquier otro tipo de judíos. No creo que, a esta altura, haya verdadera tensión entre Jabad y otros *jasidim*, como pudo haber años atrás. Por ejemplo, cuando rezo y no estoy de viaje, voy a hacerlo en Williamsburg. Les digo que vivo en Crown Heights, y no tienen problema.

—¿Cómo pasás el *shabat* cuando no estás de viaje?

—Cuando estoy en casa voy al *shul* (sinagoga), lo paso con mis chicos.

—¿A qué *shul*?

—Al de Crown Heights. Vivo ahí, tengo que pasarlo ahí, no puedo viajar.

—¿Vas al "770", la central de Jabad, entonces?

—No voy al 770, suelo ir cruzando la calle. Voy al 770 durante la semana para los rezos de la tarde y de la noche. Todas las noches, cuando estoy en casa, camino hasta allá. Cuando no hay demasiada gente. Pero cuando estoy lejos suelo pasar mucho tiempo con los *shlujim* de Jabad. He estado en cientos de Batei Jabad en todo el mundo y todavía sigo yendo. Un día voy a escribir un libro al respecto.

Los cambios estéticos en la forma de vestir y de presentar sus trabajos discográficos vinieron acompañados por un cambio en su música. Las consignas mesiánicas se hicieron más débiles, las líneas de canciones extraídas de libros sagrados empezaron a menguar hasta volverse escasas en *Light*, su último disco. En cambio, su primer trabajo estaba influenciado a tal punto por las enseñanzas que había recibido en Jabad Lubavitch que podía ser considerado como una continuación de los rezos por otros medios. *Youth* seguía la misma línea, aunque bajando un poco la apuesta. Reservaba todavía un fervor y una pasión muy pronunciada, que ahora, en el disco que vino a presentar a la Argentina, parecen edulcorados por algún productor o asesor de imagen. Las fotos promocionales ya lo muestran sin negro, sin ortodoxia "palpable" y con unas letras de cierta inocencia universalista que las hacen aptas para públicos más amplios.

Subido al escenario dará un recital con mucha energía y mucho más rock del que el público esperaba. Matisyahu es un buen artista y tiene algo que ofrecer, como su gran *beat box*, esas melodías guturales que hace a base de chasquidos de lengua.

Pero tiene algo distinto de lo que fue, y eso se nota tanto en sus palabras como en su actuación.

—En tu primer disco hay una presencia muy fuerte de la consigna "¡Queremos al Mesías ahora!" ¿Sentís que estamos cercanos a la llegada del Mesías? —le pregunto.

—No lo sé. Yo trato de mantener la visión, la esperanza y el sueño vivos en mi mente y en mi corazón. No es una idea muy práctica, pero cada día, cuando rezo, muchas veces pienso y me dejo ir, trato de imaginarme que su venida es real, que realmente puede suceder.

Entre el público predomina una franja de edad superior a los treinta y cinco años que lo sigue con fervor, en especial cuando se cubre los ojos para entonar el *Shema Israel* o cuando le canta a Jerusalén. A juzgar por el teatro lleno, ese público no le reclama al músico sus cambios. Entre aquellos que vinieron por el reggae y no por el judaísmo, también parece haber alegría. El músico reflexiona: "¿Si es posible tender una línea que relacione el judaísmo con el movimiento rastafari? Quizás. Pero no es lo que me interesa".

Matisyahu sacude los *peies* largos (los rulos que son extensión de sus patillas), algo que Jabad no estila tan visibles, arriba del escenario, haciéndolos danzar al mejor estilo de Twisted Sister o cualquier otra banda de *hair metal*, esos muchachotes *glam* que hacían de su pelo largo una extensión de sus movimientos corporales, y reconvierte sus temas en rock al tiempo que reduce lo máximo posible los versos mesianistas.

"¡Aguante ruso!", le grita la tribuna cada tanto y en la platea superior unos muchachos despliegan una gran bandera de Israel.

El público está casi despoblado de religiosos. La única presencia llamativa es la del rabino Shlomo Kiesel, el mismo que editó ese libro en honor a sus veinte años en Belgrano, donde aparece la foto del músico extraído del recital en lo de Letterman. Cuando le mostré la foto y le comenté de dónde provenía a Matisyahu, la miró con una mueca torcida y me dijo: "Claro, ¿ves? Me ponen la foto de cuando todavía estaba como ellos".

En el último tema del recital se sube al escenario un muchacho ortodoxo y danza en su propio éxtasis, bajo el asentimiento del artista, y entonces empiezan a subir muchos chicos al escenario, todos abrazados bailan al estilo jasídico, y el músico se suma a la masa para hacer un pogo arriba del escenario.

El recital termina después de dos horas casi sin interrupciones.

Matisyahu parece un reptil en proceso de cambiar de piel: le queda todavía la antigua, por la que se lo conoce, pero trata de desprenderse de ella sin perder su identidad y esencia.

Política y otras cuestiones públicas

Matisyahu es un ejemplo de un aspecto de las relaciones públicas de Jabad Lubavitch: un muchacho *baal teshuvá*, estudia dos años en la *ieshivá* central de Nueva York, luego se convierte en *rockstar* y revoluciona módicamente la imagen de la ortodoxia a nivel mundial. Jabad Lubavitch aprovecha esa situación y se vale de ella para mostrar al grupo como gente común, que vive su vida con normalidad, pese a estar regida por una serie de costumbres y preceptos que aplicar, como puede tener cualquier profesión, aun las que parecieran más reñidas con la vida religiosa.

Pero el de Matisyahu no es el único ejemplo de aprovechamiento de una figura pública por parte de Jabad para mostrar su costado de apertura al mundo judío secular, a pesar de que su caso es particularmente fuerte, porque el músico hizo el camino del *baal teshuvá* y luego adquirió fama de *rockstar*.

En verdad, Jabad Lubavitch va contramano de otras corrientes ortodoxas en varios aspectos, que sobrepasan esta presunta inserción desde los bordes en el mundo moderno.

La relación con el Estado de Israel es otro buen ejemplo. Mientras que muchos grupos jasídicos son rabiosos opositores de Israel, por considerar que no puede erigirse un Estado Judío en Tierra Santa antes de la llegada del Mesías, como dicen las profecías, Jabad en cambio mantiene una posición más cautelosa. Si bien no se reconocen en absoluto como sionistas, tampoco ejercen una oposición activa y militante como otros grupos.

En su libro *Contra el Estado de Israel*, el profesor Yakov Rabkin se ocupa de las diversas manifestaciones de oposición judía al sionismo, mencionando como pilar del pensamiento antiisraelí a Jabad Lubavitch. Se trata de una descontextualización histórica que termina conformando una imagen falsa de lo que son hoy las creencias y prácticas de Jabad.

Es cierto que el Quinto Rebe de Lubavitch fue un acérrimo opositor al Estado de Israel, pero Rabkin olvida que no fue el caso del Séptimo Rebe, quien mantuvo una posición de defensa acérrima de los límites de Israel y dio inicio a su campaña de *tefilim* que se puso en práctica por primera vez entre los soldados israelíes destinados al frente en la Guerra de los Seis Días.

Rabkin, sin embargo, se queda con los rebes antecesores, en especial el Quinto Rebe que, en efecto, fue antisionista: "Quien coloca la piedra angular de la crítica *jaredí* (ortodoxa) al sionismo es el Quinto Rebe de Lubavitch, Shalom Dov Baer Schneerson, que comienza sus ataques contra esa empresa a partir de 1899. La traición de la norma religiosa del exilio está en el centro de la oposición Lubavitch. Incluso si todos los sionistas se convierten en piadosos y su proyecto se vuelve repentinamente realizable, nada cambia el hecho de que la tradición prohíbe acelerar la redención. Ella prohíbe incluso orar intensamente por la redención, ya que Dios decidirá el momento propicio. Aun más, la tradición prohíbe el recurso a la fuerza para acelerar la liberación" (Rabkin, Y., *Conra el Esaedo de Israel*, p. 140).

Esta visión sesgada del lugar que ocupa el Estado de Israel dentro de la cosmogonía de Jabad Lubavitch es señalada por Damián Setton:

—*En el libro* Contra el Estado de Israel, *Yakov Rabkin propone que Jabad estaría en contra del Estado de Israel...*

—Efectivamente el Quinto Rebe estaba en contra del sionismo, condenaba el sionismo. Pero hay que decir que el libro de Rabkin es bastante tendencioso, cita lo que él quiere y da una imagen equivocada, la de que Jabad está en contra del sionismo. Obviamente Jabad se adaptó, cambió. Un lubavitcher nunca te va a decir que cambió, te va a decir que no, que siempre fue igual, pero hay que ver el contexto. Yo sí creo que Jabad cambió. Ya el rebe anterior había inaugurado la colonia de Kfar Jabad en Israel.

—*Ya había, igualmente, colonos de Lubavitch instalados antes de la fundación del Estado de Israel.*

—Sí, pero eso es diferente. Se puede decir que había colonias de *jasidim* en Eretz Israel (La Tierra de Israel) mucho antes de la creación del Estado y que no tenía nada que ver con la creación de un Estado-Nación. De hecho, cuando los sionistas llegan a Palestina, entre sus enemigos estaban los propios *jasidim* que vivían ahí desde antes y se oponen a la creación del Estado. Pero tengamos en cuenta también que la ortodoxia judía quedó muy debilitada después del Holocausto nazi. No es casualidad que el rebe anterior haya creado Kfar Jabad en el '49. Lo creó después de la fundación del Estado de Israel, no antes. Es decir, una vez que el Estado existía. Y lo creó en un contexto en el que la ultraortodoxia ya estaba muy desprestigiada, por no haber sacado a los judíos de Europa, de Alemania y Polonia. ¿Qué pasa? Que después del Holocausto nazi, los sionistas dijeron: "¿Vieron? Si hubieran sacado a los judíos de Europa hacia Palestina, no hubiera pasado lo que pasó". Después apareció otra respuesta, que es la de Satmer, que propone la interpretación religiosa de que el Holocausto es un castigo divino.

Ahora, Jabad no se alinea a la interpretación de que el Holocausto fue un castigo divino.

En relación al sionismo, creo que el cambio de actitud tiene que ver con un debilitamiento general de la ultraortodoxia, frente a lo que fue el "éxito del sionismo" que logró crear el Estado de Israel y la ortodoxia que fue acusada de haber sido responsable indirecta del Holocausto. La postura actual de Jabad es que no se devuelvan tierras ocupadas bajo el argumento de que esas tierras son sagradas.

Como señala Setton, el Sexto Rebe impulsó la colonización en el recién nacido Estado de Israel al mandar a setenta y cuatro familias de sus *jasidim* en 1949 a fundar el pueblo de Kfar Jabad ("Villa de Jabad"), en el valle de Lod, entre Jerusalén y Tel Aviv, que recibió a muchos de los miles de emigrantes rusos sobre los cimientos de un pueblo árabe abandonado durante la Guerra de Independencia israelí. En este pueblo modélico de la vida de Jabad, el tiempo se dedica a la agricultura y el estudio.

En su tesis, Setton también refiere: "Debilitada con relación a los espacios nacionales de origen, la identificación nacional podría cobrar relevancia respecto del Estado de Israel, con cuyos destinos la comunidad Jabad se siente identificada. Pero esto no significa que los lubavitch se sientan israelíes, sino que, como en otros sectores de la comunidad, los destinos de Israel son identificados con los del pueblo judío. En efecto, las guerras de Israel no se conciben como guerras entre israelíes y árabes, sino entre el pueblo judío y sus enemigos. Rechazando la posibilidad de una identidad judía fundada en la pertenencia nacional israelí, la solidaridad con dicho Estado es incontestable" (Setton, D., *Instituciones e identidades en los judaísmos contemporáneos*, p. 24).

Muchos rabinos de Jabad que se forman en nuestro país o en otros lugares hacen escala en sus estudios en Israel para concluir en la *ieshivá* de Nueva York, y es un destino de inmigración bastante común entre gente de la comunidad lubavitch.

Es el caso del rabino Shlomo Kiesel, del Beit Jabad Belgrano. Él sostiene una posición que, dice, es representativa de la de Jabad en general con respecto al Estado de Israel: "No hay que confundir: una cosa es estar en contra de la idea de un Estado judío sin una ideología de *Torá*, sin una presencia espiritual. A ese sionismo es al que los rebes de Jabad se opusieron. Pero nunca estuvieron en contra de Israel, al contrario, siempre la han apoyado. El Estado de Israel actual es un Estado de judíos pero no se maneja, no tiene las leyes y no se conduce de acuerdo con lo que la *Torá* y la religión ordenan, eso lo tenemos claro. Lo que no significa que estemos en contra de nuestros propios hermanos, sino al contrario, tratamos de ayudarlos y apoyarlos, sobre todo a nuestros soldados, que nos están defendiendo, defendiendo nuestras fronteras, para que haya seguridad. Es la casa del pueblo de Israel y desde ese lugar somos todos no sionistas, sino recontra sionistas".

La posición lubavitch se ubica en el extremo derecho del arco político israelí bajo sus propias consideraciones: no se puede dar, dividir, una tierra a otro pueblo que no sea el judío, porque Dios se la entregó a él.

Haciendo uso una vez más de su plasticidad pragmática, Jabad Lubavitch como institución no se muestra contraria al Estado de Israel, por más que en el fondo no concuerden con que haya sido construido por manos humanas.

Alex y Clara Valansi son un matrimonio argentino que hace más de veinticinco años vive en Israel. Primero hicieron la experiencia en un *kibbutz* y desde hace una década viven en la ciudad mediterránea de Haifa. Ellos reconocen la influencia de Jabad y la presencia omnipresente en casi todas partes (universidad, espacio público, ciudades), pero además sostienen que Israel es un escenario más donde trabaja la institución, no necesariamente la principal. Dice Alex: "Este movimiento nació en los Estados Unidos, entonces es Disney y Jabad, Pato Donald y Moisés. En la Diáspora repercute mucho más que en Israel. Hay mucha más 'clientela' en otras partes del mundo. Así como los católicos van a misionar, ellos también".

Como padres de un hijo que pasó por el ejército y dos hijas que pronto deberán vivir la experiencia, saben de la presencia de Jabad en centros turísticos a los que suelen conducirse los jóvenes israelíes: "Después de tres años de ejército, muchos chicos agarraban las mochilas y se iban a la India a buscar budismo, o a Sudamérica, donde hay mucha coca, mucha droga. Muchos se perdían, no volvían nunca. Lo que buscaban era recuperar su espiritualidad, porque tres o cuatro años de servicio militar son una mierda. Es entonces que estos pibes, a nivel espiritual, eran 'pasto para los tiburones', como se dice en *iddish*. Jabad se dio cuenta de eso y allí están esperándolos ahora. En cada lugar que veas mochileros israelitas en el mundo, ahí hay una institución de Jabad. Está hecha como una *máquina de hacer chorizos*. Saben lo que tiene que hacer. Los tipos están para eso y son estratégicos. *En vez de que este muchacho se me vaya al budismo, que se quede en el judaísmo.* Les dan refugio a los pibes mientras están de viaje. Les dan una casa, y un plato caliente y de paso los van estimulando para que se queden en el judaísmo y nuestras tradiciones. Son fuertes porque estos chicos están vacíos espiritualmente y ellos los llenan".

Respecto del posicionamiento político de Jabad Lubavitch dentro de Israel, los Valansi afirman con énfasis lo que se ha dicho: "Ellos se integran, aceptan el Estado de Israel, y son ciento por ciento de derecha".

En su número 8 (noviembre de 1990), la revista *Jabad Magazine* le dedicó a la relación de los Lubavitch con Israel el tema de tapa bajo el título *Lubavitch en Israel: Entonces y Ahora*. La nota aparecía ilustrada con una foto antigua de colonos y una de una vista aérea de un gran conglomerado urbano, y remitía a los pioneros de Jabad que fueron a colonizar la tierra de Israel enviados por el propio Shneur Zalman de Liadi, el fundador del movimiento; de hecho, él mismo intentó ir, pero debió regresar para conducir a su comunidad en Lituania. No se hacía ninguna mención a la historia de Israel en el sentido del proceso por el cual se constituyó en un Estado nacional, pero sí se refería a la fundación de Kfar Jabad, para luego continuar relatando el apoyo y el compromiso de Jabad Lubavitch con las fuerzas armadas israelíes: "Las actividades de Jabad en Israel han tenido un impacto particularmente profundo en las filas de las fuerzas de defensa israelíes, los soldados y sus familias. La victoria de Israel en 1967 trajo júbilo y también tragedia y congoja a cientos de familias y niños israelíes cuyos padres murieron para que Israel pudiera vivir".

El Séptimo Rebe de Jabad no pisó nunca el territorio pero también fundó un pueblo en nombre de Jabad, según describe la revista: "1969. Por directiva del Rebe se funda Najalat Har Jabad, una ciudad de Jabad en Kiriat Malaji. Estaba destinada específicamente a absorber el flujo de inmigrantes de la Unión Soviética. Pronto se fundaron allí escuelas, *ieshivot*, escuelas vocacionales y otras instituciones, convirtiéndolo en otro pujante centro de vida judía en Israel".

El texto, en tanto relato oficial de Jabad Lubavitch en la Argentina, termina de significar la relación de la institución con el Estado de Israel. Entiende Jabad que en el Estado de Israel es donde más judíos viven y que, en definitiva, esa es la tierra prometida, por más que no haya llegado el Mesías, que esos judíos estén viviendo allí ya es un signo de su pronto advenimiento y, por eso, debe defenderse esa tierra para los judíos.

A nivel de política local, Jabad Lubavitch no interviene en forma directa para imponer su agenda ideológica. Por el contrario, sí es cierto que los contactos con gente en posiciones de poder es una forma de comportamiento que la institución tiene bien aceptada, aunque lo que se busque sea, más que nada, intercambio de favores.

El rabino Daniel Levy, emisario en la provincia de Tucumán, suele referir una anécdota que da muestra del interés de la institución por darse a conocer entre gente de las más altas esferas.

En las celebraciones públicas de un 9 de Julio en Tucumán, durante una de las presidencias de Carlos Menem, Levy, como rabino de la provincia, intentó acercarse al ex mandatario, que iba acompañado por los presidentes de Bolivia y Uruguay. Cuando logró llegar al palco oficial, se anunció y le dijo al ex presidente que era un rabino de Jabad Lubavitch, institución que éste le dijo desconocer. Afligido, Levy estaba por empezar a explicarle cuando el ex presidente del Uruguay, Luis Lacalle, le habría dicho: "¿Pero cómo Carlos que no conocés a Jabad?", y sacando su billetera personal mostró que tenía una foto del Rebe junto a un dólar que éste le había entregado.

La anécdota es ilustrativa de la forma en que manejan las relaciones con el poder dentro de Jabad Lubavitch.

Diego Melamed rescata en su libro del año 2000 un encuentro entre Grunblatt y el ex presidente argentino. Como parte de una campaña de Jabad de entrega de unas tarjetas para buenas acciones por un mundo mejor (*Good Cards*), el político fue elegido para recibir la primera tarjeta que entregó la filial local de los Lubavitch.

Es posible ver la lógica política de tener buenas relaciones con gente poderosa sin involucrarse directamente en cuestiones políticas en un fragmento de la entrevista que le hizo el periodista al rabino:

"—*¿Cómo fue el encuentro con Menem?*

"—Le explicamos cuál era el proyecto, cuál era la idea y dijo: 'Con mucho gusto', y así llegamos. En cierta manera él estaba sorprendido de que una comunidad judía esté en un proyecto así. No es común que la comunidad ortodoxa traiga algo para la gran calle, estaba sorprendido favorablemente.

"—*¿De qué hablaron?*

"—Nos dieron poco tiempo y él nos atendió como si no tuviera nada después en todo el día, muy informal, hablamos un poco del problema de la educación, de los valores; de cómo se desvirtuó la televisión, él mismo me dijo que nosotros cuando éramos chicos veíamos *El llanero solitario*, y hoy lo que ven los chicos es otra cosa completamente distinta. Se habló un poquito de estos temas.

"—*¿Le causó una buena impresión?*

"—Usted sabe cómo son los políticos... en mi opinión Menem no es mal tipo, no. No es mala persona, no hablo de si hay o no corrupción, todo eso no entra en esto. Estoy hablando de que hay gente que es capaz de dañar mal y el presidente tiene un aparato, y el presidente no hace lo que él quiere, hace lo que el aparato quiere, ésa es la verdad, no es que yo defienda a Menem.

"—*Pero estando el tema de los atentados, que no se investigó bien, ¿no tiene una responsabilidad sobre eso?*

"—Estoy de acuerdo, pero date cuenta de que tiene un atentado contra su propio hijo... ¿y qué pasa? Yo no quiero justificar nada, pero lo que pienso es que no sabemos las verdades reales de todo esto, si él lo sabe o no sabe... la verdad yo mismo no te puedo decir" (Melamed, D., *Los judíos y el menemismo*, p. 212).

Otra anécdota que ilustra el modo en que Jabad Lubavitch se comporta con los poderosos la refiere un directivo laico de una institución de Jabad en la Argentina. El directivo entró una vez en la oficina de Grunblatt y éste, sosteniendo el tubo del teléfono le habría chistado: "Shhhh, esperá un momentito que estoy hablando con George W. Bush". No era broma, realmente estaba hablando en línea directa con el entonces presidente de los Estados Unidos.

Los lubavitch manejan amistades poderosas y trabajan para conseguirlas y mantenerlas, pero no se meten en forma directa en el campo político.

El rabino Damián Karo comenta cómo se trabajan las relaciones políticas dentro de Jabad Lubavitch: "Ellos tienen la postura de 'Nosotros tenemos la verdad Divina y éstas son personas tratando de organizarse. Ellos tienen un poder, nosotros tenemos otro. De hecho el poder de ellos es pasajero y el nuestro es eterno'. Desde el idioma político, ¿qué significa esto?: 'Estos gobernantes de turno, ¿cuánto van a durar? ¿Cuatro años? ¿Ocho años? ¿Doce años? Después se van a ir. Nosotros vamos a estar acá dentro de quinientos años, porque estamos acá desde el primer día'. Entendido a nivel pragmático, significa: 'No hay que meterse demasiado con esta gente, pero tampoco ponernos en su contra. Nosotros coqueteamos, todo lo que ellos nos puedan dar que nos sirva, bienvenido sea. Nada más. Nosotros estamos por otra cosa'. Que un gobierno les done un edificio en una zona muy costosa para hacer un Beit Jabad les viene bien. Que el jefe de Gobierno vaya a prender la *janukía*, les viene bien. No trabajan tanto para eso como para otras cosas, pero sí trabajan en esa dirección".

Jabad Lubavitch aprovecha las posibilidades que les puede brindar tener contactos en altos niveles, donde el beneficio puede no ser exclusivamente económico, sino bajo la forma de favores, acceso a figuras con mayor poder como modo de expandir su mensaje.

Dice Karo: "Una cosa es conseguir un donante que ponga cien mil dólares y otra cosa es que un tipo te consiga que levantes el teléfono y hables con el presidente".

La política de Jabad Lubavitch se maneja así bajo la forma de la cadena de favores y se mantiene al margen de la vida política diaria.

Karo agrega: "Un importante directivo de la comunidad judía dijo una vez que Jabad hace 'alta política'. Hace política por otros canales, que van muy por arriba de la política clásica media. Eso es lo que hace Jabad: sin ceder nada, van a aprovechar todo lo que puedan.

"En un mundo de mentiras son bastante honestos. Perdón, tan honestos como lo son los convencidos con una forma de vida. Con la AMIA no se meten, por ejemplo. La AMIA es política, Jabad no se mete en política. Pero son judíos, hay que ir y hay que estar, hay que ir a la AMIA a poner *tefilim*. En ese sentido, Jabad está más detrás de la práctica, de la conquista de lo espiritual o de adeptos, que de la plata y el poder político. Ellos manejarán fortunas, pero no están atrás del poderío económico. Lo tienen y lo manejan, pero como herramienta para lograr otras cosas. Están más preocupados porque cien tipos se pongan *tefilim* que porque les donen cien mil dólares. A mi gusto, eso les da un imán muy fuerte. Porque en un mundo tan mentiroso y material, donde todos te quieren vender una cosa pero en realidad lo que quieren es tu plata, ellos realmente se preocupan por lo espiritual antes que por lo material".

Judío secular a judío ortodoxo: los que encontraron las respuestas

"INSEGURIDAD, VIOLENCIA, DEPRESIÓN, DROGAS, ROBOS, MALTRATO INFANTIL, ENGAÑOS, TRAICIONES, MENTIRA, ENFERMEDADES, ETCÉTERA. ÉSTOS SON LOS RESULTADOS DE ESTE SISTEMA DE VIDA: SIN TORÁ NO HAY SOLUCIÓN."

ABRAHAM LEIB, *baal teshuvá*, en una actualización de su estado de Facebook

ALEJANDRO SOIFER, PH.D.

El rabino que no creía en Dios

Llego al reluciente Beit Midrash Moshé y Julia Saal del Colegio Wolfsohn a las nueve de la mañana para entrevistar a Shlomo K.

Me encuentra Shmuel en las cercanías y me conduce hasta la habitación de reconfortable decoración.

—¿Tenés *kipá*? —me dice el rabino enfundado en su *talit*.

Le digo que sí y busco una en mi mochila, entre las tantas que ya acumulo.

En una mesa larga está sentado el rabino Shlomo, y su hijo Shmuel me señala que me siente a su lado, justo donde hay una silla vacía.

Durante los primeros momentos me siento raro, profanando el espacio donde los *tefilim* todavía están atados a los brazos y las cabezas de algunos muchachos.

Le extiendo la mano al rabino Shlomo y me dice que tome asiento.

Hay un ambiente descontracturado, el aire acondicionado está en su punto justo y las luces sobrias y medidas se acoplan con la madera color cerezo de los muebles. Las paredes en tonos pastel están decoradas con cajas de acrílico que exponen, como si fuera un museo, objetos rituales y tradicionales de plata, todo esto enmarcado en un hermoso mural abstracto cubierto por un vidrio protector, en la pared que se ubica atrás de la *bimá*. En el fondo, unos anaqueles con libros de rezos.

En la mesa hay servido un buen desayuno. En la otra mesa larga hay algunos *jasidim* rezando; parecen no formar parte del mismo espacio.

—¿Ya desayunaste?

—No, no.

—Tomá, servite lo que quieras —me dice el rabino Shlomo, acercándome una fuente con huevo revuelto y mostrándome tomate en rodajas, galletitas saladas y berenjenas—. ¿Querés café?

Me sirve un café en vasito de plástico.

Empieza una conversación acerca de la conveniencia o no de tener un iPhone sobre la base de la posibilidad de renovarle la batería. Alguien menciona que el aparato la tiene incorporada, por lo que si por algún motivo se rompe, requiere abrir el teléfono y anular así la garantía.

LOS LUBAVITCH EN LA ARGENTINA

Un muchachito a mi lado le pide un poco de tomates a Shlomo y lo llama "papá". Calculo, en este momento, en el Beit Midrash hay por lo menos tres hijos de los nueve que tiene el rabino. Está Shmuel K. a quien ya conocí, el muchacho a mi izquierda y otro chico con una remera de una empresa de viajes de egresados que está enfrente de mí y deduje que es también hijo del rabino, porque le consultó acerca de si estaba con el auto para llevarlo luego a su casa, a lo que el rabino le respondió que no, que estaba con la moto.

Alguien menciona el Nexus One, el teléfono de Google, y el rabino Shlomo contesta que para él, Gmail es insuperable. Acota un tipo grandote y fornido, de piel aceitunada que está en uno de los cabezales de la mesa que no hay como el Blackberry para el manejo de e-mails y, K. padre se queja del sonido que hacen los mensajes al llegar. "¡Es un pi-pi, pi-pi, todo el día! ¡Me vuelve loco!", dice, sacudiéndose con los brazos pegados al cuerpo.

Lucho con la cucharita descartable con la que revolví el azúcar para servirme un poco de huevo en una galletita y se me cae para todos lados cuando el rabino agarra uno de los ejemplares del *Tania* que se apilan frente a mi plato. Lo abre e indica un capítulo y varios de los que están en nuestra mesa hacen lo mismo con los ejemplares que quedan. Cuando termino de hacer equilibrio con el huevo en la galletita, agarro yo también uno de los ejemplares de la obra magna del Primer Rebe de Lubavitch.

El rabino lee en castellano con la prosodia de un canto hebreo.

"En otras palabras, ¿qué hay acá más allá de Dios? Nada", explica un pasaje y sigue la lectura del capítulo treinta y tres del libro. Lee un párrafo más. "O sea, lo que acá no está diciendo es un concepto fundamental básico, del jasidismo, que es, ¿cuál fue el propósito de *HaShem* al crear el mundo? Tener una morada en los mundos inferiores." El rabino continúa la lectura a un ritmo acelerado, interrumpe para infundir alguna flexión retórica, en un momento hace una pregunta que responde con un breve canto en hebreo, que a continuación vuelve a cantar en castellano. "…Estamos creyendo en esa unidad, cuando en realidad somos tan estúpidos que no nos damos cuenta de que la realidad y lo que nosotros vemos y palpamos es todo mentira, todo una ilusión, es pasajero, es *Matrix* —dice el rabino Shlomo y se entusiasma con su analogía—. Está bueno. ¿Viste? Hasta tiene conceptos mesiánicos."

—¿Y quién era *Mashíaj*? —pregunta alguien.

—Él.

—Pero si no tenía *tzitzit*, no tenía nada —acota otro.

—Es que era *sefaradí*, los tenía para adentro —le responden.

—Alquílatela.

—Además esquivaba las balas.

El rabino Shlomo hace la mímica de esquivar las balas como en la película.

—Está buena, además la segunda parte también estaba buena. ¿Cómo se llamaba el lugar? Sion.

—Yo la vi dos veces, la segunda no la entendí —dice uno.

—Yo escuché que los que la hicieron habían estudiado cábala —dice el hijo del rabino a mi lado.

—Seguro —exclama Rab. Shlomo—. Yo inmediatamente me di cuenta. Hablan del mundo que era todo oscuro, todo cáscara, todo mentira, la *matrix*. Y la verdad era los que estaban afuera y tenían que entrar en la *matrix* para hacer lo suyo.

—¿La *matrix* es la *Torá*? —preguntan.

—No, al revés —alecciona el rabino Shlomo—, la *matrix* es lo que oculta. Es la mentira. Ellos estaban donde estaba la verdad y sabían que en la *matrix* era todo oscuro y estaba todo mal. Muy buena, muy buena. Hay que verla.

La digresión termina y Shlomo retoma la lectura del *Tania* durante unos pocos minutos más hasta que termina el capítulo. Consulta en su teléfono celular las horas para prender las velas de *shabat* de mañana y la gente empieza a levantarse de sus sillas, alguien se despide con un ¡*Boker Tov*! (buen día) y quedamos solos con él, su hijo menor y uno de los jasidim que rezaban en la mesa de al lado.

—Parece que ligué un desayuno y clase de *Tania* gratis —le digo.

Me sonríe.

Shlomo K. no siempre supo que quería ser rabino. Ni siquiera nació en una familia de Jabad Lubavitch. Su padre, sin embargo, un exiliado de la Alemania nazi, fue uno de los fundadores del colegio Tarbut, uno de los más reconocidos de la comunidad judía argentina dentro de aquellos del campo secular.

De su padre recuerda: "Él se ocupaba más del colegio que de lo que era la familia y sus hijos, cosa que en su momento me hizo alejar mucho del judaísmo. A los quince, dieciséis años me alejé, hasta que volví a encontrarlo a los veintiséis años. Hasta ese momento el judaísmo que había conocido, el del *Tarbut*, el del club deportivo Hacoaj, el del Bet-El, no me habían satisfecho, les faltaba espiritualidad".

Si bien Shlomo K. no nació en una familia religiosa y observante, sí destaca que eran todos bastante tradicionalistas, donde las cenas de *shabat* eran apenas excusas para reuniones familiares, igual que las festividades. "En mi casa no guardábamos *kasher*, no guardábamos las fiestas, no rezábamos, no había ayuno de *Iom Kipur*", dice.

Ya en la adolescencia su búsqueda espiritual lo llevó a viajar por el mundo en busca de una verdad. Pasó por todo lo imaginable: cristianismo, budismo, islamismo, nada lo conformaba.

Eran años de convulsión política y social en la Argentina pero también en el mundo, el lugar que Shlomo se había apropiado para transitar. "Cuando llegué a la *Torá* tenía veinticinco años. Recuerdo lo que fue ser un joven en los años sesenta, setenta, cómo se vivía eso. Era la época del *flower power*, el hippismo, y yo era un joven de ésos. Por suerte, me metí ahí, porque otros de mis contemporáneos que estaban acá en la Argentina se habían metido en la política, en la guerrilla, muchos de ellos ya no están. Así que Dios me ayudó también en ese momento y me mostró un camino un poco lírico, un poco idealista, un camino de búsqueda de amor, de paz, de verdad y que de alguna manera fue lo que me ayudó cuando encontré la *Torá*."

Sus búsquedas lo llevaron al psicoanálisis. Se atendió con un analista de origen judío que le empezó a prestar libros místicos. En uno de ellos descubrió la cábala y sintió que a fin de cuentas las respuestas las encontraría en su propio origen.

Comenzó así su acercamiento al judaísmo, después de haber pasado por casi todo. En un comienzo se contactó con el reformismo, pero no le satisfizo lo que encontró allí. Fue recién cuando una amiga lo invitó a una clase con un rabino que empezó a encontrar su camino.

Recuerda Shlomo K.: "Ahí fue donde conocí Jabad. La primera persona que conocí fue al fallecido ingeniero Abraham Polichenko. Esto fue en 1980. Después lo conocí al rabino Grunblatt, con quien inmediatamente tuve un fuerte enganche. Tal es así que al día después de conocerlo yo ya me estaba poniendo los *tefilim*. Fue rápido. Era el año 1980, 1981, la Argentina estaba pasando por una de sus grandes crisis. Como yo ya tenía prácticas espirituales, no me costó mucho adaptarme a las prácticas espirituales judías. Tenía conocimiento de hebreo por mis estudios y porque había estado en Israel, entonces, enseguida me puse a practicar judaísmo. Me gustó mucho y ese mismo año viajé a los Estados Unidos, donde tuve la oportunidad de conocerlo al Rebe. Me dio una audiencia privada y allí me dio su instructivo de qué tenía que estudiar y de qué tenía que cuidarme".

La historia que cuenta el rabino dice que en los Estados Unidos conoció a Sara Jana, quien sería luego su esposa. Una mujer a la que llevó al camino de la conversión (antes era

Ana María), y que por entonces estudiaba biología marina. La pareja viajó a Los Ángeles, donde Shlomo estudió en una *ieshivá* para adultos dirigida por el rabino Chaim Zev Citron. Pasaron allí tres semanas y luego emprendieron la vuelta a la Argentina, donde Shlomo se dedicó a estudiar *Torá* (como le había dicho que debía hacer el Rebe en su audiencia privada) en la *ieshivá* de Buenos Aires. En 1981 Sara Jana y Shlomo se casaron. La ceremonia se celebró en el colegio Tarbut, cerrando así un círculo familiar.

Fue por esta época que Shlomo K. decidió que quería ser rabino. La decisión iba a implicarle un gran esfuerzo: había carecido de una educación judía ortodoxa durante veinticinco años de su vida. La joven familia viajó una vez más a la *ieshivá* de Los Ángeles donde Shlomo estudió durante dos años hasta que recibieron la bendición del Rebe para que terminara sus estudios en Safed, Israel.

"Recibí la ordenación rabínica y después volví a la Argentina a trabajar", cuenta Shlomo. Luego de haber sido ordenado, el rabino Grunblatt lo mandó a llamar para preguntarle si le interesaba ser *sheliaj* del Rebe en la Argentina. "Eso fue en el año 1985. Del año 1985 al año 1987 estuve trabajando con el rabino Grunblatt en lo que era Jabad Central, organizando actividades. Entonces me tocó organizar el primer *Jánuca* en la Argentina en la plaza República Oriental del Uruguay, que en ese momento fue impresionante."

Primero negoció con la DAIA, que dio su apoyo pese a expresar su escepticismo acerca de las posibilidades de realizar la actividad. Según cuenta Shlomo, el presidente de la institución de esa época les dijo: "Nosotros los apoyamos pero la *janukiá* esa no va a durar ni dos días". La experiencia fue un éxito y Shlomo K. viajó luego a La Plata a organizar allí también la celebración pública, quedando así instituido el acto anual.

Durante dos años, Shlomo trabajó a la par del rabino Grunblatt en el Beit Jabad Central, hasta que en 1987 abrió el Beit Jabad Belgrano, en la calle 11 de septiembre 858. Era el segundo Beit Jabad que se abría en la Capital Federal, luego del Beit Jabad Villa Crespo. Shlomo K. considera que ese cambio resultó fundamental para él y su familia: "Estuvimos ahí varios años, hasta que por una cuestión del costo de los alquileres compramos el Beit Jabad de Belgrano, que es donde estamos ahora, en la calle O'Higgins. Seguimos trabajando desde ahí hasta el año 2004, donde apareció Wolfsohn".

El colegio ocupa un lugar fundamental en la labor que ha realizado Shlomo K. en el barrio. "Estamos muy contentos con eso, aunque ahora me corrí un poco del proyecto, porque quiero volver a donde estaba antes, al Beit Jabad, levantarlo nuevamente. No es que lo haya abandonado, es que le estuve poniendo la energía al colegio."

Me propone que lo acompañe al Beit Jabad, para que lo vea con mis propios ojos.
—¿Por dónde vivís vos?
—Botánico, pero, ¿son muchas cuadras?
—No, unas diez.
—Bueno, me voy en taxi.

El hijo menor del rabino que estaba esperando que lo llevara en la moto dice que él va caminando.

Salimos a la calle, me muestra una moto BMW de alta cilindrada. Se calza una gorra negra que le da aspecto de maquinista de tren, o algo así, y me dice: "Arriba, agarrate de mí".

Guardo la *kipá* en el bolsillo y me subo, paso las manos por su cintura y arrancamos.

El viento nos da en la cara.

—Qué lindo que está para andar en moto hoy, ¿eh? —dice.

Le cuento mi experiencia de trabajo en la biblioteca de la Sociedad Hebraica Argentina.

—¿En la calle Sarmiento?
—¿Conoce?
—El lugar, pero la biblioteca no.
—Es muy linda. Pero le están faltando libros judaicos —le digo—. Ni siquiera tiene un *Tanaj*.
—Ah, pero es que están esperando donaciones o...
—Se compran libros cada dos meses, con un presupuesto limitado y ajustado a los gustos de un público judío-secular.
—¿Novelas?
—Sí, novelas.
—Pero... ¿novelas judías?
—No.
—Ah, ¡entonces no es una biblioteca judía!

Agarramos Congreso y cruzamos Cabildo, una cuadra más y doblamos a la derecha, hasta el cruce donde nos agarra el semáforo.

Otra moto a nuestro lado. El tipo no deja de mirarnos y me pone nervioso.

—Eh, alta barba —le dice el motoquero señalándose con los dedos en forma de pistola abajo del mentón al rabino Shlomo, que en efecto tiene una tupida barba blanca que le llega hasta más allá de la mitad del pecho.

—¿Viste? ¿Te gusta?

Cambia la luz y el motoquero va por otro lado; nosotros seguimos derecho.

—Este debe pensar que soy un ZZ Top en vez de un rabino.

No tengo idea de qué me está diciendo. No será sino mucho más tarde cuando comente la anécdota al pasar que me indiquen qué ZZ Top es una banda de blues conocida por las barbas de sus integrantes. Y cuando vea en Internet sus fotos voy a comprobar que el rabino guarda bastante similitud con Dusty Hill, el bajista de los bluseros barbudos.

Ahora me cuenta que hay distintas formas de ser de Jabad y que, como en todos lados, hay algunos sectores más fundamentalistas que otros. Él forma parte de los sectores menos fanáticos (por ejemplo, manda a sus hijos a colegios con reconocimiento oficial, además de la educación judaica complementaria) y eso le trae algunos problemas en el interior del movimiento. Me da a entender que muchas veces no se ajusta a lo que algunos esperan de él.

—Ser de Jabad para mí no es ponerse un uniforme —me dice—, es una forma de vivir. Permite la individualidad.

Llegamos hasta el frente de una casa típica de Belgrano, sube a la vereda con la moto y nos bajamos.

—Nunca pensé que un rabino ortodoxo me fuera a llevar en una moto por las calles de Belgrano, le digo.

—Lamento haber roto tu estereotipo. Pero bueno… todos tenemos prejuicios. Y justamente, ¿qué es prejuicio? —me va diciendo, mientras me indica el camino de entrada— es una idea "pre", pero cuando la persona tiene la necesidad y la reconoce con claridad, la supera. Los prejuicios son una de las pruebas que cada uno tiene para superar. Una vez que pasó esa prueba, entra y decide "acá no son tan bichos raros", o capaz que sí, ¿no? Hoy en día, como dicen, "Jabad es como la Coca-Cola", donde hay judíos, hay Jabad, pero ¿para qué?, para poder iluminar y mostrar el camino a cualquier judío que esté en cualquier lugar del mundo, porque todos necesitamos conocer nuestro camino y resolver esto que es nuestra identidad.

Pasamos al lado de un obrero que está arreglando el piso y las paredes, y el rabino le da unas indicaciones de cómo seguir. Es un lugar espacioso, con jardín adelante, con juegos para chicos y otro jardín atrás. Me lleva al living donde hay una pequeña biblioteca con libros de rezos.

—Usted me comentó que algunos sectores del judaísmo conservador estaban "celosos" de Jabad. ¿A qué lo atribuye?

—Lo que pasa —dice el rabino— es que en los años sesenta, el movimiento judío conservador tuvo mucha fuerza. En esa época no había un Jabad y no había una presencia ortodoxa abierta para que la gente se acercase. Entonces todos los judíos que estaban marginados encontraron en el movimiento conservador una posibilidad de acercarse sin ningún tipo de obligación. El conservadurismo no te exige, no te obliga a la observancia. No te hace sentir: 'Bueno, si no cumplís, estás en falta'. Después de cuarenta años, cincuenta años, ellos mismos reconocen que están atravesando una decadencia, que se están pasando más hacia la derecha, se están haciendo más religiosos porque se dieron cuenta de que ser tan laicos o tan *light* no les servía. Ven a Jabad como una gran competencia porque reconocen que la presencia de una ortodoxia moderna les ha presentado partido, porque tiene mucho más para ofrecer. Como lo saben, entonces, por supuesto, están celosos.

—¿La ortodoxia es de derecha?

—Yo creo que la ortodoxia en general y la religiosa en particular está más cercana a la derecha, por supuesto. Cuando vos te ponés a ver la opinión de Jabad respecto de ideas sionistas o de Israel y todo eso, siempre estamos mucho más cercanos a ideas de derecha que de izquierda. De izquierda es "somos todos iguales y no podemos hacer diferencia", mientras que las ideas de derecha son reconocer la diferencia, el nacionalismo, el orgullo judío, el orgullo de Israel. Todas esas son ideas de derecha. Para mí, la "derecha" no es una mala palabra, al contrario. De hecho, la cábala reconoce *jesed* como la bondad y a la izquierda como la severidad, y yo prefiero estar con la bondad que con la severidad; pero sí, yo creo que ideológicamente Jabad está más cercano a la derecha que a la izquierda.

Me muestra los libros y me despide diciéndome que un sábado, a las diez y media de la mañana, me dé una vuelta por ahí, que voy a ver lo lindo que es, que la voy a pasar bien.

Le agradezco el convite y aprovecho para hacerle una pregunta más:

—Usted que estuvo de los dos lados, lo secular y lo ortodoxo, ¿no hay alguna cuestión de la vida secular que extrañe y que la ortodoxia le impida?

—Sí, y entiendo que el mundo no es perfecto ni de un lado ni del otro. Existe gente que sin ser religiosa es gente muy honesta, muy íntegra, que tiene su religiosidad como una ética, aunque no tenga la parte ritual incorporada. Y también al revés, ocurre dentro del mundo de lo religioso que a mucha gente que tiene lo ritual incorporado le falta la parte humana, la calidad como persona, y su honestidad no es tal. Hoy en día, y después de más de treinta años en este lugar, te puedo decir que hay bueno y malo en todas partes.

De la Infantería de Marina a rabino de Jabad Lubavitch

En algún sentido, pienso que si sigue la moda inmobiliaria de rebautizar toda la ciudad con variaciones de "Palermo" (Hollywood, Soho, Queens, etcétera), el nuevo Once, que concentra tanta diversidad en pocas cuadras, bien podría ser llamado "Palermo Jerusalem", un centro de pertenencia para diversas tradiciones, con un eje judío fundamental.

La casa donde funciona Leoded, el centro de asistencia social que dirige el rabino Moshé Blumenfeld, se enclava en el borde de este Palermo Jerusalem yendo hacia el lado del Abasto. No es un edificio moderno, y apenas si puede distinguirse que es un centro de vida judía porque, encastrada en la pared, emergiendo del ladrillo y no sobrepuesta a él, hay una *mezuzá*.

Jean Jaures 314, "Como el número Pi", me dijo el rabino Moshé Blumenfeld, el otro día cuando acordamos el encuentro. En la esquina de enfrente, Tercera Fundación, una librería de usados con olor a viejo, exhibe en la vidriera los *Diarios* de Joseph Goebbels a un precio elevado, junto a un relato en primera persona sobre el Holocausto.

Cuando me abre la puerta, el rabino me hace pasar y recorro brevemente un típico PH. La oficina es un poco oscura, efecto que se acrecienta por la pintura gris de las paredes, hay varias líneas de teléfono a un lado, y una *laptop* que el rabino no dejará de chequear a cada rato, tocando una tecla cuando el tiempo sin uso la lleve al protector de pantalla.

Blumenfeld es un hombre simpático y bonachón y, como tantos otros, no nació dentro de la comunidad Jabad Lubavitch, ni siquiera se crió en un ambiente familiar religioso. "Yo era hincha de Atlanta —comenta—, comía pizza en Imperio. Pero sí, hasta los veintiún años no tenía una letra, no sabía nada, pero siempre hubo una búsqueda, tenía una gran deuda interna de querer saber de judaísmo. Me molestaba mucho estar con mis amigos judíos, ver que ellos sabían algo, hacían algo y yo no entendía nada. Tenía diecisiete o dieciocho años, iba con un grupo de amigos a un templo y no sabía para qué lado agarrar el libro, y me sentía muy afuera. Siempre tuve un gran deseo de estudiar y aprender."

Él mismo reconoce que de ese muchacho de Villa Crespo para quien su judaísmo consistía en alentar al Bohemio y comer *plétzalej*, que se daba sus gustos no *kasher* en las esquinas pizzeras más famosas del barrio hasta el rabino ortodoxo actual, hubo un proceso bastante extraño.

Con casi cuarenta años, fue una de las últimas generaciones a las que le tocó hacer el servicio militar obligatorio: sacó un número muy alto y le tocó Infantería de Marina en el Sur: "Por primera vez en la vida salí del esquemita del sistema que a uno le habían impuesto. De repente se te abre la cabeza, me pregunté dónde estoy, qué hago acá, con doce grados bajo cero y haciendo trabajos forzados. Mi espíritu de supervivencia me llevó a preguntarme cómo hacer para salir de ahí", cuenta este hombre a quien se puede contemplar veinte años más tarde de los sucesos que comenta en los videos que filma y sube a su blog *Viene Mashíaj* (www.vienemashiaj.com). Allí, entre otras cosas, se puede ver cómo se las ingenia para combatir el frío muy al estilo ruso de Jabad: tomando vodka.

Blumenfeld buscaba un modo de salir y encontró el resquicio legal para hacerlo: "Empecé a averiguar y vi que una de las maneras de escaparse era ser seminarista. Empecé a averiguar, les mandé a mis padres: '¿Dónde puedo estudiar para ser rabino, así me rajo? No aguanto más Puerto Belgrano, temperatura bajo cero, no nos dejan dormir, nos torturan todo el día, salto friccionado, carrera march, cuerpo a tierra...'. Había bajado quince kilos, era un esqueleto con músculos. Éramos todos pequeños Rambo. Infantería de Marina era bravo".

Según el rabino, Es en esas situaciones extremas en las que uno se acuerda de Dios. "Yo cuando era chico me acordaba de Dios cuando quería hacer gol en un partido, nada más. Le pedía por favor que entrara la pelota cuando cabeceaba. Pero estando ahí me conecté más y, sorpresa, cada vez que me empezaba a conectar se me daban las cosas. Pequeños milagros personales que tuve increíbles, de colimbas que hacíamos lío y yo zafaba siempre."

Aprovechó un franco para visitar a su familia en su barrio de Villa Crespo y fue entonces cuando conoció Jabad a partir del Beit Jabad del rabino Birman. Se acercó y le dijo: "Mirá, quiero zafar del servicio militar, quiero ser rabino". En el templo le abrieron las puertas y lo invitaron a estudiar con ellos. Era el año 1989, y Jabad estaba empezando lentamente su expansión territorial en nuestro país.

Ese primer contacto con los lubavitch no lo terminó de convencer: "Cuando fui a estudiar por primera vez, vi todas esas barbas con movimientos raros y sonidos raros y sombreros, era mi primer encuentro con una cosa así… La verdad es que me impactó lo que escuchaba, lo que leía, lo que veía, pero me dije que no era el momento. Me puse a pensar: '¿Qué es peor? Si salgo de acá, me quedan quince meses para la baja de la Marina. Pero si me quedo, quedo pegado de por vida. ¡Ni loco! —dije—. Prefiero seguir siendo soldado, que en quince meses salgo libre para siempre'".

Blumenfeld volvió al Sur a terminar con su servicio, pero se había quedado un poco enamorado de lo que había visto en esas cuatro semanas en las que había aprovechado sus días francos para darse "un baño" de jasidismo de Jabad.

Cuando terminaron esos quince meses que le quedaban se planteó la cuestión acerca de si seguir la carrera de periodismo deportivo o economía o dedicarse de lleno a eso nuevo que había vislumbrado y que le había interesado. Empezó de a poco, como muchos. Primero fue a una cena de *shabat* en lo de un amigo, después empezó a ir al templo a rezar algunos días, después le agregó estudios judaicos y de pronto se encontró con que no le interesaba seguir más allá del Ciclo Básico que había completado para la facultad. "Empecé a tener respuestas a todo lo que busqué siempre, al sentido de la vida, al sentido de ser judío. Empecé a estudiar y no paré. Empecé de cero, de la nada, porque no estaba ni circuncidado, ni sabía una letra de hebreo. Comencé a leer como nene, de a sílabas y empecé a traducir. Más o menos en un año ya podía empezar a traducir, todo a fuerza de estudiar, de muchas ganas. Hubo un momento en que decidí: 'Bueno, me voy a estudiar a Israel'. Ahí me fui y seguí estudiando."

El *teshuvá* viajó en 1992, primero a Nueva York, donde conoció al Rebe, y luego a Safed, en Israel, que como se ha visto es un lugar muy elegido por los lubavitchers para completar sus estudios religiosos. Ahí, dice, empezó su camino para convertirse, de a poco, en *jasid* del Rebe. Se le iluminan los ojos cuando habla de su líder espiritual. Dice que tiene la estatura de un Moisés para nuestros tiempos y recuerda que la época en la que lo conoció se vivían momentos muy especiales dentro de la comunidad lubavitch: "En esa época, el Rebe ya había tenido un primer derrame cerebral, chiquito, ya casi no salía. Aparecía en un ventanal primero y después le habían conseguido un balconcito por el que hablaba al público. En esos últimos años de su vida fue cuando más subió la temperatura con el tema del *Mashíaj*, de que cada *shelíaj*, cada rabino, cada persona de Jabad debía trabajar muchísimo para preparar al mundo para su llegada. Fueron los años más fuertes, se vivía muy intensamente todo esto".

Poco después de su experiencia en Israel, Blumenfeld volvió a Buenos Aires y se casó con una mujer que ya estaba en Jabad y provenía de una familia observante.

Los cambios en su comportamiento y creencias repercutieron en sus padres asimilados: "Ellos no tuvieron educación judía, no eran observantes. Al principio, cuando vieron el cambio, dijeron: 'Mi hijo se va a transformar en un monaguillo, en un cura, ¿qué va a hacer?'. Todos los prejuicios. Hubo una época en la que, para la psiquiatría, profesar una fe era considerado un trastorno psiquiátrico, una patología. Después mi familia empezó a conectarse de alguna manera. Por ahí empezaron a cumplir alguna cosa, empezaron a ir al templo a alguna festividad o a venir a comer a mi casa de casado, es decir, la familia pierde ese prejuicio".

Blumenfeld y su mujer tienen ocho hijos; cinco varones y tres mujeres, que van a los colegios de Jabad, separados por sexo, y conocen perfectamente la historia de su padre, que empezó en el Sur viendo la forma de escapar del servicio militar obligatorio y terminó encontrando las respuestas esenciales de la vida dentro de Jabad Lubavitch.

Termina diciendo respecto de sus hijos: "Les explico, para educarlos, que ellos se den cuenta de que más allá del prejuicio que existe, que tengan bien presente que somos todos iguales, que se pueden acercar a otros, tienen mucho para darles, para conectarlos y mucho para aprender de los otros también".

El rabino me indica que tiene compromisos que atender, por lo que le agradezco por su tiempo mientras me acompaña hasta la salida. La secretaria del centro Leoded, quien anduvo dando vueltas y poniendo en funcionamiento las oficinas mientras nosotros conversábamos, intenta abrir la puerta de salida y no puede. Está trabada.

Blumenfeld y su secretaria prueban varias veces, cada uno a su turno, fuerzan la cerradura, pero no hay posibilidad de abrirla. Nos ponemos un poco nerviosos: yo tengo que llegar a trabajar y la secretaria también necesita salir para hacer unos trámites.

El rabino se encoge de hombros:

—La única opción será que salten por la ventana —dice—, porque el cerrajero va a tardar por lo menos una hora en llegar.

Abre las persianas y la secretaria sale al balconcito.

—Subite a la baranda, sentate ahí y saltá, es poca la altura. Yo el otro día hice así —le dice Blumenfeld a la secretaria, que nos mira aterrorizada.

El rabino le alcanza una silla de plástico para que pueda subirse más fácil.

Mientras la secretaria se las arregla para salir, sin terminar de animarse, el rabino me ofrece ponerme los *tefilim* y de paso mostrarme el pequeño templo. Me lleva al fondo del PH, pasando su oficina por el patio que comunica los diferentes cuartos.

Enciende las luces de una habitación amplia que tiene libros de rezos en unos estantes, una *bimá* y, frente a ella, el arca sagrada que contiene el *sefer Torá* que fue realizado en el centro, con ayuda de los pacientes del programa Leoded. Cuando me lo comenta me dice: "Seguro que alguno de tus ancestros era justamente un *soifer*, es decir, un escriba de la *Torá*".

Me coloca las filacterias y me pide que recite con él. Repito la fonética y cuando termino me muestra en un libro qué fue exactamente lo que dije con traducción castellana. Cuando terminamos volvemos a la entrada. Nada ha cambiado allí y todavía sigue trabada la puerta, con la secretaria en el balcón pensando qué hacer.

Viendo la hora que se hizo, no me queda otro camino que la acción.

Una señora que acaba de llegar a la puerta del Centro me ofrece, desde la calle, sostenerme la mochila mientras trato de pasar mis piernas por encima de la baranda para sentarme sobre ella y luego dejarme caer al piso.

Nunca tuve mucha destreza y, esta vez, con zapatos y el calor del sol sobre la camisa negra que llevo, empeoran la situación, por lo que cuando caigo al piso trastabillo unos pasos y se me cae la *kipá*, que me apuro en agarrar y volver a ponerme, como si no llevarla pudiese ofender al rabino.

—¿Viste? —me dice Blumenfeld desde la ventana—, Jabad siempre es una aventura.

Sergio combate el "Holocausto Blanco"

Los Lubavitch dicen que para un judío no hay nada mejor que otro judío. Sostienen que por más asimilado, secularizado y ateo que sea un miembro del pueblo de Israel, siempre habrá algo en su alma que quiera escapar, que lo lleve por el buen camino de la *Torá*.

Ellos explican los procesos de *teshuvá* como algo natural: un judío tiene una inclinación por naturaleza espiritual, por más que no la conozca, a todo lo que hace a la vida judía. Para ellos, si un *iehudí* alejado de la observancia pasa una cena de *shabat* "como corresponde", empieza a comer *kasher*, realiza estudios de *Torá*, pronto se sentirá a gusto, como en casa, porque ésa es su verdadera esencia, y querrá ir incorporando cada día más y más vida judía hasta terminar siendo plenamente observante de los preceptos.

El minimercado de Sergio es el único lugar del barrio donde se venden *farfalej*, una especie de fideítos del tamaño de un grano de arroz, ya cocidos y secos, que son un alimento tan rico que sin dudas despierta el alma de cualquier judío.

Como el resto de los *baalei teshuvá*, él no nació en una familia observante judía. Aclara, sin embargo, que como era *sefaradí* por parte de su madre, tuvo una educación un poco tradicionalista. Durante la infancia vivió en Hurlingham e hizo el colegio judío en Morón hasta séptimo grado, cuando terminó toda su educación formal judía.

A pesar de lo cuál recuerda cómo solía irse para *Iom Kipur* a la casa de su abuelo materno, un viejo *sefaradí* que era parte de un pequeño templo que abría sólo para las fiestas.

A los trece años hizo su *bar mitzvá*, una experiencia que lo movilizó: "Lo hice con una gente muy copada, muy buena gente. Y después le dije a mi mamá que quería ser rabino. Entonces mi mamá me dijo: 'No, pero mirá si vas a ser rabino... Hay que cambiar la vajilla... te vas a vivir solo'".

Y si bien se siguió colocando los *tefilim* todos los días hasta los dieciocho años, no continuó con su educación judaica ni tampoco sintió un especial interés respecto de su herencia.

"Después de eso no tuve más contacto. Todo siempre me gustó. Me siento sionista por un lado, y siempre me gustó todo lo que se refiere a Israel. Siempre estuve interesado, me mantuve informado. Pese a lo cual iba a bailar a todos lados, y salí con un montón de chicas que no eran de la cole. Pero mi objetivo principal seguía siendo conocer alguien que sí fuese de la colectividad. Estuve enamorado de chicas *goy*, pero internamente sabía que no era lo mío. Yo creo que la única forma de continuidad del pueblo judío es que los judíos nos casemos entre nosotros."

Sergio habla de lo que algunos llaman "Holocausto blanco", la supuesta extinción del judaísmo por culpa de los casamientos interconfesionales. Cuesta pensar a este hombre de cuarenta y cuatro años, que viste camisa blanca, pantalones negros, *tzitzit* y barba crecida alegremente, hace unos veinte años jugando al rugby en su Hurlingham natal.

Su contextura física, sin embargo, parece acompañar, y aclara que no sigue jugando porque los partidos se hacen en *shabat*.

El ambiente en el conurbano era denso para un judío: eran pocos y se encontraban muy espaciados. En la cancha tuvo algún que otro incidente: "Yo he tenido más problemas cuando no tenía *kipá* que desde que la llevo puesta. Tenía diez años cuando empecé a jugar al rugby, iba a un club cerca de mi casa que se llama Curupaití. Yo era tímido, pero iba a jugar solo al rugby, y me acuerdo de que un chico, para insultarme, me dijo desde arriba de un árbol: 'Eh, judío'. Y yo le dije: 'Sí, sí, yo soy judío, vení, bajá'. Y partir de ese momento todo el mundo supo que yo era judío, no tuve ningún amigo en ese grupo".

Todavía no estaba ni siquiera cerca de empezar su proceso de acercamiento a la ortodoxia. Al terminar la secundaria se anotó en la facultad y se recibió de ingeniero agrónomo. Ahí conoció a otro muchacho del barrio que casualmente también era judío. Se encontraban para ir a fiestas que organizaba la colectividad en boliches de la Capital.

Estaba por terminar su carrera cuando decidió hacer una experiencia de estudio y trabajo en Israel, de seis meses.

A su vuelta se reencontró con su amigo y la hermana de él. Se enamoraron y se casaron en 1998, en el templo reformista de la calle Murillo, por ningún otro motivo más allá de que ahí se desempeñaba un cantante (*jazán*) que a Sergio le gustaba mucho.

Por esa época también se divorció una de sus hermanas, la más cercana a él.

"Tengo dos hermanas, una a la que le llevo dos años y otra a la que le llevo nueve.

La más chica nunca vivió nada de judaísmo. No fue al colegio judío porque no había y no vivió la época de mis abuelos, porque era chica. Entonces era la primera candidata a asimilarse. La que me sigue a mí se casó con un paisano, le fue mal y se divorció. Estuvo un tiempo viviendo en Israel, se hizo *madrijá* y hoy en día sigue yendo a un club judío de Ramos Mejía. Justamente con el club fue a las *macabeadas* en Villa Gesell. De los cuatrocientos tipos que hay siempre ahí, se enganchó con el único que no era de la cole."

En ese momento Sergio sintió que su hermana estaba profanando algo muy sagrado, algo muy íntimo que quizás no había pensado hasta ese momento: "Le dije: 'Hacé lo que quieras de tu vida, es tu problema, pero qué ejemplo les das a tus hijas'. Porque tiene dos chicas que ahora ya son grandes. Ella me dijo: 'Yo quiero que mis hijas sean felices, nosotros sufrimos mucho'. Esto fue porque mis viejos fallecieron cuando nosotros éramos relativamente jóvenes. Mi papá falleció cuando yo tenía catorce años, y ella, doce. Y mi mamá cuando yo tenía veinticuatro, y ella, veintidós. A todo esto yo estaba casado, mi señora embarazada, mi hija nacía para abril, y jugaba al rugby en Hebraica".

La crisis familiar se sucedió en enero de 1998. En febrero, Sergio estaba en los vestuarios de Hebraica, conversando con un amigo, y escuchó que otros hablaban de una reunión en una casa con un rabino. Se metió a conversar con ellos y lo invitaron a participar. Convenció a su mujer de ir y ahí se encontró con lo que estaba necesitando en ese momento.

Fueron varias parejas y el rabino. Sergio recuerda la ocasión: "Lo sentí como un anticuerpo contra lo que pasaba con mi hermana. Cuanto más se metía mi hermana con el *goy*, más observaba yo las prácticas judías. De bronca, para darle bronca a ella. Es más, al toque empecé a usar *tzitzit*. Yo iba manejando con el *tzitzit* y con la *kipá* en sábado. O el sábado me iba a jugar al rugby con *kipá* y con el *tzitzit*. Después me puse a estudiar un poco más, porque pensaba que el día de mañana mi hija me iba a preguntar sobre qué es el judaísmo y por qué hacíamos lo que hacíamos, y quería poder responderle".

Esa primera reunión en la casa de un compañero de rugby fue con el rabino Osher Schvertz, del Beit Jabad Almagro, y derivó en varias otras reuniones, algunas en su propia casa. En abril del año siguiente, con su mujer con una panza de casi nueve meses, dieron un paso más hacia la observancia, al rectificar el contrato matrimonial judío que habían hecho en el templo reformista y homologarlo con el rito ortodoxo.

Cuando nació su hija, Sergio se sintió renacer y eso acentúo sus preguntas, y la búsqueda de respuestas: "El momento en que ves a tu hijo te cambia totalmente la cabeza. Yo siempre sostuve como máxima '¿Qué le doy a mis hijos?' La *Torá* te dice: 'Amarás a tu prójimo como a ti mismo'. Por otro lado, está [Marcelo] Tinelli. Hoy por hoy, lo que representa mejor a la sociedad argentina es eso: lo superficial, lo chabacano. No lo critico, cada uno sabe lo que quiere, pero yo no lo quiero para mí ni para mis hijos. Prefiero lo otro, si bien extraño un montón ir a jugar al rugby, encontrarme con los pibes después, en el tercer tiempo, pero cuando elegís siempre dejás algo de lado".

Sergio iba un paso más adelante que su mujer en su proceso de *teshuvá*, pero como eran pasos pequeños la fueron convenciendo a ella también de seguir ese camino. Si bien yo no la obligué, se fue dando de a poco. Por ejemplo: yo ya usaba *kipá* y no le pedía nada a ella. Usaba pantalones y el pelo suelto y nunca le dije nada. Yo seguía en la mía. Ella ofrecía cierta resistencia. Cuando apenas empezaba, hubo momentos en que estaba rezando y venía ella y me cerraba el libro. Cuesta mucho cambiar las cosas, la gente es muy estructurada, seas religioso o no seas religioso.

Los cambios en su forma de vida empezaron a repercutir en el resto de su familia, en especial su hermana. "La quise invitar a casa a mi hermana con mi sobrina para *Rosh HaShaná*, para que vivenciaran. Le dije: 'Te pido un favor, ya que venís a casa, no vengas con pantalones, vení con pollera'. Y ella me dijo: 'No, pero no tengo pollera'. '¿Cómo que no tenés pollera, cuando vas a una fiesta qué te ponés?'; 'No, pero yo no soy así'. Le dije: 'Pero escuchame, si vos va a la casa de un chino o un japonés, y te piden que te saques los zapatos, te vas sacar los zapatos, porque estás respetando la casa a donde estás yendo'. Al final terminó sin venir. Yo pregunto entonces: ¿Quién es el cerrado?"

Para Moscovich, el judaísmo es también una herencia a defender, que requiere una lucha para evitar que se extinga, y si bien él encontró el camino en determinados rabinos de Lubavitch, puede entender que alguien prefiera probar con otros: "Cada uno tiene que tener su criterio y su concepto personal. Lo que yo digo es: dentro de la ley, todo, fuera, nada. Yo veo lo que quiero para mi familia y si no me gusta donde estoy, buscaré otro lado. Pero siempre adentro, nunca afuera".

Sergio tiene cinco hijos con su mujer, y si bien los mandan a los colegios de Jabad, piensan hacer rendir libre a los varones la escuela oficial para que algún día tengan la posibilidad de elegir su propio camino. Entienden que no es necesario que todos en Jabad sean rabinos o se vayan a vivir a Israel, y quieren dejarles la puerta abierta para que decidan su futuro.

Durante once años, Sergio trabajó en el Mercado Central. Cuando empezó su proceso de *teshuvá* estaba viviendo en Villa del Parque y llevaba ya un buen tiempo en ese trabajo. Él dice que siempre le tocaba trabajar los viernes hasta bien entrada la noche, pero que desde que comenzó su acercamiento, el trabajo los viernes se cortaba automáticamente a media tarde, de modo que nunca se vio en la confrontación entre cumplir con el trabajo o con sus obligaciones religiosas: "Mi ex jefe también es de la cole, pero no cumple nada, es totalmente ateo. Me decía: '¿Cómo, antes trabajabas hasta las nueve de la noche, y ahora a las cuatro o cinco de la tarde te vas?' Entonces, yo le contestaba: '¿Hace cuánto trabajo con vos?'. Eran siete u ocho años para entonces. 'Si me tenés confianza como para delegarme dinero, teneme confianza cuando te digo que a las cinco de la tarde no hay más laburo'. No me pudo decir nada, porque era realmente así".

En 2002 se cansó de las periódicas crisis argentinas y la convenció a su mujer, pese a su resistencia, de irse a vivir al campo en Israel. La experiencia iba a durar dos años, si no se adaptaban, volvían.

La familia emprendió el viaje y se fueron a vivir a una especie de *kibbutz*. Él se empleó como peón de campo y su mujer se quedaba en la casa cuidando a los chicos.

No funcionó. Volvieron cuando se cumplió el plazo de dos años que se habían propuesto. Sin empleo, Sergio empezó a buscar alguna oportunidad, tuvo algunas entrevistas de trabajo hasta que un amigo del templo le comentó que estaba arrancando un emprendimiento para distribuir helados *kasher* y se asoció con él. Montó una pequeña distribuidora y pronto incorporó salchichas y hamburguesas. Luego el dueño de uno de los locales entre los cuales distribuía le ofreció comprarle el cincuenta por ciento del negocio. Se asoció, y en 2009 compró la otra mitad del local, que actualmente tiene en Ugarteche y J. M. Gutiérrez, justo en diagonal al famoso edificio conocido como "El palacio de los patos".

Sergio no tiene dudas respecto de haber pasado de una vida secular a la ortodoxia y defiende esa decisión: "Estoy convencido de lo que elegí, aunque sé que es diferente a lo que hacía. Esto es lo que *HaShem* nos pide a nosotros, los *iehudim*. Y es simple. Si uno va a un médico y mira la pared y no ve ningún diploma, dice: 'Perdón, ¿usted es doctor?' Si te responde: 'No, no, pero mi abuelo era doctor, y mi papá era doctor y yo me siento muy doctor', uno pega media vuelta y se va. O sea, es muy lindo sentir [el judaísmo], pero para sentirlo hay que hacerlo. Podés ser un eximio guitarrista, pero si no practicás, olvidate, los dedos se te ponen duros. Yo lo grafico con un árbol. Si a un árbol vos le vas cortando las ramas, llega un momento en que el árbol se seca. Así ocurre con el judaísmo. Está bien, hay una parte que sobrevive, pero son más las ramitas que se están cortando que las ramitas que florecen".

Judío ortodoxo a judío secular: el que volvió a las preguntas

"Yo nací afuera, me metí en la caverna platónica y dije: 'Éste es el mundo'. Hasta que un día me dije: 'No, pero yo me acuerdo que arriba había algo'."

Rabino Damián Karo

La primera vez que lo vi a Damián Karo sostenía bajo su brazo un libro del filósofo francés Michel Onfray. Yo en cambio estaba leyendo *Despite All Odds* de Edward Hoffman, uno de los libros más clásicos y difundidos de historia acerca de Jabad Lubavitch.

Damián entraba a la biblioteca de Hebraica donde trabajé durante siete años para dar un curso sobre cábala, nos presentaron, nos dimos la mano y viendo la tapa del libro que leía, con una foto del Rebe de Lubavitch en la tapa, me dijo: "Yo a ese señor lo conozco", y sonrió.

Le dije que el libro no era de la biblioteca, sino mío. Me devolvió una mirada que decía: "Bueno, allá vos".

Karo tiene 38 años[1] y durante cerca de veinte, desde los catorce hasta los treinta y cuatro, perteneció a Jabad Lubavitch.

Mide poco más de un metro setenta, lleva el pelo corto, barba rasurada y alterna un moderno sombrero, que nada tiene que ver con el que usaba en su época de *jasid* del Rebe, con una *kipá* sencilla también. Aunque admite por lo bajo que si sigue utilizando algo para cubrirse la cabeza es por contrato con el templo donde oficia.

Creció en el seno de Jabad Lubavitch, se formó en su *ieshivá*, durmió en los cuartos de su internado juvenil y, como en algún momento dirá, conoce a la institución como a esos amigos de toda la vida con quien "alguna vez durmió en calzones en un mismo cuarto": en sus cosas buenas y no tan buenas.

Ahora, trabajando en el Gran Templo de Paso, dice: "Soy el rabino de Paso. Cuando dejé Jabad me puse a trabajar en la oficina de judaica del templo de la calle Libertad. Entonces yo digo así: 'Me fui de Jabad, al templo de Libertad y ahora soy el rabino de Paso'. ¿Quedó claro?".

Karo es afecto a los juegos de palabras y a lo que se refiere es a que sus certezas como rabino ya no son las que eran en otro momento. Concibe el judaísmo como algo diferente: "Así como en Jabad sostuve ciertas prácticas a pesar de ya no estar de acuerdo con ellas hasta que pude liberarme, ahora me pasa lo mismo. Me liberé de la casa, ahora estoy en el barrio, pero quiero ir a la ciudad. Siempre quiero que sea más grande. No tendría problema en seguir siendo rabino, maestro, acompañante, pero si pudiera adaptarlo a lo que yo siento. Hay movimientos en los Estados Unidos, por ejemplo, que hablan de un judaísmo sin Dios como punto de partida. Con la posibilidad de que haya una feligresía que crea en Dios, pero también de que cada uno lo elija; que sea un tema de fe libre y no tenga nada que ver con la esencia. Es un judaísmo bastante abierto y liberal. Lo llaman 'post posjudaísmo'".

Sus prácticas como judío se liberalizaron y ahora las concibe no como un fin en sí mismo, por lo que tampoco se obliga a respetarlas. Parece increíble viniendo de un individuo que vivió más de la mitad de su vida cumpliendo con las rígidas normas del judaísmo raigal: "Las prácticas, para mí, son símbolos. Por supuesto que significan algo, pero son una cuestión de identidad. No son ni mejor, ni peor. Y no las necesito. Por ejemplo, sí me gustan las velas y sí me quedo con muchos símbolos, enseñanzas y ejemplos. ¿Prendo las velas en *shabat*? No necesariamente. Pero en vez de velador tengo una vela. Entonces cuando me acuesto quedo a la luz de la vela, que es una luz diferente. ¿Necesito descansar el *shabat*? No. Pero aprendo de la búsqueda del *shabat* todos los días, para tener espacios para mí, para estar con mi familia, con amigos, para dormir, para leer, para meditar, para conectarme con otras cosas, para pasear, siempre que puedo. Me quedo con lo que simbolizan las *mitzvot*, no con los símbolos en sí".

Pese a todo, aclara que no tiene nada en contra de Jabad Lubavitch como institución, que no se fue peleado con nadie, que sigue teniendo amigos adentro, aunque también se lamenta de haber perdido relación con mucha gente que respetaba y quería y que reconoce en actitudes propias de su vida cotidiana, años después de haber salido, la conservación de muchas formas de conducta propias de su época como *jasid*.

"De hecho, yo hoy me encuentro analizándome y eligiendo algunas conductas o formas de ver la vida como muy Jabad. De repente me veo vinculándome con mi cuerpo, con mi ropa, con una fuerte línea de Jabad. Es un ejercicio espiritual infinito, y cada uno lo transita desde y hasta donde puede o quiere. Son tantas las vertientes; uno no puede abarcar todo, va eligiendo por cuáles va", dice.

Su historia no es la de un judío que abrazó la ortodoxia y luego eligió abandonar Jabad Lubavitch para optar por otra de las cientos de ofertas todavía más ortodoxas, algo que puede suceder y de hecho sucede. El camino de Karo es especial porque él, siendo un judío secular, se sintió atraído por la filosofía de Jabad Lubavitch, empezó a entrar lentamente hasta convertirse en uno de ellos. Fue muy respetado en la comunidad y luego, en la cima, habiendo atraído hacia Lubavitch a la que luego se convertiría en su mujer, seguido por su padre y sus hermanas menores, habiendo tenido cinco hijos dentro de la comunidad, abandonó Jabad para plantearse un judaísmo completamente diferente. Se convirtió en un *jozer bisheela*, un apelativo entre jocoso y despreciativo que significa "el que regresa a la pregunta", es decir, el que abandonó las respuestas que da la fe dogmática.

Como *baal teshuvá*, su relato es similar al de muchos otros que se sintieron deslumbrados por una forma de vida y de práctica del judaísmo radicalmente diferente a la que había llevado hasta entonces. "Nací en un hogar 'tradicionalista'. Ni religioso ni mucho menos, pero tradicional. En *Pésaj* y *Rosh HaShaná* nos juntábamos a cenar, en *Iom Kipur* el abuelo iba al templo, pero no era religioso", dice, y recuerda que a los once años empezó a sentir una gran cantidad de preguntas existenciales que lo llevaron a abrirse, a escuchar a cualquiera que tuviese alguna respuesta que darle.

Pasó su educación en el colegio tradicional judío, Doctor Hertzl, y sexto y séptimo grado en el Instituto Integral Tel Aviv Nº 3, un colegio que paradójicamente ahora sirve de sede para el Beit Jabad Villa del Parque / Devoto.

Ya en la secundaria continuó sus estudios dividiendo su tiempo entre una escuela estatal oficial y una escuela hebrea.

La escuela judía le resultaba placentera pero no le aparecía todavía como un horizonte de satisfacción espiritual.

Los sábados empezó a ir a un grupo sionista hasta que luego de su *bar mitzvá* un amigo comenzó a estudiar con un grupo conservador de derecha neo ortodoxo, muy amplio, con seguidores de edad secundaria y universitaria. "Era un grupo reducido, muy piola. Se proponía un estudio muy serio del judaísmo y bastantes prácticas. Ahí empecé, no sólo a conocer, a aprender y a estudiar, sino a desarrollar ciertas prácticas: *tzitzit, kipá, kasher, shabat*", comenta Karo.

A los quince años abandonó la secundaria estatal, se quedó con la hebrea y decidió ir solo a tocar la puerta de la *ieshivá* de Jabad. A pesar de lo cual todavía no encontraba la relación entre su búsqueda existencial y los estudios judaicos. Sabía que el estudio del judaísmo le generaba placer, por lo que simplemente iba allá a sentarse y estudiar.

"Empecé a estudiar ahí *Mishná*, que es como la parte central del *Talmud,* hasta que el director de la *ieshivá* me dijo: 'Quiero que pruebes durante quince días estudiar algo ¿Tenés media hora más por día?', le dije que sí. Me puso con un muchacho canadiense de veinte años que hablaba inglés. Yo hablaba castellano. Los dos hablábamos poco hebreo. El mío era más coloquial, el suyo era más de libro. Los libros estaban en hebreo. Complicada la comunicación. Pero me senté a estudiar mística judía, filosofía jasídica, cábala. Me voló la cabeza y dije: 'Esto es. Mis preguntas existenciales están acá, voy por acá'. Ahí sí se me juntó todo. La búsqueda existencial con el placer identitario, y me copé. Empecé a ir todo el tiempo. Yo no había llegado todavía a la filosofía occidental en mi búsqueda, en el colegio no me la enseñaban y no me llegó. Me pregunto qué hubiera pasado si yo hubiera accedido a la filosofía occidental antes, dónde estaría ahora... porque en realidad era el tema filosófico lo que me interesaba. No sé dónde hubiera terminado, probablemente estudiando filosofía o una cosa así. A partir de eso me fui metiendo en el mundo de Jabad hasta que unos meses después me fui a vivir al internado de Jabad de Jean Jaures al 300. Agüero era todavía un edificio en construcción en esa época. Dejé absolutamente todo, me dediqué a estudiar".

Se produjo el pasaje, Damián Karo se transformó gradualmente en Itzjak Karo, la forma en la que se lo conoció dentro de Jabad Lubavitch, siguiendo la costumbre de llamarse por el nombre en hebreo que se les coloca a los hombres luego de su circuncisión.

Pasó seis años en el internado masculino de Jabad, hasta que a los veinte se decidió a ir a buscar a una vieja compañera de la secundaria hebrea. "Yo la fui a buscar y le dije: 'Esto es para vos'. Se acercó, estudió y no me equivoqué: era para ella. Nos casamos al poco tiempo."

Su camino ya tenía cierta mácula rebelde: impuso sus propias formas en una tradición que en esa época prescribía que los *jasidim* de Jabad en la Argentina se casaran no antes de los veinticuatro años y por medio de casamientos arreglados.

Empezó a trabajar con su padre confeccionando ropa y dejó de estudiar. No duró mucho en eso y pusieron una guardería con su mujer en su casa, algo que tampoco duró demasiado. Pasó a trabajar como *mashguíaj*, encargado de supervisar el *kasher* de las comidas y productos alimenticios.

Como supervisor del *kashrut* se desempeñó casi como autónomo, y trabajaba donde se lo necesitaba: carnes, panaderías y pescado en Uruguay.

Lo más estable que tenía en ese momento era la supervisión en panaderías, pizzerías, confiterías y locales de comida. No se encontraba del todo a gusto con ese empleo y, buscando alguna otra posibilidad dentro de la comunidad, surgió la posibilidad de viajar junto con su mujer y su primer hijo recién nacido como emisarios del Rebe a Barranquilla, Colombia.

"Un amigo de esa época había estado en Bogotá, y en Barranquilla habían pactado con el colegio y la comunidad local llevar para allá a una pareja de habla hispana para que se ocuparan de la educación judía en el colegio. Con quien habían arreglado se echó atrás a último momento y les quedaban quince días para hacer una prueba de dos meses, entonces lo llamaron a este muchacho. Él me preguntó, le dije que sí, nos recomendó y fuimos dos meses de prueba. Nos quedamos tres años y nos volvimos. Yo era muy joven, cometí muchísimos errores, estuvo muy bueno, aprendí mucho", recuerda Karo.

De vuelta en Buenos Aires, comenzó a trabajar medio día en el templo del Beit Jabad Central. Estuvo ahí un tiempo hasta que surgió una propuesta nueva: el proyecto de establecer una colonia de Jabad Lubavitch en el Club de Campo de Hacoaj, una especie de Beit Jabad en el corazón de uno de los clubes judíos seculares más importantes del Gran Buenos Aires.

"Nunca tuvo el total apoyo de Central. Yo nunca cobré un peso por todo el laburo que hice ahí. Me comí todos los ahorros que había traído de Colombia. Sufrimos muchísimo", dice Karo.

El proyecto duró diez meses. Alquiló una casa para él y su familia y se mudaron allá desde donde empezaron a difundir judaísmo.

—*¿No tuviste problemas con la gente de Hacoaj? —le pregunto.*
—Lo manejé. Para eso fuimos entrenados. A los quince o veinte días de estar viviendo ahí, me aparecí con un vehículo de Jabad. Era una camioneta con una *janukiá* arriba, con carteles de *Jánuka* en los costados. Ya el mero hecho de entrar y salir de mi casa era atraer todas las miradas. Era salir a caminar por el campo de golf en *shabat*, con saco negro largo, y que los golfistas me miraran paranoicos. La gente empezaba a hablar acerca de que no se iba a poder jugar más al golf en *shabat*. Uno juega con esos preconceptos y aprovecha para mostrarse: "No, mirá qué abierto que soy. Vos jugá todo lo que quieras. No tengo problema".

—*Es como una provocación.*
—En algún punto. Un día tomamos una cantidad de *janukiot*, y las fuimos regalando, dejándolas en la puerta de familias que sabíamos que tenían chicos, con un cartelito, como si fuera escrito por mis hijos: 'Te espero en mi casa, tal día a tal hora, para que festejemos *Jánuca*'. Preparamos ahí algo para comer, obviamente alguna comida típica. Trajimos una perinola gigante de Jabad y la pasamos lindo. El tema no estaba en los diez chicos que vinieron, el tema estaba en que a la semana, el presidente de Hacoaj me citó en la central del club. Me dijo: "Flaco, ¿qué haces?", y yo le dije: "No, nada, yo soy un vecino y mis hijos invitaron a sus amiguitos a jugar a casa". Era un tipo muy inteligente, no entró en el juego político, me dijo: "Escuchame una cosa, a ver, vos nos sos un socio más que alquila una casa cualquiera, ¿está claro? Entonces, pactemos cuál es el lugar común porque no quiero tener problemas". Desde ese lugar yo le dije: "Mirá, ¿sabés qué? Yo no obligo a nadie a nada, ofrezco. El que no quiere me dice que no y se terminó. No es tan complicado", entonces pactamos y seguimos.

Pese al pacto de no agresión alcanzado, el proyecto no llegó a durar el año que tenía previsto. A los diez meses, se canceló.

ALEJANDRO SOIFER, PH.D.

"Ya había nacido mi cuarto hijo, con un problema congénito en el corazón, había que ocuparse de eso. Así que les dije en la Central que en esas condiciones no renovaba un año más, ellos estuvieron de acuerdo y levantamos", relata Karo.

El paso siguiente en su carrera dentro de Jabad fue ir a trabajar en la Central en el armado de las campañas donde ya había tenido un breve paso colaborando durante unos pocos días en el diseño de una actividad. "Hacíamos el soporte a todas las filiales, las actividades, los grandes eventos, la organización de actividades con colegios y realizábamos las campañas."

Estuvo ahí hasta que le llegó la propuesta de hacerse cargo de un templo subsidiario del Beit Jabad Villa Crespo. Karo aceptó la propuesta y trabajó durante dos años en ese templo. Necesitaba completar con más trabajo el que realizaba en la Central:

"El formato de Jabad Central es hacerte trabajar tiempo completo y bancarte como para que te alcance, pero no te da todo lo que necesitás. El resto tenés que conseguírtelo vos. Yo lo que terminé haciendo para cubrir eso que me faltaba fue dar clases. Trabajé en los programas Morashá, en Maianot, en Batei Jabad, en varios lados. Al principio era de los *moré* nuevos, después tenía un nombre, a alguna gente le gustaba mis clases. En el medio nació mi quinto hijo".

Ese proceso lo llevó a estar en la génesis de lo que luego sería Morashá Universitarios, que luego devino en ISEJ. "El nombre se lo puse yo. Estuve en la formación", dice con una sonrisa. Esa fue una de las últimas instancias que alcanzó dentro de la institución.

El proceso de salida de Karo de Jabad fue paulatino y le tomó algunos años resolver su situación. Comenzó "cuando volvieron a mí las búsquedas existenciales, como en mi adolescencia, y me di cuenta de que eso no me estaba llenando. Lo vi con un ojo crítico y me di cuenta de que eso ya no era lo mío. Me re-velé: quité el velo", dice.

Su camino hacia la salida comenzó con algunas transgresiones, de las que dice, en el seno de Jabad existen: "Llega un punto en el que, gradualmente, viendo uno que ya estaba más sólido, de pronto con mi mujer íbamos a escuchar radio. Algo prohibidísimo en Jabad si no es para escuchar palabras de *Torá*. Sabíamos que los libros dicen que no se puede, pero escuchábamos radio igual. No lo hacíamos en la *ieshivá*, no lo hicimos durante los primeros años adentro, pero en un momento empecé a escuchar radio. Tampoco leía libros profanos, prohibidos. Pero en algún momento empecé a mirar películas a escondidas. Hasta que en algún momento empecé a hacer algunos *clicks*, lo que me pasó fue que empecé a preguntarme si aceptaba hacerme preguntas. Eso fue alrededor de mi final de los treinta años, principio de los treinta y uno. Los últimos años empecé a abrir algunas puertitas. Mínimas. Convencido todavía de que donde estaba era la verdad absoluta, pero que de cualquier modo, alguna película podía ir a ver. Hay muchos de Jabad que lo hacen. Alguna música no jasídica podía escuchar. Hay algunos en Jabad que tienen DVD y alquilan películas comunes. Y todos saben que está 'mal', pero es un permiso medio dado. Obviamente nadie lee a Nietzsche o a Spinoza. Leer libros no sagrados, ir al cine, escuchar música que no fuera ritual o religiosa, son todas cosas prohibidas en las costumbres ortodoxas. Algunos transgreden un poquito, tratando de que nadie se dé cuenta. Yo era uno de ésos. En algún momento tuve ruidos internos y la primera pregunta que me hice era si me permitía preguntarme. Y en un momento dije: 'Sí, me voy a permitir preguntarme'. Y ahí empecé un proceso que duró unos cinco años. Conmigo mismo, con la mamá de mis hijos, con mis hijos... Empecé a soñar la salida real. Mientras tanto me empecé a abrir. A hablar distinto con otra gente, a mirar distinto al mundo, a pensarme distinto, a recuestionarme los ritos, los símbolos, los valores, a leer mucho, a ir a otros lugares".

Los permisos que se tomaba Karo sorprendieron a la comunidad con retroactividad. Durante esos años de pensar la forma de salir de una vida armada y construida, mantuvo las apariencias lo más que pudo.

De los muchos rabinos y gente de Jabad con quienes tuve contacto, el único que supo expresar el ánimo general dentro de la institución ante la partida de Karo fue el rabino Stawski: "Es un tema difícil. Se veía que algo pasaba con él. Pero era muy interno de él. Un día uno se dio cuenta de lo que pasó y después uno se enteró que esto venía de una procesión por dentro de hacía mucho tiempo. Entretanto, uno no sabía, podía estar al lado de él y no sabía lo que pasaba. Recién después nos dimos cuenta de que hacía años que no venía a un *minián*, ni se ponía los *tefilim* ¿Cómo íbamos a sospechar? Son cosas que pasan por dentro. Yo no me di cuenta y no lo juzgo, la relación de cada uno con Dios es personal. Pero fue impactante, obviamente. Es un fenómeno que existe, aunque la verdad es que en Jabad existen más los que retornan que los que se alejan. Por eso sorprendió".

Para Karo, mantener esas apariencias en medio de un proceso de cambio personal no le resultó lo mismo en Jabad que en el interior de su familia.

Su búsqueda, al igual que cuando a los catorce años había ingresado a estudiar en la *ieshivá* de los Lubavitch, era de orden espiritual, lo que lo empujó a leer en un principio algo de filosofía oriental, zen, budismo y taoísmo. En su familia lo conocían, sabían que siempre había sido una especie de rebelde dentro de Jabad, una persona con sus temas particulares. "La mamá de mis hijos me dijo en un momento: 'Tranquilo, vos podés ir a la India. Está todo bien. Cuando nuestro hijo mayor se case yo te mando la invitación, podés venir y te vamos a aceptar con tu túnica naranja'. La respuesta fue: 'No, una túnica naranja y un sacón negro son lo mismo. ¿Por qué cambiaría uno por el otro? No estoy cambiando un Dios por otro. Estoy dudando de ese Dios, de la túnica naranja y del sacón negro. No va por ahí'".

La situación se fue desarrollando de a pasos. Karo no estaba convencido tampoco de nada, no tenía una seguridad, empezaba a mirar por encima de una vida regida por la fe ciega en la *Torá*, y destaca que el diálogo con la madre de sus hijos lo ayudó en ese proceso.

"Esa vez no me contestó nada. Pero un tiempo después lo entendió. Pero fue un proceso de diálogo, porque yo tampoco lo tenía tan claro. Ella en un momento me dijo: 'Vos estás demasiado en el nudo de Jabad, en el ojo del huracán, ves pasar muchas cosas y por eso estás enojado y te vas. Porque vos sos muy sensible y eso es la religión organizada. La fe, Dios, la *Torá*, el Rebe, son otra cosa. Cuando vos te vayas te vas a calmar y vas a volver'. Después con el tiempo, vio que no era así. Pero no sé si eso no tiene que ver. Uno no se va por una cosa o se queda. Uno es un cúmulo de cosas, es un ser humano."

El proceso fue acumulando factores que Damián reconoce, probablemente determinaron la decisión de su salida de Jabad.

La muerte de Alex (el rabino que había quedado encargado del Beit Jabad Concordia luego de la salida del matrimonio Kapeluschnik) y su hijo pequeño en un accidente de auto fue uno de los golpes más duros que sufrió dentro de Jabad. No solamente por la tragedia, sino por la reacción comunitaria: "Él era mi amigo, con quien incluso compartimos la habitación en el internado. La tarde anterior había hablado con él por teléfono, estaba viniendo de Concordia a Capital y se mató en la ruta. Yo ahí, siendo re Jabad y re metido y todo, tuve un tema fuerte. No sé si una crisis o cómo llamarlo, pero tuve un tema muy fuerte con Jabad. Me acuerdo de haber ido a hablar con un referente interno de la comunidad y decirle: no me enojo con Dios, no lo podemos revivir y no tenemos remedio para la muerte, pero todo lo que estamos planteando de 'vamos a rezar más y vamos a hacer más *mitzvot* en honor a Alex, vamos, vamos, vamos', está bárbaro, pero antes de seguir en esa carrera (que en esa época no lo decía en ese idioma porque no la tenía tan claro), de seguir corriendo para no parar y seguir para adelante, ¿no podemos darnos cinco minutos, sentarnos, mirarnos y decir: 'Nos duele' y llorar? El que quiera llorar que llore, el que no, no, el que quiera gritar que grite, el que quiera callar que calle, pero, ¿no podemos apoyarnos como personas en este dolor compartido? Ni respuesta recuerdo.

En esa tragedia me faltó la parte humana en la respuesta de Jabad. La parte del dolor, del duelo. En un momento de mi vida en el que estaba con todos los valores Jabad, no me enojé con Dios, no me enojé con el Rebe, no me enojé con la *Torá*, no me enojé con nadie. No pedía explicaciones. Pedía un espacio para el dolor".

El paso siguiente para Karo fue encontrarse con que ya no podía sostener con sinceridad lo que decía, lo que profesaba y lo que le enseñaba a sus alumnos.

"Cuando me permití empezar a preguntarme me di cuenta de que muchas de las cosas de mi discurso no eran tan genuinas como creía. Yo que iba a hablarle a los jóvenes y al mundo en general para convencerlos y hablaba desde una apertura y una teoría y un montón de cosas que no las tenía tan claras adentro como las decía.

Por ejemplo, yo decía: 'Yo hago esto porque estoy convencido. Si vos me mostrás lo contrario, cambio'. Pero no era genuino, porque no te permitía que me lo mostraras. No me abría de verdad a escucharte a ver si me mostrabas algo distinto. Me surgió el planteo: ¿Entonces, lo hago porque estoy convencido o porque estoy en piloto automático? Una pregunta fue llevando a la otra y una creencia fue llevando a la otra".

El proceso decantó solo: Damián decidió salir de Jabad Lubavitch. Pero todavía le quedaba un largo camino que recorrer para desprenderse; todavía dependía económicamente de su trabajo en la institución para vivir él y mantener a su familia.

"La vida me propuso el siguiente desafío: 'Te vas mañana y te quedás sin laburo con una esposa y cinco hijos y, ¿de qué vivís?'. A lo que yo dije: 'No, no, no. Me voy a ir un poco más ordenado. Porque no tengo catorce o quince años como tenía cuando entré. Entonces, me voy a tomar otro tiempo'. Por ejemplo, ¿tenía deudas? Trabajé hasta pagarlas y hacerme un ahorrito. Ese largo tiempo lo aproveché para seguir procesando mis preguntas, para seguir contrastándome con rabinos, ideas, para seguir estudiando afuera, para seguir probándome, hasta llegar a un momento en el que muchos me dijeron: '¡Qué agallas!' y otros: 'Qué huevos, irte'. Al final ya no tenía cómo sostenerme adentro. El fruto estaba tan maduro que si seguía en el árbol empezaba a pudrirse. Tenía que caerse."

Además de las dificultades económicas que le implicaban salir de un día a otro de Jabad, quedaba la cuestión de tener cinco hijos que pertenecían a una comunidad y que, además, eran conocidos como los hijos de un rabino de cierta importancia dentro de la estructura de la institución.

Por una parte, sus hijos se encontraron con un padre que empezaba a cambiar los hábitos culturales en el seno del cuál los había educado: "Por supuesto que es extraño que un día papá ande dentro de la casa sin *kipá* o que diga ciertas cosas", dice Karo, y agrega las dificultades a nivel personal-comunitario que les implicó a sus hijos su salida: "Yo creo que ahí hay una clave maravillosa que es que un montón de cosas sí compatibilizamos con la mamá de mis hijos, en aspectos muy humanos.

"Mis hijos vieron un cambio de papá y mamá en la casa. Vieron que el cambio de papá era distinto al de mamá. Pero también vieron que les mostramos que los valores son los mismos. Los valores los ponemos en la práctica. Los dos creemos en el amor, el respeto, la libertad, el cuidado del necesitado. En la práctica, eso deviene en cosas distintas. Entonces, el valor de la *mitzvá* lo compartimos, la práctica de la *mitzvá* simbólica, la podemos compartir. La práctica ritual de la *mitzvá*, por ahí no. Y entre nosotros dos, nos llevamos muy bien".

El 1º de mayo de 2006 fue el Día del Trabajador, y el primer día no laboral en Jabad para Karo. Estaba terminando *Pésaj*, la fiesta de la liberación. Le gusta señalar esos hechos sincrónicos: "Apenas terminó la fiesta de la libertad y la liberación fui a renunciar".

Pero el rabino se remonta a unos meses más atrás, cuando ya tenía la decisión tomada y su salida planificada para señalar la sincronicidad de su partida junto a otros hechos que parecían preanunciarla: "Yo en noviembre del año anterior a ese abril me tuve que hacer una operación en la cara, en la boca, porque me descubrieron un quiste dentígero. Me tuvieron que sacar las cuatro muelas de juicio. O sea, yo en septiembre, octubre de 2005 terminé de perder el juicio, me descubrieron que tenía algo en la cara que me sobraba, y para operarme, una barba que era como hilo de sutura, me obligaron a rasurarme. Fui a consultar a la autoridad rabínica, me dijo que estaba bien, me explicó cómo tenía que rasurarme. Cuando me afeité, el 5 de noviembre de 2005, no me olvido más, porque es el día del *Adiós Sui Generis*, ese día se cumplían treinta años, al día siguiente me operaron.

Cuando me sacaron una muestra para mandar a analizar el quiste dentígero, hablando con un amigo que estaba al tanto de mi intención de salir de Jabad, le dije: 'Sí, sí, lo mandaron para hacerle la autopsia'. Me frené, sabiendo que tendría que haber dicho 'biopsia' y los dos nos reímos. Y me dijo: 'Sí, sí, está claro', le digo: 'Bueno, pongámoslo en palabras porque los dos entendimos el fallido: la autopsia de Itzjak para el nacimiento de Damián'. Pero no fue que haya vuelto Damián, es un Damián nuevo que incluye a ese Itzjak y a ese Damián".

Cuando Karo anunció que se iba, también fue una situación difícil: "Primero agradecí a las personas y a la institución por todo lo que había recibido y después dije que habían cambiado mis formas de ver el mundo, mis creencias y que no quería de ningún modo ni dañar ni defraudar a la institución por lo que entendía que no era compatible seguir en mi rol y que quería vivir libremente mi nueva forma de ver las cosas, por lo cual renunciaba. Nos dimos una semana para pensar el asunto. Lo único que escuchaban era que se perdía un alma. Todo el diálogo fue un diálogo de que volviera a hacer *teshuvá* y que me recuperara y que estaba loco y todo eso. Y en esa conversación hubo un par de cosas interesantes. Me dijeron: '¿Y qué pasó con toda la búsqueda que tenías cuando viniste? Ahora te vas a quedar sin todas las respuestas'. Y ahí es donde me surgió algo en el momento que fue muy interesante. Le dije: 'Mirá, cuando yo vine acá tenía muchas dudas y buscaba una certeza. Hoy tengo una certeza y lo que busco es las muchas dudas'".

Su salida impactó muy fuerte en muchos *jasidim* de Jabad.

Algunos pasaron de la estupefacción a la imposibilidad de comprender su decisión.

Karo se explica la sorpresa y desazón que causó su partida como la pérdida de un alma dentro de la lógica propia de Jabad Lubavitch, algo que en definitiva podría ser la causa de que el Mesías no llegue.

La salida definitiva, le llegó a Karo con libertad: "Cuando salí de Jabad, como el proceso fue tan largo y tan paulatino, sentí mucha felicidad.

"Desde un día de calor, salir con una camisa a la calle y decir: 'Guau, que bueno está esto. Que fácil es la vida así'. Estar completamente feliz. Yo venía a estar acostumbrado a usar, todos los días, trescientos sesenta y cinco días al año, incluso para dormir, camiseta, un *talit* con *tzitzit* de lana, las veinticuatro horas del día. Para dormir, comer, para todo.

"A veces, ahora hago memoria, porque para mí fue hace mil años, ni me acuerdo.

"Decir hola y darle un beso a una chica al principio era tan raro, para mí, tan distinto.

"Yo estaba afeitado desde noviembre, estábamos en mayo, seis meses después de haberme afeitado, cuando me voy de Jabad, la primera semana me miró mi hijo menor, que tenía seis años, y me dijo: 'Ahora se te ve la risa', le dije: 'Claro, porque me corté la barba y se me ve más'. Y el me contestó: 'No, no, ahora te reís de verdad'.

"Me junté con la mamá y me dijo: 'Sí, ahora tenés cara de estar feliz'."

1. En 2009.

Agradecimientos

Este libro no hubiera sido posible de no ser por el aporte de muchísimas personas que me acompañaron durante el año en el que me sumergí en un mundo desconocido para mí, viendo, muchas veces, como esa nueva realidad iba cambiando algunos aspectos de mi subjetividad como judío. Más allá de mis impresiones sobre el jasidismo y Jabad Lubavitch en general, es indudable que vi cambiar la concepción que tenía acerca de mi identidad judía, aportando a un proceso que ya venía desarrollando de forma más gradual.

Es por esto que quiero agradecer en primer lugar a Juan Terranova, cuyo oportuno llamado una tarde me abrió la primera puerta para concretar este libro y que luego aportó mucho con su fino, serio y responsable trabajo para hacerlo realidad.

Quiero agradecer también a mi editora, Glenda Vieites, con quien todo cambió de rumbo cuando en una primera entrevista se me ocurrió sugerirle que había un grupo de judíos ortodoxos que estaban planteando algo así como una revolución en la escena comunitaria local. A ella, mi agradecimiento por su confianza, y a Fernanda Longo, que asumió como editora de este proyecto cuando Glenda se tomó licencia por maternidad y que tuvo que agarrar la papa caliente de editar un libro enorme y desbordado, y lo hizo con un profesionalismo, pasión, entusiasmo y humanidad que me conmovieron, para ellas entonces mis saludos y agradecimientos.

Mi familia me ayudó cada uno desde su lado y con sincero amor y compromiso. También estoy agradecido con mis amigos Martín Libster y Griselda Soriano, quienes también tuvieron que escucharme casi monotemático durante este tiempo. A todos ellos junto a la familia Orsi (Guille y Emma), mi más sincero agradecimiento.

Quien fuera durante casi siete años mi jefa en la Sociedad Hebraica Argentina, Débora Szuchmacher, me brindó un apoyo y un estímulo inestimable; las charlas compartidas acerca de judaísmo y sus atentas observaciones me sirvieron muchísimo, así como su buena predisposición y voluntad, a ella, a Sarita Penchansky y al director de Área Cultura, Gerardo Mazur, vayan también mis agradecimientos.

Quiero mencionar también a Miryam Esclair y a Luis Andrade que aportaron también a este libro de diversos modos.

Una mención aparte la merece Anahí Bravo, quien me ayudó heroicamente con algunas desgrabaciones que me faltaban, ejerciendo con un gran nivel de compromiso y profesionalismo pese a no conocer ni una palabra hebrea.

Agradezco especialmente también a Claudio Zeiger quien fue de los primeros en darme la posibilidad de practicar el oficio periodístico, en Radar Libros, y me marcó un camino de gradual profesionalización.

A todos aquellos que aportaron desinteresadamente su tiempo, experiencias, vivencias, creencias, trabajos y anécdotas en entrevistas y conversaciones, vaya también un saludo y un gracias, en especial a Damián Karo, con quien pasamos en total unas ocho horas en bares durante las cuales me mostró no solamente los valores Lubavitch, sino los del pueblo judío, nuestro pueblo, en general. Karo fue y es un verdadero rabino, entendido como maestro.

Quiero recordar la memoria de la licenciada Marcela Laveglia por el trabajo profesional que realizó conmigo, orientándome durante casi seis años por un camino de vida y esperanza y con quien mis inquietudes de identidad judía fueron una de las últimas cuestiones que tratamos en análisis, por lo que es probable que buena parte del impulso inicial a realizar este libro haya surgido de ahí.

Por último, vaya un saludo especial a mis súperamigos nerds (Juan, Darío, Patricio, Rhada, Mariano, Nacho y Nadia), quienes también estuvieron ahí durante este tiempo y sin cuyos pedidos masivos a Amazon.com no hubiera podido adquirir buena parte de la bibliografía que empleé para realizar este libro.

Bibliografía

Azar, J. y Schwartzer, M.: *Las formas en la transmisión de religiosidad del Centro para la Juventud de Jabad Lubavitch*, Trabajo inédito presentado en el marco del Seminario de investigación: "Sociedad y religión", Carrera de Sociología, Universidad de Buenos Aires, Buenos Aires, 2005.

Benchimol, I.: *Contra viento y marea*, Edición del autor, Buenos Aires, sin fecha de publicación.

Bianchi, S.: *Historia de las religiones en la Argentina: las minorías religiosas*, Buenos Aires, Sudamerciana, 2009.

Brauner, S.: *Ortodoxia religiosa y pragmatismo político: Los judíos de orígen sirio*, Buenos Aires, Ediciones Lumiere, 2009.

Buber, M.: *El rabí de la buena fama (El Baalschem Tov)*, Buenos Aires, Editorial Israel, 1938.

———: *Cuentos jasídicos: los maestros continuadores*, I y II, México, Paidós Orientalia, 1990.

Byrne, R.: *El secreto*, Barcelona, Urano, 2007.

Challenge: An Encounter with Lubavitch-Chabad, Lubavitch Foundation of Great Britain, 1970.

Dubnow, S.: *History of the Jews in Russia and Poland*, volúmenes 1 al 3, Philadelphia, The Jewish Publication Society of America, 1946.

Eisenberg, R., *Boychiks in the hood: Travels in the hasidic underground*, Nueva York, Harper One, 1996.

Enciclopedia Judaica Castellana, 10 tomos, México D. F., Editorial Enciclopedia Judaica Castellana, 1949.

Ehrlich, A., *Leadership in the Habad Movement*, versión *online*.

Fackenheim, E. L., *¿Qué es el judaísmo?*, Buenos Aires, Lilmond, 2005.

Fidel, C. y Weiss, T.: "Marcos para jóvenes judíos en edad universitaria: objetos de consumo y oferta cultural; modelos institucionales", en AA.VV.: *Nuevas voces para una nueva tribu: Primer Encuentro de Jóvenes Intelectuales AMIA - 26, 27 y 28 de agosto de 2006*, Buenos Aires, Editorial Milá, 2009.

Fishkoff, S.: *The Rebbe's Army: Inside the World of Chabad-Lubavitch*, Nueva York, Schoken Books, 2003.

Foxbrunner, R. A.: *Habad: The Hasidim of R. Shneur Zalman of Lyady*, New Jersey, Jason Aronson Inc., 1993.

Grunblatt, R.; Kinoff de Ruschin, A., y Blank, C.: *Alef-Bet: Mis primeros pasos con las letras hebreas*, Buenos Aires, Editorial Kehot Lubavitch Sudamericana, 2000.

———: *Camino a la libertad: La historia de Pésaj en relatos y juegos*, Buenos Aires, Editorial Kehot Lubavitch Sudamericana, 2000.

Guerreiro, L. "Judíos: Nada cambia para Dios" en *Revista La Nación*, Domingo 16 de mayo de 1999.

Gutwirth, I.: *Antología del jasidismo*, Buenos Aires, Fleischman & Fischbein Editores, 1978.

Graetz, H.: *Historia del pueblo judío*, Tomo VII, México, Editorial La Verdad, 1941.

Harris, L.: *Holy Days: The World of a Hasidic Family*, Nueva York, Touchstone, 1995.

Heilman, S.: *Defensores de la fé*, Buenos Aires, Planeta, 1992.

Heilman, S. y Friedman, M.: *The Rebbe: The Life and Afterlife of Menachem Mendel Schneerson*, Nueva York, Princeton University Press, 2010.

Hoffman, E.: *Despite All Odds: The Story of Lubavitch*, Nueva York, Simon and Schuster, 1991.

Honeg, S. B.: *Vida matrimonial judía: los deberes de la mujer*, Amigos del Movimiento Jabad Lubavitch en Sud América, Buenos Aires, sin fecha de publicación.

Jacobson, Simon: *Hacia una vida plena de sentido: de las enseñanzas del Rebe de Lubavitch, Menajem Mendel Schneerson*, Buenos Aires, Editorial Kehot Lubavitch Sudamericana, 2009.

Kagan, J. (director): *Crown Heights: Nothing is as Simple as Black and White*, Showtime Ent (DVD), 2004.

Keller, W.: *Historia del pueblo judío*, Barcelona, Ediciones Omega, 1984.

Melamed, D.: *Los judíos y el menemismo: Un reflejo de la sociedad argentina*, Buenos Aires, Sudamericana, 2000.

Pincever, Karina (coordinadora): *Maltrato infantil: El abordaje innovador del programa Ieladeinu. Aprendizajes de una experiencia integral comunitaria*, Buenos Aires, Lumen, 2008.

Potok, C.: *The Chosen*, Nueva York, Ballantine Books, 1995. Rabinowicz, H.: *A guide to Hassidism*, London, Thomas Yoseloff, 1960.

Rabkin, Y.: *Contra el Estado de Israel: Historia de la oposición judía al sionismo*, Buenos Aires, Editorial Martínez Roca, 2008.

Rigg, B. M.: *Rescued from the Reich: How One of Hitler's Soldiers Saved the Lubavitcher Rebbe*, New Haven, Yale University Press, 2004.

Schneider, S., y Berke, J. H.: "Sigmund Freud and the Lubavitcher Rebbe", *Psychanalytic Review*, 87(1), 2000 (http://www.jhberke.com/Freud_Lub_Rebbe.htm).

Schochet, J. I.: *Mashíaj: El concepto de mashíaj y la era mesiánica en la ley judía y su tradición*, Buenos Aires, Kehot Lubavitch Sudamericana, 1992.

Scholem, G.: *El misticismo extraviado*, Buenos Aires, Lilmod, 2005.

Setton, D.: *Instituciones e identidades en los judaísmos contemporáneos: Estudio sociológico de Jabad Lubavitch*, Informe de Investigación N° 21, Buenos Aires, CEIL-Piette Conicet, 2009.

⸻: "Las redes de educación judaica no formal y la participación de los jóvenes", en AA.VV.: *Nuevas voces para una nueva tribu: Primer Encuentro de Jóvenes Intelectuales AMIA - 26, 27 y 28 de agosto de 2006*, Buenos Aires, Editorial Milá, 2009.

Shapiro, E. S.: *Crown Heights: Blacks, Jews and the 1991 Brooklyn Riot (Brandeis Series in American Jewish History, Culture and Life)*, versión *online*, 2006.

Sorj, B.: *Judaísmo para todos*, Buenos Aires, Siglo XXI, 2009.

Spollansky, F.: *La mafia judía en la Argentina*, Buenos Aires, Editorial Rubin, 2008.

Sztajnszrajber, D. (compilador): *Posjudaísmo 2: Debates sobre lo judío en el siglo XXI*, Buenos Aires, Prometeo, 2009.

Topel, M. F.: *Jerusalem & São Paulo: A nova ortodoxia judaica em cena*, Río de Janeiro, Topbooks, 2005.

Universo Jabad: Cincuenta años encendiendo el corazón judío, sin datos de edición.

Veinte años encendiendo el corazón judío, sin datos de edición.

Vigésimo aniversario Asociación Israelita Beit Jabad Belgrano, Buenos Aires, 2007.

ALEJANDRO SOIFER, PH.D.

Yablonka, I. *Notas de campo*, Trabajo inédito realizado en el marco de la Carrera de Antropología, Universidad de Buenos Aires, Buenos Aires, 2008.

FUENTES ORALES (ENTREVISTAS REALIZADAS POR EL AUTOR)

Rabino Damián Karo
Entrevistas realizadas los días: 20/08/2009; 15/12/2009; 21/12/2009 y 21/01/2010.
Licenciado Damián Setton
Entrevista realizada el día 08/09/2009.
Licenciada Diana M.
Entrevista realizada el día 05/11/2009.
Doctora Slove Libman
Entrevista realizada el día 08/11/2009.
Licenciado Gustavo Dvoskin
Entrevista realizada el día 19/11/2009.
Rabino Shmuel K.
Entrevista realizada el día 27/11/2009.
Rabino Moshé Blumenfeld
Entrevista realizada el día 04/12/2009.
Beit Jani Gorovitz
Entrevista realizada el día 10/12/2009.
Rabino Pinjas "Pini" Baumgarten
Entrevista realizada el día 24/12/2009.
Rabino Aharon Stawski
Entrevista realizada el día 05/01/2010.
Rabino Tzvi Grunblatt
Entrevista realizada el día 08/01/2010.
Doctor Gregorio Kaminsky
Entrevista realizada el día 08/01/2010.
Miriam Kapeluschnik
Entrevista realizada el día 25/01/2010.
Matrimonio Valansi
Entrevista realizada en enero de 2010.
Licenciado Pablo Hupert

Entrevista realizada el 28/01/2010.
Rabino Mordejai Birman
Entrevista realizada el 03/03/2010.
Rabino Shlomo K.
Entrevista realizada el 04/03/2010.
Rabino Israel Kapeluschnik
Entrevista realizada el 10/03/2010.
Rabino Rafael Tawil
Entrevista realizada el 31/03/2010.
Matthew Paul Miller (Matisyahu)
Entrevista realizada el 13/04/2010.
Licenciada Marcela Schilman
Entrevista realizada el 27/04/2010.
Licenciada Valeria Marckiewicz y Licenciado Javier Fajn
Entrevista realizada el 05/05/2010.
Licenciada Jésica Azar
Entrevista realizada el 07/05/2010.
Sergio Moscovich
Entrevista realizada el 11/05/2010.
M.
Entrevista realizada el 26/05/2010.

SITIOS WEB DE JABAD LUBAVITCH

En la Argentina
Jabad Central
http://www.jabad.org.ar
Beit Jabad Recoleta
http://www.jabadrecoleta.com
Beit Jabad Palermo Soho
http://www.jabadsoho.com
Jabad Palermo
http://www.elshuldepalermo.com

Beit Jabad Congreso
htp://www.chabadbuenosaires.com
Beit Jabad Caballito
http://www.jabadcaballito.com
Viene Mashíaj (Blog del Rab. Moshé Blumenfeld)
htp://www.vienemashiaj.com
Noticias de la comunidad (sitio de un baal teshuvá. No es oficial de la institución)
http://balebatim.net
Los gauchos judíos (sitio del baal teshuvá Ariel Leib)
http://www.losgauchosjudios.com

En el resto del mundo
Chabad Lubavitch Headquarters
http://lubavitch.com
Jabad Lubavitch en español (webpage oficial)
http://es.chabad.org
Crown Heights
http://www.crownheights.info
The Rebbe (sitio oficial del Séptimo Rebe de Lubavitch)
http://therebbe.org
Kinus HaShluchim (reunión anual de emisarios de Jabad)
http://www.kinus.com
Tzivos HaShem (Soldados del Señor)
http://www.tzivos-hashem.org
Friday Light (Para encender las luces de Shabat)
http://fridaylight.com
Chabad Haiti Relief Efforts
http://www.chabadhaitirelief.com
Sitio de Púrim
http://www.chabad.org/holidays/purim/default_cdo/jewish/Purim.htm
The Ohel (Sitio de las tumbas del Sexto y Séptimo Rebes de Jabad)
http://www.ohelchabad.org

Alejandro Soifer (Buenos Aires, 1983) es licenciado y profesor de Letras por la Universidad de Buenos Aires. Ha obtenido su doctorado en literatura latinoamericana por la University of Toronto (Canadá)

Además de su trayectoria académica, ha trabajado como periodista cultural y publicado más de seis libros que se suman a varios proyectos de nuevos libros en los que se encuentra trabajando actualmente.

Novelas

Saga Rituales

Rituales de sangre

Sangre por la herida: Una aventura de Mario Quiroz

Rituales de lágrimas (próximamente)

El camino del Inca (próximamente)

Rituales de muerte (próximamente)

Otras novelas

El último elemento peronista

Reality Death Show

Victoria O la tragedia de la familia Miller (próximamente)

Crónica periodística y ensayos

Los Lubavitch en la Argentina

Que la fuerza te acompañe

Baja cultura: Ensayos y entrevistas de la era de los blogs

www.ingramcontent.com/pod-product-compliance
Lightning Source LLC
Chambersburg PA
CBHW042123100526
44587CB00026B/4166